Quantum Economics

The New Science of Money

# 量子货币

## 量子理论如何变革传统经济学

[加] 戴维 · 欧瑞尔（ David Orrell ）_著　闫丛丛_译

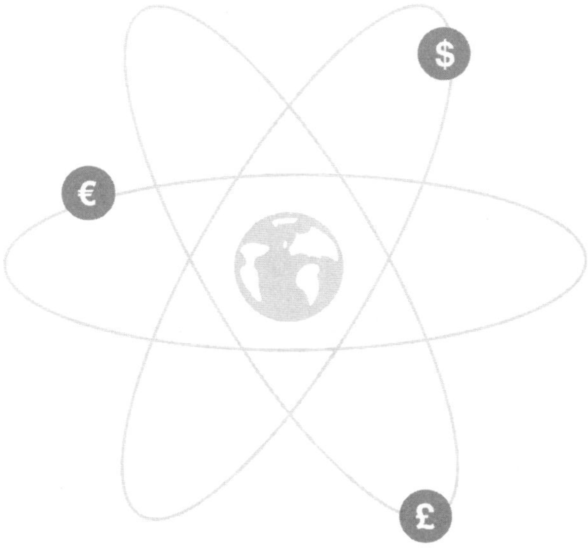

中信出版集团 | 北京

**图书在版编目（CIP）数据**

量子货币 / (加) 戴维・欧瑞尔著 ; 闫丛丛译 . --
北京 : 中信出版社 , 2020.12

书名原文 : Quantum Economics : The New Science
of Money

ISBN 978-7-5217-2141-6

Ⅰ . ①量… Ⅱ . ①戴… ②闫… Ⅲ . ①量子力学—应
用—货币—研究 Ⅳ . ① F82

中国版本图书馆 CIP 数据核字 (2020) 第 155731 号



**量子货币**

著　　者：[ 加 ] 戴维・欧瑞尔
译　　者：闫丛丛
出版发行：中信出版集团股份有限公司
　　　　（北京市朝阳区惠新东街甲 4 号富盛大厦 2 座　邮编　100029）
承 印 者：北京盛通印刷股份有限公司

开　　本：880mm × 1230mm　1/32　　印　　张：11.25　　字　　数：250 千字
版　　次：2020 年 12 月第 1 版　　印　　次：2020 年 12 月第 1 次印刷
京权图字：01-2019-5556
书　　号：ISBN 978-7-5217-2141-6
定　　价：68.00 元

致詹姆斯（James）、韦拉（Vera）、伦尼（Lenny）

# 目　录

# 前　言

与既定现实抗争，你什么也改变不了。
要有所改变，就要建立一个新的模式，
让现有的模式变得不合时宜。

——理查德·巴克敏斯特·富勒
（R. Buckminster Fuller）

如果世上无新物，一切是早已有的，
我们的头脑岂不是受了大骗，
枉自努力创造，想孕育新奇的东西，
结果生出来只是旧有产物的重现！

——莎士比亚，十四行诗，第 59 首

什么是经济学？

不妨先说一个令人心潮澎湃的定义：经济学就是研究货币相关的交易的学科。

明摆的事，对吧？经济学无时无刻不在围着货币转。万事万物都是用美元、欧元、日元、人民币来表达的。一个国家的状况归根结底还是取决于国家的产出，也就是 GDP（国内生产总值）这一衡量指标。一个人对社会的价值取决于他能赚多少钱。经济学就是围着货币转的，这是众所周知的。

但是，如果你翻开经济学教科书，你就会发现书中对这个领域的定义跟我们想的不太一样。很多书都沿用了英国经济学家莱昂内尔·罗宾斯（Lionel Robbins）的定义。1932 年，罗宾斯提出，“经济学是一门研究各种目的与具有多种用途的稀缺手段之间关系的人类行为的科学”。[1] 例如，格里高利·曼昆在其广为流传的《经济学原理》中提出，“经济学是研究稀缺资源如何有效配置的科学”。[2] 或者，有时候也会换一种说法，“经济学就是研究稀缺性的科学”，对货币干脆避而不谈。

而如果你深究一下这些教科书，你就会发现经济学家并不总是在谈货币，他们完全避开了这个话题。货币被当作一个度量标准，但是除了与基本的货币流通相关的章节，货币并不算一个重要的话题。经济学教科书就像物理教科书一样，在方程式中处处用到时间，但是对时间是什么避而不谈。而且货币和金融领域的作用在经济模式中完全是缺失的，要不就是常常流于表面罢了。

似乎相比大多数人，经济学家反而很少想到货币：根据英格兰银行前行长默文·金 (Mervyn King) 的观察，“在许多经济学家的言谈中，‘货币’这个词几乎不怎么出现”。[3]

无论你是否相信，从货币交易的角度出发来定义经济学，这其实是一种相当激进的论述。首先，它引出了一个相关联的问题：什么是货币？

就这个问题而言，普遍接受的答案源自保罗·萨缪尔森那本被奉为“圣经”一般的教科书《经济学》，他在书中提出，货币是“能够被普遍接受的交换媒介”（他特别强调）。[4] 看起来这似乎很好地诠释了我们在经济环境中如何使用货币，但是有一个问题，它没有告诉我们货币如何获得了交换媒介这一特殊地位；并且它还暗含了货币唯一的作用就是作为一种被动的交换媒介。因此可以把经济看作一个巨大的以物易物的系统，货币在其中犹如一层面纱，遮蔽了真正重要的东西。货币这种令人激动，甚至让人气恼的特性，千百年来让无数的使用者为之着迷，但货币却根本未在这一段历史中登场。

在本书看来，这些教科书——以及整个正统经济学——给出的定义未免有失偏颇。因此，本书提出了一种新的经济学，将重点放在货币以及“多少”的问题上，这一简单调整在经济学中的意义将不亚于物理学中的量子革命。

## 聊聊革命

当然，很长时间以来，人们一直都在呼吁经济学变革，尤其是自 2007—2008 年的金融危机以来。2008 年，物理学家兼对冲基金经理人让 - 菲利普 · 布绍（Jean-Philippe Bouchaud）为《自然》杂志写了一篇文章，名为“经济学需要重大变革”。[5] 2014 年，剑桥大学的张夏准（Ha-Joon Chang）和乔纳森 · 阿尔德雷德（Jonathan Aldred）呼吁“变革经济学的教学方式”。[6] 全球大量学生群体都认可，并发表宣言，要求教授采用更加多元的教学方式。2017 年，英国的经济与社会研究委员会宣布，将建立由不同学科的专家组成的网络团队，涵盖“心理学、人类学、社会学、神经科学、经济史、政治学、生物学和物理学”，他们的任务就是“变革”经济学这一领域。[7] 围绕这一主题的书籍纷纷出版，包括我自己的《经济和你想的不一样》，本书最早在 2010 年出版，书中最后一章呼吁要让非经济学家介入。[8]

对变革的热切渴望是显而易见的。在过去的 150 年，主流经济学（又名新古典经济学）墨守着各种与现实背道而驰的假说。比如，有一种非常可笑的观点，认为经济是一台能自稳的机器，可以让效用（即功能，不过这已经风光不再了）最大化。它甚至都不满足自己主张的基于稀缺性的定义：当社会中的贫富差距和环境恶化达到巅峰时，主流经济学却对如何公平分配资源及如何面对自然极限毫无建设性意见。

虽然人们对变革的呼声很高，但是对变革的确切本质却认识不清。批评家一致认可经济学的根基已经腐朽，但是对于应该用什么来取而代之却持不同看法。很多人都认为该领域需要加入多样性，应该更加多元化（尽管随着变革要求的此起彼伏，这一建议似乎有点儿不够明确）。大多数人也同意，强调经济增长服务于自身需要考虑环境限制和公平分配，找到平衡点。也有很多人指出，经济模型需要引入类似复杂理论等其他领域的方法，才能更好地说明其在金融领域的作用。而理性经济人这一概念——也就是传统模型的核心——应该用更为现实的假设来替代。

但是，有没有可能进一步深挖经济学的问题？有没有可能是传统的方法碰了壁，需要彻底推翻重建该领域呢？有没有可能从本体论的层面——也就是我们如何思考、讨论经济——对问题进行剖析？

本书认为我们需要重新开始，考虑经济最本质的特征——涉及货币的交易。不要把货币仅仅当成一种度量标准，或是一种被动的交换媒介，我们会展示货币一些特殊、矛盾、确实堪称神奇的特性，正是这些造就了整个经济。我们不会忽视这些特性，就像天气预报在做预测时不会忽视水的特性一样。我们不再把人当成是理性的、像电脑一样的智能体，会针对行为的影响做出些微调整，就像他们在传统经济学中的表现一样，而是相信并接受人们的确会展示出复杂、多面的行为。我们不再把经济看作会优化效用的机器，而是要证明最好的方法是把它看作一个复杂、互联的系统，新涌现的特征反映的正是其矛盾的根本所在。

这些都会始于对“多少”这个简单的词组含义的分析，也就是拉丁语中的“量子”。

## 货币量化

“量子”这个词由来已久，100 多年前我们用它来描述另一种交易——亚原子粒子的能量交换。最终它颠覆了之前对宇宙提出的最根本的假说，让我们看到，宇宙不是一成不变的机器，而是更为复杂、更加纠缠、更有生命力的存在。

20 世纪初，被普遍认为是正统的经典物理学或牛顿物理学往往是基于这样的观点：物质是由单个的原子互相碰撞组成的，这些粒子的动量可以用确定的法则来解释或预测。量子物理揭示出，诸如位置和动量这样的量基本是不确定的，测量的过程影响了物体的动态，因此得出的测量值也只是接近实际值而已，一些理论家在此基础上进一步提出：结果取决于测量者所做的选择，这些学说颠覆了原来的决定论。粒子的状态是纠缠的，所以实验人员在测量一个粒子的状态的同时就知道了另一个粒子的状态。根据物理学家戴维·玻姆（David Bohm）的观察，“显然，现在还没有一种力学解释，可以解释构成所有物质的基本粒子，无论是有生命的还是无生命的，也没有能够解释宇宙整体的理论”。[9]

可能有人觉得量子原理和方法只适用于亚原子这个领域，与我们的日常生活毫不相干。确实，很长时间以来，大家普遍持这一看法。但是近几年，很多社会科学家从心理学到商界等各个领域，纷纷把量子力学的观点引入自己的领域。量子力学最直接的应用领域是在技术性很强的金融数学领域。在后面的章节中我们会看到，这一领域中的很多重要成果，比如证券交易员计算某一期权（在未来某天买入或卖出证券达成的合约）的价格时使用的方程式都可以用量子力学的数学运算来表达。这些研究人员的目标不是要证明金融在直接的物理层面是量子化的或在一定程度上可以还原为量子力学，而是它有一些特性最好用量子相关的方法来建模。与通常的统计方法相比，这种方法有一些计算优势，并改变了我们对金融体系的思考方式：从带有一定随机性的机械系统，变为一个充斥着各种重叠的可能性的世界，对这个系统来说，不确定性是它的固有特征，而非新增的特征。

与此同时，量子认知和量子社会科学等新兴领域，也在从量子力学中汲取更多的灵感，思考人类如何做决策，如何共处。[10]时至今日，虽然多数应用集中在心理学和社会学领域，但这些发现其实也跟经济学密切相关。尤其是，研究人员揭示出：行为经济学家很早就注意到的很多行为怪癖——比如，人跟货币打交道时往往表现得不是那么理性——可能用经典逻辑无法说通，但是用量子逻辑来解释却可以简单明了，因为后者考虑到了背景的影响和互斥观念（认知失调的起因）之间的冲突等。物理学家迪德里克·阿尔茨（Diederik Aerts）提出，“人们思考问题的方式往往跟经典逻辑规定的方式不大相同，量子运算理论可以很好地解释这一点”。[11]

主流的新古典经济学假定，人们的表现就像牛顿世界中相互独立的粒子一样，但其实不然，我们更像在跳着量子集体舞，彼此紧密纠缠、密切互动。就像女性主义理论家（也是科班出身的物理学家）卡伦·巴拉德（Karen Barad）所说的，“存在绝非个体事件，个体并不能先于其互动存在，个体通过彼此纠缠、互联而存在，他们是其中的一分子”。[12]我们会在后面的章节中解释这段话的含义——有些解释在很大程度上参考了这些学者和科学家的发现，但是重点在于，量子的很多行为并非像我们学到的那样诡异和反常，实际上它很像日常行为。我们与亚原子领域的共同之处比自己所想的要多。

这一点用于我们跟货币打交道，如何面对经常被问及的“多少”这个金融问题再合适不过了。这里可以用另外一种理论来表达——被戏称为货币和价值的量子理论，该理论为本书提供了主线，说明货币自身具备量子的二元本质特征。货币是一种把数字的特性与所拥有事物的特性相结合的方式。数字和事物的不同就像量子力学中波和粒子的差异一样，这让货币有了独一无二的特征。在交易中使用货币就是在赋予模糊、不确定的价值概念一个数字（价格）。因此它就像是量子物理中的测量过程，为粒子同样不确定的特性分配了一个数值。

创造货币的行为跟凭空创造亚原子粒子也十分相似，后文我们就会发现这一点。表征之一就是在货币中编入的信息就如同一种量子纠缠装置，因为它的产生包括两个方面——债务和贷款。货币的使用也让人们彼此纠缠，与整个系统纠缠，每一个负债的人都对此深有感触。我们探究量子世界时会深入探讨这一点。

这种货币观——我之前在谈话、论文和书中向学术界的观众描述过，一开始在很大程度上受到了古希腊哲学二元性的启发，也是为了方便解释现代虚拟货币，比如比特币的出现，同样也受到了量子物理学的启发。[13] 虽然量子金融和量子社会科学各自是在不同的领域独立发展的，用于不同的目的，但当两者结合时，得到的结果也就是我所说的量子经济学——它之于新古典经济学就如同量子物理学之于经典物理学。

## 莫提量子

这里我先澄清几个问题，其一就是，从最早发现量子力学至今，人们一直视之为一个非常高深的领域，只有专家才能理解。很多知名物理学家的名言均声称量子力学“基本是无法理解的”（尼尔斯·玻尔）；“如果你认为自己理解了量子力学，那你其实根本不懂量子力学”（理查德·费曼）；“你不会理解量子力学，你只能习惯它”（约翰·冯·诺依曼）。爱因斯坦说量子力学在他看来充其量是“满脑子乱七八糟的想法、聪明绝顶的偏执狂妄想出来的一套体系”。[14] 如果连这样的权威都不能理解“量子”的意义，那其他人还有什么可能呢？

可能正因为如此，在很长时间里，这个词都被视为自命不凡、装腔作势的标志，甚至更糟。物理学家肖恩·卡罗尔（Sean Carroll）写道：“一旦出现误解，误用也就不远了。在科学的历史上，被恶意曲解者和江湖术士误用和滥用——让不知是否该相信艰涩观点的人误解的理论——最典型的代表莫过于量子力学了。”[15] 物理学家默里·盖尔·曼（Murray Gell-Mann）1994 年在其著作《夸克与美洲豹》（*The Quark and the Jaguar*）中用了整整一个章节来描述“量子力学和傻话”（Quantum Mechanics and Flapdoodle）。[16] 经济学家保罗·萨缪尔森在 1970 年写道：“经济学家和退休的工程师试图强行把物理学概念和经济学概念进行类比，没有比这更可悲的了……当一位经济学家在社会中引用海森堡的不确定性原理时，最好视之为一种修辞手法或在说俏皮话罢了，而不要真的看成量子力学关系的有效应用。”[17] 不过这番话并没有影响他后来写的一篇名为“经济学的量子理论模型”的论文，对此，菲利普·米罗夫斯基（Philip Mirowski）指出，该论文“与量子力学没有半点关系”。[18]

作为一名曾经的项目工程师，我同意把概念和公式按字面意思从量子力学照搬到经济学很容易引起物理学的反感。在我之前的著作中，比如《经济和你想的不一样》和《货币方程式》（与保罗·维尔莫特合著），我跟大多人一样，竭尽所能地驳斥“经济学可以轻而易举地由物理学变换而来”的观点。但是，比喻是我们的思维过程中所固有的，新古典经济学很长时间以来都充斥着维多利亚时期的力学领域中的比喻——比如，其中一位奠基人维尔弗雷多·帕累托曾说，“纯粹的经济学其实有点儿像力学”——所以应该扩充一下我们的心智工具库了。[19] 我们会看到，不仅仅是量子力学在被“误用和滥用”——误传机械化的经济学的功效造成的伤害要比类似“量子疗法”造成的伤害更多，虽然物理学家保护其量子地盘情有可原，但是过度管控也是社会科学家在看待世界时常囿于一种奇怪的机械观的原因之一。

同时，虽然我是在研究量子力学并把它用于工作中（我早期的工作主要是设计超导磁铁，必须依赖量子过程才能实现其功能），但我的目的并不是让经济学更进一步地数学化。尽管本书通篇引用的很多著作和论文确实采用了偏数学的方法，但这里所提理论的核心观点非常简单，而且不需要公式或复杂艰深的行业术语。如果就像我所相信的那样，货币体系的确有量子的属性，那么人们可以想象一种历史情境，在这个情境中，事物的发展方式将遵循不同的秩序，而量子物理学家在用经济学的类比来解释他们那些疯狂的想法（虽然很难想象物理学家会被指责忌妒经济学，或者企图假借社会科学的声望）。

随着量子力学越来越多地为技术人员所用，媒体也对其予以专题报道，这个领域中一些遥不可及的东西已经被磨得所剩无几了。比如，量子计算机的逻辑电路——在很多国家，其设计逐渐变得日趋平常，它明显就是依赖量子原理来进行计算的，速度比传统计算机快得多。而如果一个金融衍生品，比如在未来某天买入某一只股票的期权，可以用量子计算机上的一个量子模型更快、更高效地计算出来，那么量子金融工程学位可能就会变成一个利润可观的资格证—— 一个备受追捧的“宽客”（quant）学位。

不妨想想很多科学家在致力推动的假说，那么看似遥不可及的量化过程就会更容易理解一些，比如物理学家罗格·彭罗斯（Roger Penrose）认为：大脑本身就是一台量子计算机。[20] 虽然这一假说还存在争议，但它跟大众的印象比较契合，至少从一些对量子力学的解读中可以看到，意识似乎与量化过程有密不可分的联系（更不要说我们本身就生活在一个量子宇宙中）。量子生物学近期的发现也进一步验证了这一点，这些发现表明：量子效应的应用随处可见，从植物的光合作用，到鸟类的导航。[21] 如果事实的确如此，那么量子认知这样的事物就不再像人们惯常认为的那样如同一种比喻，而是更接近实实在在的存在。

我还想再提一点，正如理解量子物理有助于理解经济学，反之亦然：理解货币在经济中是如何起作用的，似乎让量子物理变得更加容易理解。比如，有这样一种理念，一个粒子的位置是通过基于概率的“波动函数”描述的，“波动函数”只有在观察者进行测量时才会“坍塌”成一个独一无二的值。这听起来抽象极了，直到你意识到，这其实就像一栋房屋，其价格是不确定的，一直到它有了买家，才会“坍塌”成一个确定的值。

粒子之间的纠缠，即一个粒子的状态总是同时与跟它纠缠的粒子的测量相关联，如果借用金融中的合约来理解，比如，因为贷款，债权人和债务人之间形成了一种类似的关联，那么粒子纠缠似乎也就不那么怪诞了。而量子粒子的运动总是跳跃式的，而非连续的这一观点，如果可以换个情境理解，例如，人在商店用信用卡买东西，钱一次就花出去了，而不是像稳定的水流一样一点点流干，这样一类比，前者听起来也就不那么神秘和反常了。在亚原子粒子的行为中所观察到的这些特性，推动了我们如今所看到的量子力学的发展。但是我们也可以依据同样的论点提出，我们需要货币的量子理论。可能主要的区别在于，在量子力学中，对类似波动函数坍塌或纠缠等现象的根本解释是未知的，而且这个话题多有争议；而在经济领域，这些都是我们习以为常的。

还有一种说法，为了摆脱社会强加于我们身上的机械化的世界观，我们需要让自己了解量子物理的奥秘，它可以提供一种完全不同的视野。[22] 但是我们不必非要去读一个量子物理领域的博士学位或者去研究粒子加速器才能做到这一点。我们只需要更加仔细地研究一下货币。当我们把量子物理同物体如何存在、移动等日常认识相比较时，可能完全讲不通，但是当我们把它跟货币交易做比较时，似乎十分合理。因此借助货币，我们可以深入了解量子世界（而且也许货币真的能让地球围着它转呢）。

因此这里的方法其实不算是把量子物理类比为社会过程，或者直接宣布两者之间的关联，而是从“货币本身就是一种量子现象，有自己的测量过程、纠缠等，我们都可以直接体验到”的观点入手，[23] 当然也不是说经济遵循不变的规律。抵押贷款在某种意义上让债务人和债权人互相纠缠，但是违约可能就是一个协商的过程而非突发事件。一个货币实物在一定的货币空间中有确切的值，但是取决于当地实行的法律或规定等。可以这样解读，货币体系是我们设计制造一个物理类量子系统的最佳尝试；还可以这样解读，我们在后面的章节中也会谈道，货币嵌在一个更大、更复杂、纠缠更严重的社会量子系统中。但是一开始在物理学中采用量子的方法，并不是出于深奥的哲学原因，而是很务实的，因为要用数学化的方式描述物理现实，就要用到量子。类似地，从一个务实的角度，我想提出，更为紧迫的问题不是如何解读量子观点（这是目前物理界还在辩论的一个问题），而是如何把它们用于经济学——以及弄清楚为什么过了这么长时间人们才认识到两者的关联。

在跟经济学家和物理学家讨论这些概念的过程中，我很快发现，虽然许多人都对此持支持的态度，或者至少是持可以接受的态度，但是当我使用类似“纠缠”这样的词来描述超出正常怀疑范围的货币体系时，他们一开始普遍的反应是本能地抗拒。一位经济学家坚持说我不过是在为合约这样的东西引入新词罢了，要是我上过一堂经济学的课就该知道这一点。而物理学家则似乎把这些技术术语看作本领域特有的，需要对之进行控制和隔离。但是有一个特例，1933 年，约翰·梅纳德·凯恩斯说到了“经济纠缠”这个词，1935 年，薛定谔在一篇论文中引入该词的物理版。[24] 2018 年，物理学家加夫列拉·巴雷托·莱莫斯（Gabriela Barreto Lemos）和凯瑟琳·莎弗（Kathryn Schaffer）在为芝加哥艺术学院所写的一篇论文中写道，“艺术、人文和很多跨学科领域中的学者现在的作品都在论述‘观察者效应’和‘纠缠’——非常偏技术的物理概念，这一类作品中都有很显著的社会或政治（也就是说，不一定非要基于物理的）侧重”。① 我自己使用这些术语是为了更加谨慎地找到货币体系和量子社会科学领域更宽泛的发现之间的关联，而不会提及它们在英语中的其他含义。② 而且我感觉这种反对似乎更多是因为觉得我有所越界而做出的本能反应，并无实质意义。语言本身就是一台纠缠的设备，无论是在物理界还是经济界，把思维和观念捆绑在一起后，就可以划定界限，抹杀灵活性。虽然阻力最小的道路似乎是坚持中性化的

---

① “许多科学家只是一味反对科学概念可以在其原本的背景之外有其他含义。” Lemos, G.B., and Schaffer, S. (5 February 2018), ‘Obliterating Tingness: an Introduction to the “What” and the “So What” of Quantum Physics’. 来自 http://www.kathrynschaer.com/documents/obliterating-thingness.pdf.

② 亚历山大·文特（Alexander Wendt）作为一名政治科学家和量子社会科学领域的领军者曾经写道：“货币不仅是一个完美的例证，而且（跟语言一起）可以说也是所有社会中最基本的‘量子’体制之一。”

语言，避免这样的冲突，但是为什么要对如此明显的关联视而不见呢？说得更深入一些，量子行为是不是有什么东西，排斥我们的某些方面？我们会在后面的章节中看到，遵循这些脉络层层推进，要学习的东西太多了，尤其是在它们指向那些所谓的经济学禁区或禁忌的话题时。

最后，人们反对经济学不应当只是围绕货币和金融，这是情有可原的，它也应该涉及生活质量、社会公正、权力、环境等，其中没有一个话题是可以用货币化的描述轻易说清的。如果量子经济学不处理这些问题，那它跟现有的新古典学派的方法相比又好在哪里呢？毕竟新古典学派还声称自己是关心幸福的。但我还是要指出，认识到货币的重要性会影响我们如何看待这些事情，而且出人意料的是，限制经济学的领地也可以让它更加有用、更有意义。虽然金融行业直接提供的就业机会相对较少，但我参与经济学的动机其实是因为 2007—2008 年的金融危机，当时它影响了很多人的生活，不仅仅是银行从业者。

“多少”这个概念——也就是量化价值这一概念，或者说为世界赋值——触碰了经济学真正的核心，也就是货币交易。因循这一脉络会让我们看到很多处理重大经济问题的新方法，包括不平等、金融稳定及环境危机，也让我们可以用全新的眼光来看待经济活力和能量的源头。量子经济学不会预测说经济是高效、公平和稳定的，但它会揭示出（前提是它与之自然契合）经济是有创造力的，虽然有点儿不公平、不稳定——很像我们现在生活的这个世界。

## 量子关联

本书的目的之一就是探究一个很简单的问题——“多少”这个表达在经济学中到底意味着什么。遵循量子物理的精神，而不是其字面意义，我们会从小事入手，逐渐摸索出道路，形成一个相互衔接的整体。本书的目标不是要呈现一种新的社会观，也不是要扩大人类的意识——虽然我们希望如此——而是要缩小经济学的领地，让其更加有据可循，更加现实。本书分为上、下两篇，上篇“量子货币”，先是追溯量子物理的历史，从 20 世纪发现量子物理开始，解释了它的主要原理。然后我们把这些发现与货币的二元性相结合，这对于经济学的重要性就如同水之于生命。我们会展示货币在现代经济中是如何产生的，并揭示出银行体系如何利用货币的神奇属性创造财富，尤其为银行从业者创造财富。

在下篇“量子经济”中，我们扩大了讨论的范围，把经济整体纳入进来，我们首先探究计量金融这一领域，从中可以看出，这些衍生品背后的方程式源自开发原子弹的项目——坚持反对从量子物理中引述观点的经济学家如果了解到这种情况早已存在，只不过是以一种非常扭曲的方式，估计他们会很震惊——而量子金融领域的专家近些年来又重新发现了与量子力学的这种关联。同样，博弈论的数学方法构成了很多主流经济学的基础，但它假定的是理性行为。然而在做出金融决策时，我们却是作为单独的原子在行动，我们表现得很像是一种纠缠的复杂系统中的一员，按照一种量子逻辑行事，有趣的是，这竟然与货币的量子特性有共同之处。我们会看到，经济的很多重要方面都是作为量子货币体系的产品出现的。本书最后博采这些观点，将之变成对经济学变革的建议。

在本书的论述过程中，我们会探讨以下话题：

货币。在金本位体系下，货币被认为是一种实实在在的东西，而今天它普遍被看作代表受政府支持的虚拟债务的数字。虚拟货币除外，因为它两种情况均不符合。我们将揭示出，货币既是真的又是假的，就像光既是粒子又是波。

价值。古典经济学家如亚当·斯密相信货币是在衡量劳动，新古典经济学家则认为货币是在衡量效用，而根据量子经济学，货币是在衡量——货币，也就是一种信息形式。

定价。在传统理论中，普遍认为价格是由想象的供求曲线所决定的，这一点——我们会看到——是没有实证支持的。量子经济学表明价格是一种不确定的特性，在某种意义上，它是通过交易产生的——就像一个粒子的位置或动量一直要到对它进行测量时才是确定的。这不仅对计量金融学等领域有影响，而且对你自己的房屋价格或你的养老金的价值等的变化也有影响。

债务。主流经济学认为债务是水到渠成的——有人借，就有人贷，所以它们相互抵销。不过，根据量子经济学，债务是让人、机构及整个金融体系相互纠缠的一股力量，其纠缠方式很难理解，而且破坏力很大。考虑到现在全球债务估计已超过 200 万亿美元，这的确是个问题。[25]

风险。主流理论认为市场是稳定的、高效的，具有自我纠偏能力。量子经济学则表明，这些假说没一个能站得住脚，也就意味着现在大学和商学院里正在教授的、商业和金融机构所依赖的风险模型，与目标并不相符（很多人在上一次金融危机之后都猜到了这一点）。我们目前应对风险的方法需要更新。

决策。主流模型认为消费者会做出理性的决定，考虑到类似“有限理性”（即实际上我们是在信息和认知受限的情况下做决定）的行为因素，偶尔需要做调整。[26] 量子经济学不承认这种限制，认为诸如情感和纠缠这样的东西对于决策过程是必不可少的。

金融。主流模型低估了金融领域的作用，也是金融危机总出人意料的原因之一。量子经济学把货币放在恰当的位置，也就是经济学的中心，为理解金融体系提供了新的工具。只有认识到系统动态、不稳定的本质，我们才能找到更好地控制它的方法。经济中所充斥的价值千万亿美元的复杂衍生品最能说明这一点。

贫富不均。主流经济学受到经典热力学的启发，把重点放在优化平均财富（就像平均温度）而不是财富的分配。但是货币的走向却倾向于不均衡和不对称。这就解释了为什么乘坐头等舱的这一小拨人掌握了全世界一半的财富。[27]

幸福。主流经济学认为人们的表现是为了优化自身的效用，最终会实现最大的社会幸福。量子经济学借助量子博弈论，表明真相其实更加复杂，一部分是因为人们是相互纠缠的——并直截了当地发问，经济学到底是不是思考幸福的最佳工具？

环境。量子认知表明，我们做决定时的背景十分重要。新古典经济学的固有偏见存在时间太长了，我们一直都在忽视更大的环境背景，由此引发的后果也十分明显。量子经济学指明了道路，它不是要解释类似生态系统健康这样模糊、不确定的品质，而是为之留出空间，予以接纳，同时也会正视环境危害的始作俑者之一——我们的货币体系。

**道德标准**。跟货币一样，道德标准也被排除在主流经济学之外，其中一个原因就是，跟经典物理学一样，经济被看作一个重要的机械系统，其中类似意愿、意志力及个人责任等似乎没有任何作用。另一个原因就是，事实上，很讽刺的是，经济学也受货币的影响，量子经济学才是合乎道德之选。

**建模**。从经济学家到中央银行，再到决策者，每个人都在使用的正统经济模型，是基于对人类互动的一种牛顿式、机械化的认识，强调类似稳定、理性和效用等品质。量子经济学从另一套假说开始，最终指向一类新的模型，利用的是为研究复杂的生命系统探索出的方法。需要提醒一点：这一领域是全新的，所以虽然我会把重点放在已验证的方法上，但并不意味着我在书中描述的所有想法和方法都已经在经济学背景中得以证明。如果出现这种情况，我会予以说明。①

因此，量子经济学将会在主流方法之外提供一种符合要求并且被迫切需要的选择：基于诸如社会科学、信息理论以及复杂性等领域的最新发展成果；彻底颠覆我们对于经济运行的根本假设；为经济学革命提供了切实可行的建议。我们会从 100 年前的事说起，当时一位在灯饰公司工作的物理学家提出了“多少”这个问题，然后给出了一个极其令人震惊的答案。

---

① 对运算细节感兴趣的读者请参阅“量子经济学中的数学概论”（Introduction to the mathematics of quantum economics），见 davidorrell.com/quantumeconomicsmath.pdf。

# 上篇　量子货币

# 第一章　量子世界

量子论的最大启示是在“自然界的圣典”里发现了不连续性的特点，而当时的观点却认为自然界中除了连续性外，全都是荒谬的。

——埃尔温·薛定谔
《生命是什么》(1944)

自然界没有飞跃。

——阿尔弗雷德·马歇尔
1890 年的《经济学原理》这句话一直在，
直到 1920 年最终版

在媒体理论家马歇尔·麦克卢汉看来，货币是一种沟通媒介，可以传达价值的理念。为了理解这种了不起的媒介的特性，我们会从另一种类型的互换入手——粒子之间的能量互换。本章追溯了始于 20 世纪初的物理学量子革命，揭示出这些发现如何改变了我们对物质、空间、时间、因果律甚至是经济的思考方式。我们会看到，经济交易与量子世界的共同之处超出我们的想象。

多少？这是 19 世纪末德国物理学家马克斯·普朗克一直在思考的问题。一道光束有多少能量呢？

普朗克的雇主是帝国理工研究院（Imperial Institute of Physics and Technology），靠近柏林，他的工作得到了当地一家电器公司的赞助。他们感兴趣的是如何消耗最少的能量从一个灯泡中获得最多的光亮。第一步就是要厘清一个公式，当加热一样东西时，会产生多少光？

用过拨火棍的人都知道，把它放到火里以后，随着加热，金属开始变红，然后变黄，然后——在温度最高时——变成蓝白色。当你打开一个灯泡时，里面纤细的灯丝也是一样的反应，只不过它很快就变成了白色。

那时，科学家知道光也是一种波，而且其颜色和能量都是由频率（或者说是波峰之间的距离）决定的。[①] 当加热一样东西时，它会因温度不同释放不同频率的光。室温的物体释放的光是低频、低能量的红外线，只有通过夜视镜才能看到。在极高温时，多数光都是不可见的高频、高能量的紫外线，但是在我们眼中，物体呈现的是白色——这是各种频率混合的结果。

这样一来，传统理论就有问题了，它预测加热的物体往往会释放出各种频率的光，因为高频的波拥有很多能量，言外之意就是能量将会分为任意的拥有无限能量的短波。它对多少的问题给

① 波的频率，常用单位为赫兹，是指一秒内通过某一点的波的数量。

出的答案令人费解：无限多。所以如果按照传统理论，炉火会把我们烧成灰，而非供暖。

那时候很少有人呼吁物理学革命，当普朗克在考虑是否投身物理学时，一位教授建议他不要这样做，教授是这样说的："在这个领域，几乎所有该发现的都已经发现了，剩下的就是填补窟窿罢了。"[28]1894 年，美国物理学家和未来的诺贝尔奖得主阿尔伯特·迈克尔逊（Albert Michelson）宣布，"似乎所有伟大的基本原理都已经证实，接下来主要是把这些原理充分运用到所有我们注意到的现象中"。[29] 而普朗克最初在 1901 年找到方法用一个简单的公式来为辐射热分布建模时，其实并没有打算打破这一领域的平静，他当时只是需要用一个小技巧，就是假设光的能量只能一份一份不连续地传播。其中一份的能量等于其频率乘以一个很小的新数字，记为 $h$。在给这些能量包命名时，普朗克选择了量子这个词。

这个假说唯一的问题就是它违背了一直以来备受推崇的原理，即自然界没有飞跃。或者如亚里士多德在《形而上学》一书中所说的，"从所见世界的真相看来，自然体系并不像一篇各幕缺少联系的坏剧本"。但是普朗克后来写道，他认为这只是"一个单纯的假说……实际上我并没有想太多"。[30]

从此引发了后来著名的量子革命。这一革命的浪花隔了好长一段时间才真正拍到了经济学界的岸上（更不要说写进教科书），但我们会看到，它必定会在这一领域有所影响，就像它在物理学中的影响一样。

在普朗克之后的一个世纪，诺贝尔奖得主、经济学家罗伯特·卢卡斯（Robert Lucas），素以其"理性预期"（rational expectations）理论闻名，在 2013 年跟观众分享时，他表达了跟普朗克的老师一样的观点，“我此次讲座的论点是，宏观经济学在这个原始意义上已经成功了，即它预防衰退的核心问题已经解决了，所有实践中的目标都已经解决了，而且事实上已经解决很多年了”。[31] 结果就是，剩下唯一要做的就是填补窟窿——就像几年后开始的那场浩大的金融危机所留下的窟窿，当时经济突然出现断崖。但是我们还是言之过早了。

## 货币的颜色

虽然普朗克提出量子可能只是把它作为一种实用的技术手段，但很快它就在解决另一个问题时有了用武之地，这个问题与光电效应有关。光电效应指的是一些物质在受到光照时，会有电子逸出。比如，物理学家发现，如果把两块金属板一起放在一个抽成真空的罐子中，把两块板分别连接到一节电池相反的两极，对连接负极的金属板进行光照，会激发电子逸出，逸出的电子很快就会跑到金属板另一端的带正电那侧，就会突然产生火花。

同样，按照古典理论，逸出电子的能量应该只取决于光源的强度（也就是亮度）。光照强，火花就大。但实际结果是真正起作用的是颜色，或者说频率：高频的蓝色光比低频的红色光产生的火花更大。而且每种物质都有一个截止频率，如果低于这个频率，光再多也无济于事。1905 年，阿尔伯特·爱因斯坦在一篇论文——其中有很多成果，包括那个重新定义新的物理学的著名公式 $E=mc^2$——中证明，光电效应可以用普朗克的量子来解释。

按照爱因斯坦的理论，当单独的光量子撞击单独的原子时就会释放电子，假如把金属板当成一个原子集市，每一个出售的电子都有一定的价格，用能量来衡量；把光量子当作单个顾客的消费能力。在金属板上照射红色光就像往市场中派了很多预算较低的顾客。无论他们有多少人，如果没有一个人有足够的现金，那就不会有电子逸出——他们可以看，但是不能买。相反，高频的蓝色光就像一群购买力很强的顾客，所以真正重要的不是顾客的数量（亮度）而是每一位顾客的消费能力（颜色）。

爱因斯坦当然没有用这个比喻，他的论文命名很谨慎，名为“关于光的产生和转化的一个启发性观点”。① 但是很显然，他跟普朗克不同，在他眼中这些光量子——也就是后来人们熟知的光子——不是抽象的数学概念，而是真正的实物。他写道：“从点光源发射出来的光束，其能量在传播中不是连续分布在稳步增加的空间之中，而是由数量有限的、局限在空间各点的能量量子组成的，这些能量量子可以移动，但不能再分割，只能作为整体被吸收或产生。”[32]

这段话用来描述光时听起来可能有些神秘，但是这跟我们进行金融交易的方式比较类似，当你拿到你的工资单，并不会有一个小小的指针表明钱是怎么流入你的账户的。相反，它是一整个不连续的总数，当你在商店刷自己的信用卡时，或者银行通过放贷创造新的资金时，也是一样的道理。如果付款总数低于特定值，比如一美分，就不可能完成支付。

多数物理学家在面对这些新观点时，其反应跟主流经济学家

---

① 这里的“启发性”是指一种心理捷径。

面对当今颠覆性观点的反应一样，就是完全忽视它们，希望它们自行消失。但是“多少”的问题很快在解决另一个问题时找到了用武之地，而这一次是直击我们所谓的事物的核心——原子。

## 原子拍卖

在 20 世纪初，至少是依据古典模型，有两种基本现象，波和粒子。比如，光就是一种波，是以太（ether）——作用类似于一种介质波——中的一种电子扰动。（这种观点后来被摒弃了，下文会讨论。）而另一方面，物质是由原子组成的，原子是由带负电的电子围绕一个虽然小但很重并带正电的原子核组成的，这个结构就像行星围绕着太阳。一个电子的能量取决于其路径的长短，最简单的原子——氢——只有一个电子，但是更大的原子有很多电子，分布在不同的能量级上。

这种所谓的太阳系模型，确实解释了原子的很多特点，比如，实验结果表明它们内部多是真空的。朝薄箔上发射微小的充电粒子，大多都会像如入无人之境一样顺利通过，只有很少会被弹回来。虽然如此，还是有几个问题无法解决。其中一个就是这一模型并没有解释为什么某种特定物质的原子（比如，氢的原子）彼此一模一样。是什么让不同原子的电子总是围绕同样的半径飞速旋转？另一个更加严重的问题则是，依照古典理论，一个运行中的电子应该会直接把所有的能量辐射出来，然后撞上原子核，就像火星撞上太阳一样。

1912 年，丹麦物理学家尼尔斯·玻尔提出了一种新的解决方案，如果光的能量仅限于不连续的单元，就像普朗克所言，那么可能电子的能量也是如此。[33]这就意味着电子不可能有连续能量级，而只会是某一最低基数的倍数。而电子之所以不能辐射出所有的能量，是因为它只能成群释放，而且不可能减少到 0。电子可以获得能量，比如，从一个路过的光子那儿获得能量，然后移动到更高一级；或者它会损失能量，通过释放光子，然后到下一个能量级；但是能量的变化还是总保持基数的倍数。这个过程就像是一个拍卖会，拍卖商会设定一个底价，只接受基数倍数的竞标，价格绝对不会低到最小值，只会不连续地增长。

玻尔是对的，因为用他的模型可以解释另外一个谜团。众所周知，不同元素的原子会以不同的、特有的频率或频谱释放或吸收光（这是摄谱学的基础，用于决定一种物质的化学构成）。这一特性再度与经典物理矛盾，后者预测的是连续的波谱；但是从最简单的氢原子的例子出发，玻尔证明了自己的模型与之十分契合。支持的频率刚好反映了随着电子吸收或释放光子，从一个能量级到另一个能量级的可能过渡。

因此在玻尔的模型中，模拟的太阳系这种模型被一个数字版的模型替代，依照新的模型，电子只能按照同心环的形状绕着原子核分布在特定层。内层最多可以有 2 个电子。第二层最多可以有 8 个电子。如果某元素的原子其外层的电子排满了，那么这个元素的化学性质就是稳定的。比如，氦元素只有 2 个电子，都是在内层。氖元素有 10 个电子，2 个在内层，其余 8 个在外层，所以它是一个圆满的结构。但是钠有 11 个电子，多出来的那一个是在第三层，非常活跃，遇水就会爆炸。氯是一种有毒气体，有 17 个电子——按照 2-8-7 的方式排列，所以在第三层少一个电子。氯和钠的组合是稳定的，因为钠跟氯共用了多出来的那个电子。这是一个很有用的特征，否则氯化物——比如食盐——很可能就会是易爆的、有毒的，就会限制它作为一种调料［盐的味道就是一个涌现性（emergent property）的例子，之后会讨论到，说明它并不是所有各部分的简单加总］的诱人之处。

## 奇与偶

量子似乎可以在很大程度上解释物质的基础结构，但是玻尔的模型还有一些问题。其中一个问题就是它几乎没有提到实验观察，当置于一个磁场中，一种物质的光谱线会分开，要适应这种效果，最终必须增加三个量子数（quantum number）；其中两个用来形容轨道的准确形状和方向，另一个则被称为自旋量子数（spin），就像是一个粒子以自我为中心旋转的量子版。对光子而言，就像下文讨论的一样，它们的自旋量子数与光的偏振（polarisation）有关。

这个模型似乎由此变得相当麻烦，但是在 1925 年，年轻的物理学家沃尔夫冈·泡利意识到可以用它来解释为什么一个原子中的电子不会减少到基态（ground state）。[34] 原因就是量子数充当了一个地址，两个电子绝不能在同一个地方共存。比如，氦原子内层的轨道上有两个电子，但是它们的自旋量子数不同。

后来发现泡利的“不相容原理”只适用于费米子（fermions）这样的粒子，费米子包含一个原子的基本部分，例如电子和质子，自旋量子数为奇数整数倍。①而玻色子（bosons），负责力的传输，包含光子，自旋量子数为偶数整数倍。它们彼此没有那么疏远，可以共享空间。②［在丹娜·左哈尔（Danah Zohar）1990 年的著作《量子自我》（*The Quantum Self*）中，她把玻色子形象地描述为“关系粒子”，把费米子形容为“反社交的”。[35]］

不过，还有一个根本的问题是，物质和能量竟然可以分成量子，这是什么意思呢？毕竟，科学家都知道光是一种波，托马斯·杨首先在 1801 年证明了这一点，当时他做了著名的双缝实验。[36]他从一个点光源出发，射出一束光，通过两条狭窄的细缝，然后去观察投射到细缝背后屏幕上的图形，他看到，屏幕上出现的并不是两个截然不同的光斑，相信粒子流的人都以为会出现这一幕，但相反，他看到的是每一个光束在通过缝隙时都发生了衍射，然后又合并成了一种明暗交替的干涉条纹，就像是一个波的波峰和波谷与另一个波的波峰和波谷相互叠加或抵消而在水面上形成的图形一样。1861 年，詹姆斯·克拉克·麦克斯韦推导出了方程，证明这种波同振动的电磁场一样。但当时爱因斯坦和其他人却说它是由光子——粒子构成的。

1909 年，杰弗里·泰勒（Geoffrey Taylor）给出了一个差强人意的答案，他做了跟杨一样的实验，但这一次是用非常微弱的

---

① “自旋量子数”这个词可能容易让人误解，因为在量子力学中，把粒子看作一种固体，其实是不应该的，所以并不清楚转的是什么。自旋量子数的基本单位是半数，所以费米子的自旋量子数就可以是 1/2、3/2 等，而玻色子的自旋量子数则是整数。

② 费米子的命名源于恩利克·费米（Enrico Fermi），玻色子的命名则源于印度物理学家萨蒂延德拉·纳思·玻色（Satyendra Nath Bose）。

光源来做的，光源微弱到一次只能释放一个光子。[37] 实验结果让他十分费解，因为光子即使是逐个通过缝隙，还是产生了干涉条纹。似乎每一个光子都在进行自我干涉一样。现在波峰对应的是出现光子概率较高的地方，而波谷对应的则是出现光子概率较低的地方。

1924 年，爱因斯坦在一家德国报纸上表示："那么现在围绕光存在两种理论，两者密不可分，而且——我们今天必须承认这一点，虽然理论物理学家付出了 20 多年的辛苦努力——没有任何逻辑关联。"[38] 究其原因，就是物质并非基于经典逻辑，而是基于量子逻辑。

## 不确定性原理

"多少"的问题引出了光波其实是粒子这种观点。但是如果的确如此，那么当然——出于对称的目的——粒子可能是波吗？这是 1924 年索邦一个名叫路易·德布罗意（Louis de Broglie）的学生在自己的博士论文中提出来的。[39]

物理学家已经摒弃了以太的观点，背后既有实验依据（光的速度，用 $c$ 来表示，在各个方向都是一样的，如果地球真是围着某些隐形的媒介旋转，这是不可能的），也有理论依据（爱因斯坦的相对论，把这一常数 $c$ 设为一个统一的速度极限），现在物理学家认为波也是某种单独的实体。德布罗意结合了爱因斯坦的理论和普朗克的量子，根据结果导出了波的方程式，推算出粒子的波长应该是动量除以普朗克常数 $h$。

实验很快证明德布罗意是对的：电子束在遇到东西时确实会

像波一样发生衍射（这就是现代电子显微镜的原理）。而且电子围绕原子核的轨道可以看作一个驻波（standing wave），整数倍的峰值对应能量级的量子数。光子和其他粒子比如电子之间的主要区别在于电子是有质量的，而光子却没有。

物理学家擅长计算波的行为，比如振动弦的行为，几个月后，德国物理学家埃尔温·薛定谔就提出了一个详细的方程式，可以作为电子波的模型。他还表明，至少是对氢原子这样简单的情况来说，一个电子可能的量子态对应它的数学波动函数（wave function）的谐波，就像是音符对应一台乐器发出的声波一样。因此，“用像振动弦的节点数那样自然的方式引入了量子化条件中的整数”。[40]

我们还不清楚该如何解读波动函数——它只是一个抽象的数学公式，它到底意味着什么。德布罗意视之为代表了一种导频波（pilot wave），决定了电子的位置。薛定谔的同事马克斯·博恩（Max Born）则建议，波并没有提供概率信息，所以在特定空间中找到一个电子的概率取决于波的振幅（波峰和波谷之间的距离）的平方。[41] 但是波动函数是用所谓的复数（complex numbers）表示的，它们的平方可能是负数，这就要考虑负概率。波之所以相互干涉，就像在双缝实验中那样，是因为一个波在抵消另一个波。就像保罗·迪拉克（Paul Dirac）所言，“不应该把负能量和概率看作没有任何意义，它们是有确切定义的数学概念，就像货币的一个负值”。[42]

这似乎是一个合理的解读，只不过波和粒子的特性不同，比如，波的特性就是它们很容易到处渗透，想想声波，你也许可以通过在墙上加隔音材料或戴上耳机等方式减少邻居制造的大部分噪音，但是把它降低到零却是不可能的。同样，粒子相关的波也可以渗透边界，而且因为这种波描述了在一个特定位置找到粒子的概率，意味着粒子可能出现在另一侧。实际上，这就是 α 衰变的原理。放射性物质，比如铀释放出 α 粒子，就变成了一个失去电子的氦原子。根据经典物理，α 衰变是不应该发生的，因为 α 粒子永远也不可能摆脱原子核的引力，原子核为它设置了一个显然是不可逾越的边界。但是在量子物理中，这只不过意味着粒子逸出的概率很低，根本不是一回事（参见原子弹）。

波动函数的离散本质意味着永远也不可能完全确定粒子真正的状态。德国物理学家沃纳·海森堡认为，正因如此，去揣测原子的变化是没有什么意义的。[43] 粒子真正的状态是不可知的，我们只能观察，而因为波动函数，观察有不可避免的不确定性。他用自己的不确定性原理来量化这一点，认为对一个粒子的位置测量越精确，其动量越不确定，反之亦然。

可以这样来看待这种不确定性，考虑到量子力学中，发现某一位置的粒子的机会是由波动函数决定的；结果就是，越是了解这个位置——即让波长尽量短——你越是不知道粒子移动的速度。大体来说，这往往是位置和动量（等于质量乘以速度）之间的权衡，所以你永远也不可能确切地知道两者。同样的不确定性关系也适用于另一组数值，比如能量和时间，后者指的是典型时间，比如一个粒子的生命周期。这就是为什么虚拟粒子会凭空出现，在短暂的存在之后又凭空消失，而且也没有打破能量的守恒。

举一个不确定性原理的例子，假设我们想要测量一个电子的位置和动量。海森堡提到了一种方法，就是用光来照射它，然后再用显微镜来看反射的光。为了准确测量其位置，我们需要用尽可能短的波长，否则图片就会很暗。这就等于用波长很短（或者同等高频率）的光子。但是这种光子能量很高，所以会碰到电子，改变其动量："这样一来，越是能精确确定位置，越是不能够确定动量，反之亦然。"[44]

但是有一点一定要提一下，就是问题不仅仅在于测量这个实际操作中的难题，在量子物理中（或者至少是在标准的解读中），波动函数意味着像位置和动量这样的数值并非真正独立存在，只有在被测量的那一刻才有意义，所以从根本上来说就是不确定的，而不仅仅是不可能精确测量（就像常说的，可能称其为不确定性原理更好一些）。因此测量不是一个中立、被动的过程，而是一个主动的过程，会影响被测量的事物。比如，实验室中的研究表明，测量的不同结果取决于进行测量的先后顺序。[45]后文我们会看到，对人类的心理学而言，这一原理也同样适用。

## 存在，还是不存在

物质具有波粒二象性这一观点如果从一个纯数学的角度来看是可以说得通的，在海森堡看来，这也是唯一重要的地方。但是玻尔认为，这种观点还有更深刻的含义。根据他的互补原理（principle of complementarity），互不兼容的波和粒子描述各自说明了一种一元化的现实的某一方面。不是波或粒子，而是波和粒子。

这恰好与最基本的逻辑原理相悖。在《形而上学》中，亚里士多德写道，"同一事物不可能在同一时间内既存在又不存在，虽然有人觉得赫拉克利特说过‘存在又不存在’这样的话”。[46]（与之持不同意见的赫拉克利特走在了自己时代的前沿。）就像海森堡所写：“我们发现，如果想要采用量子论的数学表述，我们必须要改变亚里士多德式的逻辑。这太容易引起他人的反感，所以没人愿意这么做；最好是把话说得委婉一些，如果一定要深究细节，我们可以只局限于数学表述中。”[47]玻尔的对应原理（principle of correspondence）就没有那么多争议，它提出在足够大的范围内，普朗克常数 $h$ 的作用是可以忽视的，量子力学应该集中到经典力学——虽然量子效应有时候可以扩大，就像下文讨论的那样。

对波动函数含义的这场哲学辩论从未真正平息，但是在1927 年出现了一种折中之策，在比利时的索尔维举办的一次会议上，有人向物理学的权威专家提出了这种方法。也就是后来著名的哥本哈根诠释（Copenhagen interpretation），这一理论认为只有在被观察到那一刻，一个粒子的状态才是由波动函数决定的，其余时间都是不确定的；但是当进行测量时，波动函数却不知为何减少或“坍塌”了，所以被测量的这个特性就有了一个确定的值。

哥本哈根诠释因此保留了经典力学的一些确定性的意味，但也有若干重要的区别。其中一个区别就是决定论现在用到了概率性波动函数上。博恩认为粒子并不遵循力学定律，他说：“按照因果律（law of causality），概率本身就会传播。”[48]另外一个区别在于不确定性是内在的，而不是统计意义上的。比如，一个罐子里装了 50 个红色珠子，50 个蓝色珠子，我们每次随机选择一个珠子，那么根据统计学，我们知道选到红色珠子的概率是 50%。

在量子物理中，相当于罐子里有一个珠子，其实是处于两种状态的叠加。当我们拿出来时，它可能是红色的，也可能是蓝色的。珠子并不会出现混合色，但是只有在测量的时候才能真正决定它的颜色。

可能这听起来有些神秘，有些神奇，但我们可以举一个金融领域的例子——当你把自己的房屋挂在网上准备出售时，你可能知道它值多少钱，但是你并不是很确定，因为你的房屋既没有一个固定的价签，也没有一个确定的买家。可能一百个人有意向购买这栋房屋，导致一场竞标战，出价最高者获胜；也可能没有一个人出价，你不得不主动降价。你的房屋没有一个固定的价格，就像一个量子粒子没有固定的特性，比如位置等。只有当真的有人买了它以后，这种不确定性才会消失。

## 思维控制

并不是每一个人都信服哥本哈根诠释，爱因斯坦尤其不能接受随机行为——更不能接受某种控制竟然也能构成宇宙的一部分这种观点。“我觉得完全不能容忍这样的想法，”他在 1924 年写道，“即认为电子受到辐射的照射后，不仅它的跳跃时刻，而且它的方向，都由它自己的自由意志去选择。在这种情况下，我宁愿做一个补鞋匠，甚至做一个赌场里的雇员，而不愿意做一个物理学家。”[49] 相反，他相信这种行为实际上是未曾检测到的过程造成的结果，或者是隐藏的变量造成的。

波动函数坍塌的过程也没有说清楚。1935 年，薛定谔提出了一个著名的思想实验来描述这一理论的缺陷。在这个实验中，把一只猫关在一个钢盒中，同时放入一小部分放射性物质，一个小时内释放出放射性粒子的概率是 50%。还设置了一个盖格计数器，以便在检测到放射情况时，打破一“小瓶氢氰酸”，杀死这只猫。[50]因此这只猫的命运就跟放射粒子的波动函数息息相关，而波动函数只有在被观测时才会坍塌。实际上，哥本哈根诠释似乎在暗示，猫既死又活，直到有人打开了门，观察到里面发生的事情。

可能量子力学最恼人的特点——至少对于像爱因斯坦这样的物理学家而言——就是它似乎是在坚持强调意识的作用，就像数学家约翰·冯·诺依曼在 1932 年提出的，在一个测量过程中特殊的地方不在于测量仪器本身——这不过是实际系统的一部分——而是一位有意识的观察者在场。[51] 薛定谔也在 1935 年写道，这个过程取决于“有生命的主体其实注意到了测量的结果”。但是正如经典物理学在存在和不存在之间画了一条明确的分界线一样，它也在意识和身体之间，在主观和客观之间画了一条明确的分界线。只是观察事物就会影响其行为这一观点就像相信一个魔术师能够凭意念让一张桌子飘浮起来一样不得人心。一定有什么猫腻——爱因斯坦决定弄清楚其中有什么诡计。在薛定谔提出思想实验的同一年，爱因斯坦和两个合作伙伴无意中发现了一个（无动物的）思想实验可以来证伪哥本哈根诠释，并揭示出在幕后操纵的隐藏变量。

当两个量子系统相互关联，一个系统的信息会产生另一个系统的信息时，就会出现这个所谓的爱因斯坦－波多尔斯基－罗森（Einstein-Podolsky-Rosen，EPR）佯谬，这种方式似乎与量子的特征在根本上是不确定的这种观点相矛盾。[52] 比如，我们知道一个粒子会衰变成两个粒子，通过角动量守恒——这条定理在此处意味着自旋量子数会增加到零——粒子 A 和粒子 B 一定会有相反的自旋量子数。这两个粒子接下来就会纠缠，就像被一个无形的合约绑定在了一起，只要掌握了一个粒子状态的相关信息，我们就能知道另一个粒子的信息。薛定谔曾指出，一般情况下，无论何时两个系统发生干涉，它们的波动函数“不会相互作用，而是马上不复存在，合成一个，因为合成后的系统取代了它们原来的位置”。[53] 如果我们测量 A 的自旋量子数，我们自动就知道了 B 的自旋量子数——肯定是相反的。所以，我们成功地对 B 进行了测量，而且还没有干涉 B。这就跟“这些特性本身是不确定的数量，只有在一些神秘的波动函数坍塌以后才会确定”这一观点相互矛盾。也暗含了个体特征这一理念的崩溃，因为 A 和 B 就是一个单独系统的组成部分。

对此唯一的反驳之道就是假设 A 和 B 可以用某种方式交流——但是这要在量子理论的形式下起作用，信息必须马上传递，哪怕粒子之间相隔好几光年。这就打破了爱因斯坦的相对论，根据相对论，没有什么——包括粒子之间的信号——可以比光速还快，这种观点经常被他笑称是“幽灵般的超距作用”（spooky action at distance）。爱因斯坦因此总结出量子理论不完整，肯定还有其他待发现的东西。这个理论是正确的，因为它做出了很多精准的预测，但是最好把它看作一个在统计上近似完备的理论，可以用于更加有逻辑地解释所有显而易见的随机情况。

## 陷入纠缠

EPR 佯谬始终是一个思想谜团，直到 1964 年，爱尔兰物理学家约翰·贝尔（John Bell）才找到真正验证它的方法。第一步就是找到一对纠缠得恰到好处的粒子，在实验室里可通过用紫外激光器照射一种特殊的水晶轻松做到；有一些紫外线光子分裂成了两个纠缠的红外线光子，能量为原来的一半，而且是反向偏振的。

麦克斯韦揭示出，电磁场以一定的角度彼此振动形成了光，偏振指的是这些场相对于波动路径的方向。对无偏振的光而言，光是由各种不同的方向混合而成的，当光被反射时，比如，从湖表面反射时，很自然就发生了偏振。偏光眼镜的作用原理就是用偏振滤片特意滤掉这种反射出的光。

跟光波一样，单独的光子也有一定的偏振，并且往往是跟它们的自旋量子数相关的，不同之处在于，如果你测试光子是否是水平偏振的，比如，用一个只允许水平偏振的光通过的滤光镜，你不会得到类似该光子是 12% 水平偏振这种模糊的答案——你所能得到的就是，要么通过了，要么没有。这是亚里士多德式的逻辑在作祟。在进行测量前，光子的状态是垂直和水平偏振的叠加，但是如果它通过了滤光镜，仿佛就说明它一直都是水平的（见图 1）。

因为光子 A 和光子 B 是纠缠的，如果在测试光子 A 是否是水平偏振时得到的是肯定的结果，那么对光子 B 来说结果应该也一样，因为它也是水平的（但是方向相反）。但是现在，假设你测量光子 A 的水平偏振，而在另一方向测量光子 B 的偏振。如果两个方向彼此的角度合适，比如，水平和垂直，那么结果就会是彼此无关联的——知道一个光子的偏振并不能同时让你知道另一个光子的偏振。但是对介于中间的角度来说，情况更加复杂。约翰·贝尔揭示出，如果量子力学是正确的——也就是说粒子的偏振是不确定的，只有到被测量时才确定下来——那么其关联就要比粒子遵循某种确定性规划的关联高 50%。[54]

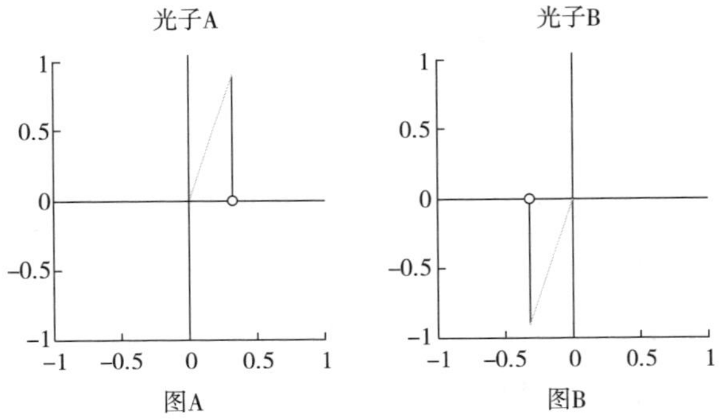


图 1　图 A 中的灰色线段代表了发生偏振的光子不确定的自旋量子态，即一对纠缠的光子 A 和光子 B 在测量前的状态。测量时显示为水平偏振的概率用水平坐标轴上投影（用圆圈符号来表示）的平方来表示。在本例中，投影的长度是 0.35，平方大概是 0.12，对应概率为 12%。同样，测量时显示为垂直偏振的概率取决于垂直坐标轴上投影的平方，也就是 0.88 或者说 88%（注意概率加起来必须是 1，因为光子必须是处于二者中的某一个状态）。光子 B 的量子状态显示在图 B 中；测量的自旋量子数一定总是与光子 A 在同一个轴，但是方向与之相反。

因此，贝尔的论文为检验深奥的哲学之谜，探寻真相本质提供了一种方法。但是大多数物理学家都忙着应用量子力学，顾不上注意这篇论文，所以这篇论文一开始没有受到什么关注。但是后来越来越多的人对它表现出了兴趣，20 世纪 70 年代和 80 年代，一系列越发复杂的实验终于开始能够检验贝尔的观点——并且确立了量子力学的预测确实能站得住脚。哪怕一个纠缠的粒子的量子态是完全随机的，只有在测量时才能确定，它还是跟自己搭档的量子态相关联；对一组纠缠的粒子来说，测量其中一个实际相当于是在同时测量另一个。哪怕二者位于宇宙的两端也还是一样的情况（实验人员虽不能这样做，但是他们可以用卫星把纠缠的粒子送到太空）。[55]粒子从在宇宙中诞生伊始，有相当多的时间彼此纠缠，意味着太空——或者至少是空间隔离的概念——并不像我们所认为的那样构成太大的障碍。

纠缠并不局限于某些粒子。2001 年，他们对单独的原子进行了类似实验，而到了 2017 年，科学家发现晶体的量子纠缠包含多达 10 亿个原子。“这个工作让我们知道，”物理学家弗拉丹·武莱蒂奇（Vladan Vuletic）说道，“有些类型的量子机械态实际上是非常稳固的。”[56]确实，量子纠缠是量子计算机（本书第六章中会讨论）、量子密码术（把纠缠的粒子作为密钥）和量子隐形传态（通过纠缠的粒子发送信息）利用的一个主要特征，将会为金融乃至国防等领域带来变革。有人建议，可以把类似的实验技术应用到最小的生命体，比如病毒的量子纠缠。[57]这虽然赶不上薛定谔的猫，但是在朝着那个方向发展。

1985 年，《今日物理》（*Physics Today*）上发表了一篇文章，物理学家戴维·默明（David Mermin）写道：“EPR 实验是我所知道的所有物理现象中最接近魔法的。”[58]但是，虽然它挑战了我们对于物理现实的常规认识，但签订过合约或贷过款的人对纠缠的概念应该丝毫不陌生。确实，后文我们会看到，私人银行通过抵押贷款的方式创造货币这一过程其实很像一个纠缠实验。银行倒不是创造了偏振方向相反的光子，而是为客户创造负向借贷，与自己账目中基础资产这一正向借贷相互抵销。从那一刻起，客户和银行就纠缠在一起了，一方有什么事都会影响另一方。就像在量子物理中，这些纠缠不会表现为机械影响或机械力，而是如同信息状态变更。比如，客户因为失业而违约，不还贷了，他们就会把钥匙交还银行，这就造成贷款状态的变更，虽然银行这一方只有在打开自己邮箱的一刹那才知道该变更。至少就这笔贷款而言，不能再将双方看作单独的实体了。

## 回到未来

展现量子魔法的另一个更为形象的途径可能就是进行众所周知的量子擦除（quantum erasure）实验。2007 年《科学美国人》（*Scientific American*）的一篇文章中表明，可以在家里用随处可见的工具做一个现代版的实验，比如激光笔和偏光滤片。[59] 你无须从一个点发射出一束光，让其通过两条缝，而只需在两米外的地方用激光笔照射屏幕，然后在它的路径上放置一根垂直的电线。电线两侧的光子流会发生衍射，然后相互干涉，在屏幕上形成一个干涉图形，也就是杨在 1801 年发现的那种。

现在，假设我们想要分析到底是怎么回事，希望找出光子分别是从哪一侧通过的，方法之一就是把相反方向的偏振镜放在电线的两侧，这样只有发生垂直偏振的光子才可以从左侧通过，而只有发生水平偏振的光子才能从右侧通过。这些滤镜片有效地标记了每一个光子，让我们能够区分哪一个光子走哪一侧。这种标记对于干涉图形有什么影响呢？

因为滤镜除了阻止或允许光子通过，并无其他影响，我们可能会认为干涉图形应该保持不变。然而，实际上结果却是干涉图形消失了。原因就是，通过测量量子的偏振或实际是在理论上让测量变得不可能，我们事实上是让其波动函数坍塌，从而使它表现得像一个粒子。而波动函数在探索所有可能的路径这一过程中，与自身形成干涉，粒子必须要做出选择。

记住，这里重要的不是我们是否真的验证了每一个光子的偏振，完成了判定它会从哪一侧通过这个尝试，而是通过标记，信息变得可及了。要了解这一点，我们可以重复这个实验，但是这一次把标签打乱，这样一来信息就丢失了。（在电线和屏幕之间放置第三块偏光片，方向是斜着的。左右两侧的光子都有 50% 的可能通过。我们无法再看出来它们来自哪一侧，所以它们的标签就被擦除了。）这种干涉图形又十分神奇地再现了。

总结一下：光子形成了干涉图形，但是标记的光子却没有。如果我们打乱标签，让其变得无用，那么干涉图形又会重新出现。所以控制干涉效果的就是标记中的信息。理查德·费曼说过一段著名的话，双缝实验“是量子力学的核心，实际上，它包含了唯一的奥秘”。[60] 因此这就暗示了量子理论和信息之间的深层关系，我们会在第八章讨论。

另外一个实验变体，延时量子擦除实验也可以在实验室中利用一组纠缠的光子进行，使用同样的仪器，但是这一次移动检测装置，以便只有在第一个光子完成它的路径之后才能记录对另一个光子的测量。出人意料的是，这并没有改变实验的结果，说明一个粒子的行为会受到其双生粒子未来经历的影响——似乎系统的纠缠，不仅表现在空间层面，也表现在时间层面。

## 没那么奇怪

正如卡伦·巴拉德所指出的，“量子力学是对我们熟悉的世界观发起的最彻底的挑战”。[61] 量子实体，诸如光子有时会作为虚拟波出现，有时候又是真正的物体。粒子并不会像一般的物体一样持续移动，而是会突然飞跃。像位置和动量这样的数值从根本上来说都是不确定的，只有在测量的那一刻才是确定的。粒子可以纠缠，所以一个有变化马上就会影响另一个。它们如变魔法一样凭空冒出来，然后又凭空消失。

很明显，这跟我们所生活的真实世界中的事物表现方式毫不相干，桌子上的一杯葡萄酒不会凭空消失，然后又在厨房显化出来。量子力学又似乎有悖常识，这种感觉也是物理学家一手促成的。像保罗·狄拉克的《量子力学原理》（*Principles of Quantum Mechanics*）这样的教科书主要关注“简朴的呈现方式，主题的逻辑架构，从基本原则出发，完全没有历史视角、哲学细节和说明性计算”。[62] 哥本哈根诠释重点关注抽象数学，似乎尤其让人费解；而其他的诠释，借用物理学家约翰·克洛塞（John Clauser）的表述，“实际上是现有的各种宗教污名和社会压力所禁止的，这些加在一起，构成了抵制这类思考的布道十字军”。[63] 其中一个结果在前言提到过，就是量子物理的真知灼见已经消散在数学那道令人生畏的墙后，在经济学中也出现了类似的“数学墙”趋势。

不过与此同时，如果从经济学的角度看，量子宇宙似乎没有这么稀奇古怪。前文说过，就不连续量子而言，能量的释放，例如在光电效应中的释放，跟不连续数额的转账有些类似。货币可以作为真实的实物，比如铸币出现，也可以是一种虚拟的传输，就像我们在商店里刷信用卡一样。它并不是持续流动的，而是突然一下子完成传输。一场拍卖的量化结构就像是一个原子的不连续能量级；虽然股票市场的投资者还没有找到方法窥测未来，他们却可以根据那些尚未发生的事情买入某些期货合约。

价格这一数量在本质上是不确定的，只有在测量过程中，也就是用东西换钱时才能确定。就像基本粒子一样，货币实物可以凭空创造出来（例如，银行通过发放贷款创造货币就是一例），也可以将之从系统中删除。虽然很难想象我们怎么能在贷款协议上开展一些类似于贝尔的纠缠实验，但这并不意味着纠缠不存在。[64] 贷款协议是虚拟的，就像一个波动函数，在某种程度上突破了时间和空间的物理界限。

有人可能会说，类似不确定性原理或者干涉等效应并不适用于货币实物。我们知道一张 10 美元的钞票就值 10 美元，它不会因为我们把它放在钱包中，跟一张 5 美元的放在一起而受到干涉或者相互抵销。但是如果我们把一个货币实物看作存储了一定的能量，那么依照不确定性原理，能量的不确定性为零，就等于说拥有了无限长的使用寿命——意思就是一张 10 美元的钞票就永远意味着 10 美元（哪怕这个数并不总是能买到一样的东西）。这种固定的、稳定的数量在量子物理中确实存在，比如电子的电荷。虽然其固定的本质意味着货币实物并不会彼此干涉，但它们当然能在人的大脑中产生干涉效应，我们会在第七章看到（虽然大脑也可以自行干涉——参见本章延伸阅读）。

因此量子行为并不像我们误以为的那样奇怪——实际上我们每次购物或兑付支票时就是在跟它打交道。重点在于不仅可以把量子力学视为理解货币的一个比喻（虽然所有的模型都是比喻，包括量子力学），经济本身就是一个量子系统，有它自己真正的测量版本、不确定性版本和纠缠版本。（我们因此必须稍稍让这些单词脱离其亚原子的背景，同时还是要尊重其基本含义——不妨这样试试，抛开你在本章所读到的内容，假设我们重新开始描述货币体系。）这些概念有一个优势：它们没有物理学中相对应的那种本质含糊而又令人困惑的概念。我们不需要借助薛定谔的波动函数就知道价值是不确定的，也不需要借助波动函数坍塌这样令人费解的过程就能理解交易。既然我们总是会用比喻来解释复杂的现象，将之比作实实在在、熟悉的东西，那么把量子物理比作货币要比把货币比作量子物理更能说得通。毕竟，我们也许能够计算出一个粒子的波动函数，至少是在某些情况下，但是我们的确可以感受到价值。根据对量子物理的一种解读（有很多解读），也就是量子贝叶斯（quantum Bayesianism，简称 QBism），波动函数代表了一个行为人的主观信仰的程度，它的坍塌代表了行为主体根据信息更新了自己的信仰，这似乎能与经济背景完美契合。[65]

## 对应原理

当然，即使货币有量子特性，是不是就意味着我们必须要改变开展经济的方式？毕竟，就像巴拉德所说的，“只是简单假定，可以把人比作原子，社会不过是一种副现象，可以用单独的实体（每一个人都像一个小原子）组成的广大团体的集体行为来解释，这是不对的；认为社会学理论均可以还原为生物学，生物学理论均可以还原为化学，化学均可以还原为物理学，这也是不对的。量子物理就是要驳斥简化论这种世界观或者采用一种统一的解释框架的做法”。[66]

确实，经常有人说量子物理是所有科学的基础，只是因为它涉及的是物质的构成要素；但是说到物质在大范围层面的特性，直接从量子力学中是不可能推断太多的。所以说这些特性源自量子力学（可能也源自别的东西）可能更精确一些。因此它们就是复杂性理论的科学家所谓的涌现性的范例，无法用更低层面的解释说得通。[67]但是量子样（quantum-like）的行为确实也在宏观层面出现过。声波通过金属棒就是一个范例。如果这些声波足够弱，声音就会被量化成不连续的脉冲，就像光一样。这些波就等同于光子的“涌现粒子”，其动量是确定的。[68]所以一个系统不能还原成量子物理并不意味着它自身不能有量子特性，或者不能从更低层面承继这些特性。同样，货币的量子特性并不仅限于小范围的交易，在全世界都可以感受得到。

这种宏观层面的属性也经常用在工程系统中，在美国，类似微型芯片、GPS（全球定位系统）等技术约占30%的国内生产总值，这显然是源自量子效应的特性。[69]量子力学还可以直接用于工程的诸多领域，比如纳米技术、药品设计，当然，还有核武器等。在经济学中，最接近工程系统的就是金融市场（虽然我们后文会看到，也没有那么接近），这可能解释了为什么“金融工程”是最早开始探索量子观点的领域之一。

玻尔的对应原理，有时会用于说明微观层面的量子效应在宏观层面没有意义，或者在日常生活中没有意义，所以此原则并不总是适用。同样，我们不能把一个系统还原至其量子基础，并不意味着我们就可以把它们还原至机械基础，虽然在经济学中普遍都是这样试探的。例如，水的复杂的宏观属性，最终是分子层面的量子过程的结果。对生命体来说也是同样，它们有自己利用这种涌现性的方式。我们会在后文的章节看到，这就是为什么最合适的经济学模型往往是基于数学方法，比如复杂性和网络理论，一般情况下，它们对于复杂的有机系统研究很有用。

因此，量子经济学反映了近几十年来其他科学领域背后的原理，与我们对于量子宇宙的理解一致。它甚至为帮助我们理解亚原子粒子的行为指明了道路。当我们想要赋予位置或动量某个数值时，物质给出了奇怪的回答，这反映出数字和真实世界之间同样存在的在根本层面的不兼容或矛盾，当我们想要为价值的某个模糊特性赋值时也会看到这种不兼容或矛盾。虽然经济世界与亚原子世界并不相同，但我们似乎还是把二者设计得尽可能接近。这一点在接下来几个章节会更加清晰，我们接下来会研究货币这一神秘、形式多样、极端而且多变的量子实体的特性。

## 延伸阅读

### 水果和蔬菜

量子干涉并不仅仅适用于亚原子粒子，它似乎还很好地诠释了我们如何厘清自己的想法。从物理学家德里克·阿尔茨（Diederik Aerts）所做的一项研究中可以看出这一点。[70]

阿尔茨从一个数据集出发，先向实验对象展示一个清单，上面列着 24 种水果和蔬菜，然后让实验主体从中选择“水果”“蔬菜”“水果或蔬菜”的优秀代表。完整的清单如下：杏仁，橡子，花生，橄榄，椰蓉，葡萄干，接骨木，苹果树，芥末，小麦，根姜，辣椒，大蒜，蘑菇，水田芥，扁豆，青椒，山药，西红柿，南瓜，西兰花，大米，芹菜，黑胡椒。其中一些可以直接归入一类，但是有一些，比如蘑菇、芥末和黑胡椒却不能直接归类。阿尔茨随后把结果整理成表，计算每一种选择的概率。

如果我们把“从这个清单中选择优秀水果代表”这个概念看作一种波动函数的概念化对应，那么每一种选择的可能性对应了波动函数坍塌至某一状态的概率。

现在来想一个有些伤脑筋的问题，比如西红柿到底是水果还是蔬菜。对植物学家来说，水果由一朵花的子房双受精发育而来，而蔬菜则是植物的某一部分。但是水果这个词源自拉丁语 *fructus*，意思是喜悦，而蔬菜这个词则来自 *vegetabilis*，意思是生长，很多人都会把前者跟生吃的东西联系在一起，比如苹果，后者则会让人联想到要烹饪的东西。

1883 年，这场争论激烈到了针尖对麦芒的程度，当时纽约要向进口西红柿征收 10% 的“进口蔬菜”税，虽然他们明确指出，这是一种水果。这个案子一直上诉到了最高法院，1886 年，法院判决，虽然西红柿论理当是一种水果，但在“人们普遍使用的语言中”，它是蔬菜，因为它“经常会在餐桌上出现，要么跟汤、鱼或肉一起烹饪，要么当它们的配菜，要么在它们之后上桌，是饭菜的主要部分，而且，它跟水果不一样的地方在于，水果一般是作为甜点上桌的”。[71]

在阿尔茨的研究中，8.8% 的人认为西红柿是水果的优秀代表，6.7% 的人认为它是蔬菜的优秀代表，还有 6.9% 的人认为它是水果或蔬菜的优秀代表。所以不同意最高法院判决的人居多，这也难怪，因为“人们的通用语言”从那时起已经有一定的发展变化，但是这种逻辑还是不怎么合乎情理。

根据经典逻辑，如一个选择的权重是A，另一个选择的权重是B，那么它是一个或另一个的相对权重应该是A加B的平均值，对西红柿而言，水果或蔬菜的概率应该是7.8%，但是从这一调查中所观察到的概率只有6.9%。就其他选择而言，这个概率差更大。比如，蘑菇是水果的比例是1.4%，是蔬菜的比例是5.5%（它实际上是一种菌类，所以哪个也不算）。这两者的平均值是3.4%，但是调查显示蘑菇是“水果或蔬菜”的概率是6.0%——几乎跟西红柿一样高。

阿尔茨表示，可以这样解释，假设水果和蔬菜的概念——经常有概率性、不确定的因素——在我们脑中干涉，所以依次问问题就跟同时问不一样，这种情况有点儿像双缝实验，一个缝隙被标记为水果，另一个缝隙被标记为蔬菜，遮住一个缝隙，一个粒子穿过水果缝隙的概率相当于当选水果的优秀代表的概率。对蔬菜而言也一样；而水果或蔬菜的概率就像是两个缝隙一起打开，导致了干涉。同样，词汇联想实验的统计显示相关词汇表现得就像是纠缠的粒子，遵循贝尔不等式（Bell’s inequalities）的语言版。[72]

但是，言归正传，西红柿其实是水果。而且不要纠结它到底是叫番茄还是西红柿。

# 第二章　多少

万事皆以钱量之。①

——亚里士多德，《尼各马可伦理学》

（*Nicomachean Ethics*）

我们所使用的符号之间的越来越大的差异性会产生这样一种结果，在某种程度上讲，“多少”的问题与“什么”的问题在心理上已经开始分离——不管这种问题多么稀奇古怪，但从逻辑思维的角度来看是合理的。

——格奥尔·西梅尔（Georg Simmel），

《货币哲学》（*The Philosophy of Money*）（1900）[73]

根据量子物理，宇宙间万事万物都有互补的波 / 粒子的特性。这一点对于人类最无所不能的技术之一——货币同样实用。

① 亚里士多德说的是，实际上交换的东西是用钱衡量的，而不是所有的东西都可以用钱衡量。

货币实物，比如硬币、纸币甚至是比特币都是有二元性的，对应光子或电子的特性。本章将带领读者简单回顾货币的早期发展史，说明货币的两个方面如何构成西方哲学乃至人类决策的方方面面。

多少？对我们很多人而言，最早接触经济学应该是跟着父母去买糖或别的东西。你的手里攥着几枚金属硬币，上面刻着数字。在展示的橱窗里，摆放着一个诱人的物品——比如，一块巧克力曲奇。这个多少钱？你盯着售货员，忐忑地问道。[ 如果是在意大利，你也许会说“多少钱”（Quanto）。]“多少”这个词在形式上跟量子（quantum）的关系就显得更加明显。他们会告诉你——比如，两美元。然后你把手里的硬币给他们看——你的货币的颜色。你的父母可能会帮你数一数。硬币上的数字，按照你的理解，加起来的总数必须要大于等于这样东西的价格，这样才能买到。售货员把硬币放入抽屉，然后把曲奇装入一个纸袋，里面还装着找回的零钱，交易就此完成。

买东西这个举动很快就变得如此自然，我们想都不想了。我们不再数硬币，而是直接刷卡或插卡。线上采购——卖家晒在网上的曲奇和你吃进嘴里的其实是同样的，货币的交换越来越虚拟、越来越不可见。我们往往就把这件事情当作呼吸一样自然。

这当然不是说我们根本不在乎货币，毕竟，研究表明它是压力最重要的来源之一。[74] 货币可能从来没有像今天这样重要。当我们付款时，还是会感觉到我们递过去的是真实的东西—— 一种物品，尤其是囊中羞涩时。但是货币的消长在很大程度上被视为理所当然，就像它对我们的思维和行为的影响一样。

就算后来你上了经济学的课程，或是去了商学院，货币仍旧只是被看作交易的惰性媒介罢了，一种以物易物的中介。但是这掩盖了一个事实，就是当你在孩提时代买曲奇时其实还发生了别的事情——你是在进行一种测量。你是在发现以数字为尺度，测量曲奇值多少。你是在赋予它一个数字，是在为“多少”这个问题找寻一个答案。

当然，就这个例子而言，已经有答案了，所以这是一个微不足道的尝试。曲奇有固定的价格，这个数字可能就在旁边的一个标牌上或标签上。售货员并不是当时拍脑袋给出了一个数，因为这个过程已经用某种特定的方式安排好了。后来，父母可能会教你在庭院拍卖会这样的地方讨价还价，在这种地方，如果你买的东西不止一件，价格一般都是可以商量的，或者是可以要求打折的。而说到买房，标出来的价格只不过是一个建议的起步价。

但是即使是已经提前说好了价格，你在买那块曲奇时还是在进行测量，因为你在确认数量。比如，售货员说最受欢迎的巧克力口味的曲奇都已经售罄，那么这个价格就只是假定的价格，可能他们明天会有更多存货，但是你知道价格可能会变的，因为需求多了。后来，你在网上预订酒店房间或者航班时也会有类似的经历——网站会提示，这个价位只有一个空位，但是当你输入自己的信用卡信息以后，价格已经变了。如果你身在一个饱受严重通货膨胀蹂躏的国家（本书写作期间，委内瑞拉就是一例），价格会不断更新。如果因为某些原因，金融体系崩溃了，比如，因为一场核战争，曲奇的价格可能就无法确定了。一般而言，你真正能够确定一个东西的价格就是你在做交易的那一瞬间。

所以用钱买东西就如同是赋予它一个数字。当你想这件事时，会觉得它是一件很让人好奇的事。我们如何能赋予曲奇这样的商品一个数字呢？毕竟，数字和商品拥有不同的特性，就数数而言，想到这两样东西可以说得通，但是一个曲奇怎么就变成了数字 2，这就有点儿不清不楚了。

这一交易很像物理中的测量过程，我们测量——为一个粒子的位置赋予数字，或是记录它在一定时间内移动得有多快。即便如此，我们由量子物理可知，位置和时间都不是简单的、线性的、外在的数量，它们会变形、连接、分裂成很小的部分。换言之，它们跟数字不一样，测量远比表面看起来复杂得多——因此才有了不确定性原理。

孩提时代，你也许还思考过这个。货币好像跟价值有关，但到底是怎么相关的呢？为什么奶奶做的曲奇就是免费的，而商店里的就要花钱？换句话说，如果货币是在测量什么东西，那么它测量的是什么？

后面我们会详细介绍，这个问题困扰了经济学家很久，其中一个答案（得到了古典经济学家亚当·斯密的支持）就是，价格衡量的是为了获得生产资料和生产曲奇所需的劳动。万事万物都有一个价格，只不过对奶奶来说，她可以免费付出劳动。但是这就又引发了很多问题，比如，商店老板的标示、租房屋的费用等。而且无论哪种情况，都只不过是暂时性地逃避问题而已——我们如何决定要为劳动支付多少？

还有一个答案（也是新古典经济学的一个决定性原理，可以追溯至 19 世纪末，现在成为主流）就是，价格衡量和反映的是效用，对效用的大致定义就是曲奇所带来的愉悦或满足。但问题又来了——你如何为愉悦赋值？感官感受可不像会有价签的东西。

最后，还有第三个答案，价格代表了经济价值。[75] 但这是一个循环定义，因为经济价值是由价格所决定的。而且所有的方法都认为重要的是价格要与其他物品有关系。货币本身不重要，无非就是一个记分系统罢了。

在本章当中，我将提出，这些方法都是有问题的，会导致很多误解。衡量价格就是在对一个量子系统进行测量。结果不能还原到劳动、效用和别的东西。它的单位是货币单位，而不是克或者安培。当你买东西时，你是在测量——用货币测量。

要认识到这个论述为什么绝对不是老生常谈，以及为什么实际上从这个视角看待经济，结果令人兴奋，我们需要更加仔细地看待你孩提时代为了换几块曲奇而递过去的那些东西。正如量子革命源于分析亚原子粒子能量交换的特性，货币的秘密在于铸币以及类似的货币实物，它们的起源要回溯到几千年前。

## 乌尔城的货币

在古美索不达米亚的苏美尔城邦诞生了许多重要的创新，其中很多让我们受益至今：轮子、啤酒、24 小时的闹钟，甚至是城邦这个概念。但是可能他们最伟大的发明是货币的早期版本。这不算是一个真正的量子计算机，但是我们会看到，整个货币体系，与人脑相互协作，确实是做了一些类似的工作。

类似乌尔城这样的城市，坐落在今天的伊拉克，是千万人的故乡，城市周围有良田环绕，种植的农作物是当地人的主要食物来源。圣殿官员的主要工作就是监督这个复杂的社会，他们每天面临着同一个版本、不断反复的难题：多少？如果一个人为圣殿工作了一个月，应该给他多少谷物或者啤酒作为回报呢？如果他租了一天的房间或马车，他应该付给房主或马车主多少租金呢？如果他以某种方式伤害了他人，或是损害了其财产，他应该给多少作为补偿呢？

对更小的城镇而言，这样的问题也许可以通过平均分享农作物来处理，基于特定的基础达成一致意见。但是对于现代化、高度集权化的城邦而言，需要一个更有组织的解决方案。朝这个方向努力的第一步就是黏土代币，代表的就是配给量。后来，代币又被泥板（Clay Tablet），也就是所谓的楔形文字所替代，用芦苇在上面刻上指示（苏美尔人还发明了书写）。大约公元前 3000 年的类似的泥板就相当于工资条，大概 10 厘米长，说明了多少劳动可以换一定量的啤酒。就像大英博物馆中所写的，"似乎书写并不是为了文字、文学或经文所发明的，而是为了记账"。[76]

大概就是在这一时期，圣殿的会计开始把重约 8 克的谢克尔（shekel）银币当作标准单位。谢克尔这个词的意思是"重"，所以一个谢克尔银币基本代表了价值的重量。其他的单位像苏美尔数字系统（他们也发明了算术），是基于 60 的倍数，所以举个例子，一个迈纳（mina）代表了 60 谢克尔，或者半公斤。其他东西的价格是以这些谢克尔来换算的，一个谢克尔足以支付一个月的劳动，一个月的劳动可以换取一天一立方（gur，或者说一蒲式耳）的大麦，或是两份配给量。

价格以谢克尔计量并不意味着人们借用银币的重量进行日常

交易，谢克尔只是一种计算方法，如果有人需要向圣殿付款，他们可以用羊毛、大麦等商品，很多圣殿外的交易都是在信用的基础上进行，所以，比如在农作物收获的季节，一个农民付出了劳动，得到的酬劳可能是大麦。[77]

用楔形文字记录更大宗的债务，放在一个黏土信封里并密封起来，由贷方保管，直到对方偿还债务。有时是谁拿着信封谁就变成了债主，也就是说贷方可以把它转卖给另一个人。因此这种楔形文字相当于现代的纸币，承诺会按需支付持票人一定数额，但是一般而言，经济是在贷款的基础上运行，而贷款是在某些商品交付以后定期还清的。

那么从表面上看，似乎基于谢克尔的货币体系对于贸易的影响甚小，无非是方便了圣殿中的会计。但是实际上，货币的发明之所以持续下去，其影响甚至超过了轮子是因为它不仅仅是在通过道路传输东西，它还可以在虚拟意义上，跨越空间进行传输。

## 货币实物

那么，货币到底在哪儿呢？我们刚才看到银币并没有广泛用于消费，当然，在圣殿的保管库里倒是有很多银币，但是到底有多少呢？如果每个人同时要去用他们的配给量来换实实在在的银币——也就是所谓的挤兑，只不过是去圣殿而不是银行，它们的数量真的够周转吗？一个谢克尔的价值真的抵得上一定重量的银币吗，还是说更多是出于对城邦的信任，抑或两者皆是？

这种体系跟以物易物又有何区别？按照固定的比率用谢克尔来换算大麦，以此来支付一个工人的报酬，这种做法和不借助谢克尔，直接支付大麦有何差别？如果用谢克尔银币付款，难道就不是另一种以物易物吗？

在主流经济学看来，答案就是其实什么也没变。任何以物易物的交换都必须用比率来表达——多少千克 $x$ 对应多少千克 $y$。区别不过就是谢克尔成为某种中介，所以以物易物的比率可以从每一种商品以谢克尔计的价格来决定。正如经济学家威廉·斯坦利·杰文斯在 1875 年其著作《货币与交换机制》中所写的："知道一磅银币可以买多少玉米，知道同样数量的银币可以买多少亚麻，我们很轻松就可以知道多少玉米可以换多少亚麻。"[78]

不过还是跟之前一样，强调货币带来的方便让我们忽视了真正发生的事情——也就是，有史以来，人们第一次找到了一致的方法来回答"多少"这个问题。

用以物易物的方式，这个问题只有在有限的情况下才说得通。不妨设想一下，你又回到了孩提时代，希望能得到一块巧克力曲奇，但是这一次，你却是在学校的操场上，有曲奇的人是你的一个朋友。当你问曲奇多少钱时，你的朋友并没有告诉你价格，而是让你翻翻自己的包找一些东西来交换。可能他们勉强接受了你还没怎么用过的铅笔袋。你现在知道了，在这个操场，你可以用一个铅笔袋跟你的朋友换一块曲奇。只不过明天这可能就行不通了，因为他们已经有你的铅笔袋了。所以你就必须要给他们一些不一样的东西才能换取曲奇。对于任何以物易物也是一样的道理，因为一种物品相对于另一种物品的价格总是在变动，"多少"的问题并没有一个唯一的答案，它给出的是形形色色、各不相同的可能性。

通过用这个叫谢克尔的东西让会计系统标准化，苏美尔人就找到了赋予价值以数字的方法，他们找到了打破多种可能性的方法，使之落到了一个单独的数字上——就像物理学家在测量亚原子粒子的位置时采取的方法。

但是通过发明这个答案，他们还做了别的事情，也就是创造出了一种新的量子实体——货币实物。

## 虚与实

似乎在比特币的时代，还谈“货币实物”就有点儿奇怪，仿佛竟然能设法把货币还原成一样实物。当然了，今天我们通常会刷信用卡或通过银行转账等电子方式付款，这样似乎不用涉及任何实物了。即使是在古苏美尔，就像我们刚才看到的，人们也许能理解谢克尔中蕴含的价格，但是他们并没有真的给出一小把银币。确实，在经济学家和社会学家看来，指出货币不是一个东西，这似乎都已经成了老生常谈。

但是量子物理教会了我们一件事：实物并不总是像在经典物理中定义的那样清楚——东西也不真的就是东西，至少不像我们通常所想的那样。我们自己所理解的实体就是实实在在的物体——就像是一枚硬币或者一本书——其实是虚拟的量子交互网络，只是恰巧传递了类似质量、颜色这样的属性。你能看到这一页是因为光子以某种方式散布其力场。其他的粒子根本就看不见，比如太阳发出的中微子——当我们读到这个句子的时候，有几万亿个中微子经过了这一页。电磁力是通过幽灵般的虚拟光子的交换来传递的，它在让任一类原子、分子和物体结合过程中发挥了重要作用，可能将之描述为电磁场中的波纹更合适一些。而任何粒子——就像我们看到的——都有互补的波粒二象性。

在这种量子精神下，我们可以把货币实物定义为可转让的实体，由一个受信任的权威或机构创造，有确定的货币价值这一特殊属性，用一个数字和货币单元来表示。它们因此结合了大脑中对货币——虚拟的波属性，和一件可以拥有或转让的物体这一实体——的数量的认识（真正的粒子属性）。这些是你可以保留或消费的数字，所以在一个量子框架中，把任何一种形式的转账看作代表了一个物体从一方到另一方的转让，无论是真实的还是虚拟的，都是说得通的。在网上买一本书可能跟在店里买书时亲自数硬币和纸币的感觉不一样，但是最后效果是一样的。甚至比特币其实也不像它们看起来那样虚拟，我们会在下一章探讨。反过来说，当在交易中用货币实物来买东西时，货币的价值概念，类似波，坍塌成一个单独的数字，类似粒子，因此货币实物如同一种调和真实与虚拟的方式。虽然它们天生适合作为交换媒介或存储价值，它们的单位对记账很有用，但这些特性是它们的设计所带来的结果，而不是一种决定性特征。

当古苏美尔人创造出谢克尔作为记账手段时，他们同时也创造出谢克尔这种货币实物。就像我们在前文中看到的，一个谢克尔就是一定重量的银币——可以用来交换其他事物的一样东西。这些谢克尔可能是真的——即用银做的，但是大多数时候是虚拟的。无论怎么说，谢克尔的交换赋予了价值以价格——结果就是把价值还原为了数字。

苏美尔当然不是唯一一个提出货币概念的早期文明，但它是记录得最完整的一个。在古埃及，价值是通过德本（*deben*）来体现的，最开始是用它测量谷物而非金属；小麦存储在中央集权的国有仓库中，作用相当于银行，用来支付债务和税收。[79] 在远古时期的中国，中央集权还没有那么集中，最普遍的货币形式就是贝壳，虽然也会使用其他工具，像结绳和刻竹片。

使用一种贵金属（比如银）作为货币的基础，一个吸引人的地方在于，它不像大多数商品，而是跟数字有很多共同属性。贵金属是稳定的（它们不会生锈、腐烂或者爆炸），可以互换的（一盎司可以替换另一盎司），很容易分割，数字和贵金属之间这些自然的对应促进了下一个货币创新——可能是货币固有的二元本质最形象的化身——铸币。

## 琥珀金

当经济学课本在讲述货币的历史时，如果真的会讲的话，它们通常会跳过古美索不达米亚时期，直接从第一批铸币开始讲，可以追溯到公元前 7 世纪，吕底亚帝国时期。这些铸币是用金 - 银合金做成的，称为琥珀金（electrum），是通过把金属空白的一端放在模具的顶部，然后用冲击锤捶打而成。这个模具上印有一个图样，比如狮头，相当于对这枚铸币的认证。

据说这些铸币的使用源于在以物易物中使用贵金属，就像亚里士多德在《政治学》中写的："生活必需品往往笨重而难以运输，因此大家希望有某种既有用又便于携带的货物作为交易余物及购取所缺货物的中介货物。人们发现铁、银及类似的金属合乎这个要求。起初这些金属凭其大小轻重来计值，后来，为免除大家分别称量的麻烦，每块既经称量的金属就各个加上烙印，由这种烙印表明其价值。”[80]

亚里士多德对于货币起源的解释很有影响力，在现代的教科书中可以找到几乎一模一样的表述。[81]从这个角度看，唯一重要的东西就是金属的以物易物的价值——印记只不过是为了“免除大家分别称量的烦劳”。但是这样的描述有问题，其中一个问题就是它漏掉了早期的信用系统，包括记录完善的苏美尔版本，就亚里士多德而言，这种疏忽是可以理解的，但对现代学术界而言就不那么容易理解了，因为毕竟认识到这种缺失已经有一段时间了。英国经济学家艾尔弗雷德·米切尔－英尼斯（Alfred Mitchell-Innes）在写到“商业历史和钱币学领域开展的现代研究，尤其是最近在巴比伦尼亚的发现，揭示了早期经济学家无法获得的大量证据”时指出了这一点，[82]那是在1913年。

以物易物模式的另一个问题在于，它是基于假设，所以一本类似的教科书中写道：“如果没有货币，那就必须用以物易物的方式来交换货物。”[83]但是撇开校园互换和类似的不谈，以物易物从来没有在商业中扮演过重要角色。人类学家卡罗琳·汉弗莱（Caroline Humphrey）表示：“从来没有人描述过一个纯粹、简单的以物易物经济的例子，更不要说货币在此过程中的诞生。”[84]以物易物就是群体之间一种普遍的交易方式，彼此之间可能并不友好，也并不信任彼此，而且是在人们习惯使用货币却没有货币的地方，比如监狱。但是无货币的社会有以下几个特征：往往是围绕团体合约组建的，物品是由中央集权化的机构进行分配的；社会货币用于涉及象征身份地位、安排婚姻的东西等，或者会把交易标榜为礼物的礼品经济中。

这种叙述的第三个问题是：第一批铸币值很大一笔钱，面值从一个斯塔特（谢克尔的一种翻译）重约 14 克，到各种等分，小到一个斯塔特的 1/96。一枚斯塔特铸币大概值一个月的工资，而最普遍的铸币，也就是 1/3 的斯塔特，大概等于 10 头羊。甚至最小的铸币都够一个人吃好几天的。所以它们似乎并不是日常以物易物的便捷替代品。

不过这个原创故事最大的问题是，它认为印记无非是增加了额外一重便捷——但实际上印记才是重中之重。

## 加盖印记

就像教科书一般都会描述的，货币制度的发明“为当局，通常是国王或者女王创造了一个重要角色，国王或女王制作完了铸币，会加盖自己的印章”。[85] 所以统治者此时就相当于一个荣耀的公证人。1892 年，奥地利经济学家卡尔·门格尔（Carl Menger）写道：“货币不是依据法律产生的……建立和维护铸币来赢得大众的信心，尽可能预防其真实性、重量和成色出问题，最重要的是确保其流通，这些在任何地方都是国家管理的重要职能。”[86] 这番话很好地诠释了这一观点。

认为国家只是在这个过程中扮演一种认证角色，这种观点与货币历来由国家设计、创造和分配的史实有些冲突。并且货币主要是用来服务军队，而不是作为以物易物的润滑剂。量子物理学最早是用于制造炸弹，并且这里存在一个很有趣的平行类比，货币的量子力量最早也是用于作战的。

古希腊的货币是因为城邦之间打仗才产生的，迄今为止国家最大的开支还是军事开支。激励军队、雇佣军和海盗的传统方法就是承诺他们能从战利品中分一杯羹，而铸币类货币就是一种让这些人为己所用的方式。[87] 军队会攻击敌人，没收其财产，奴役当地人民，并且让他们去矿上工作，挖掘更多重金属，然后又换成铸币来维持军队开支。这一过程就是对亚里士多德比较出名的学生亚历山大大帝的写照。他有一支 10 万人的军队，在征服波斯帝国时每天的花销高达半吨银币。多数财富来自波斯的矿，劳动力主要是战俘。亚历山大后来继续攻打美索不达米亚的巴比伦帝国，他废除了当时的信用体系，坚持必须用自己的铸币来纳税。

铸币类货币也解决了支持军队的相关物流难题。国家命令人民把铸币作为纳税手段，因此人民必须要靠自己的双手来挣钱，而最简单的方式就是为军队提供食物和住宿。也就是说，就像在经济学教科书中说的，因为需要认证铸币类货币，“当局因此有了一个重要角色”，这种说法因此似乎过于轻描淡写了。其实应该是反过来：国家通过军队的力量创造了货币需求。今天，世界的主要储备货币就是受全世界最庞大的军队的支持，这绝非巧合。

与其说铸币在以物易物的过程中自然诞生，倒不如说铸币是强加到人民身上的——就像彰显国家力量的印记也是强加到软金属上的。这样做是因为印记不仅仅是一种便利或者一种形式，相反，正是因为它，货币才与数字有了关联，是它让交易变成了统一的测量工具。它是一种具体的、精心设计、组织有序的数字信息形式。

我们会在第八章中进一步讨论顺序、信息和能量之间的关系，但这里的重点是，信息是一种能量，通过在铸币上印记，申明其所有权，政府所做的事情其实在某种程度上跟一开始努力开采金属一样有价值。正是这一工作把货币的两面——真正的东西和虚拟的概念——熔接并设计制造成一个单独的货币实物。一枚铸币，也就是在世俗的金属中嵌入一个抽象的印记，因此就成为货币这种二元、量子特性的形象代表。

虽然铸币类货币主要是为军队设计的，它当然也有历史学家迈克尔·克劳福德（Michael Crawford）所谓的“偶然影响”：它促进了市场的发展——并且最终推动了世界经济的发展。[88] 它也有别的影响，通过为东西赋值，它让日常交易变成了心算练习——对人类物种的大脑发育有巨大的影响（甚至是对于大脑的回路也有巨大影响，后文我们会讨论）。货币的发展也影响了西方哲学，而西方哲学又对我们如何看待货币产生了深远影响。

## 价值之价值

据说第一个自行制作铸币的希腊城市是米利都（Miletus），在公元前 6 世纪。米利都位于今天的土耳其，靠近吕底亚帝国。但是这个城市另一个闻名之处在于，公元前 624 年，哲学家泰勒斯在此出生，伯特兰·罗素认为，“西方哲学”也随之诞生。泰勒斯的数学成果包括使用几何来解决如何计算金字塔的高度以及海上行驶的船的船身长度等问题。泰勒斯还提出了万物理论（Theory of Everything）的早期版本，认为万物都是由水组成的（今天，物理学家认为万物都是由更高维度的“弦”组成的，可能再过几百年以后这个理论听起来也会一样可笑）。

在泰勒斯晚年，（据说）一位20来岁名为毕达哥拉斯的年轻人从附近的萨默斯岛（Samos）来拜访他。毕达哥拉斯后来建立了自己的哲学学派，碰巧也提出了万物理论：只是凝聚物并非水这样的实物，而是一种概念：数。根据毕达哥拉斯学派的创世神话，宇宙一开始是统一的，后来分割成了两个相反的部分：有限（*peiron*），也就是善的；以及无限（*apeiron*），也就是恶的。[亚里士多德在《伦理学》中写道："根据毕达哥拉斯学派的推测，恶属于无限，而善则属于有限。"[89]］这些合起来形成了数，构成了宇宙（cosmos这个词由毕达哥拉斯所创）的结构。

无疑对数的强调在很大程度上是因为毕达哥拉斯的发现，音乐和谐性——七弦琴或者今天的吉他的指间距恰当——都是基于数学（如果可能，他会很欣赏薛定谔把量子状态比作是"振动弦上的节点"，甚至是基于此的弦理论）。但是古希腊文化研究者格思里（W.K.C.Guthrie）表示，这很可能是因为受到了商业用途的影响：很可能毕达哥拉斯参与了他所在地区（也就是如今的意大利南部）的铸币设计，而新的货币经济的影响"很可能让他萌生了这样的想法，事物互联的一个常数因子就是定量关系"。在德拉克马（drachmas）或米纳（minas）中一个固定的数值所"代表"的东西，其品质差异之大不亚于一对公牛、一船小麦以及一个金酒杯之间的差异。[90]

毕达哥拉斯学派的二元论观点汇总在10个"始基"中，在亚里士多德的《形而上学》中有记载，这10个"始基"代表了他们眼中的宇宙基本组织原则。他们的清单在很多方面很像中国古代阴阳的概念，左边一列代表阳，右边一列代表阴；但是有一个很重要的区别：中国人认为阴阳互补，而毕达哥拉斯学派的清单则有明显的喜好，一列被标榜为善，另一列被标榜为恶。[91] 就像本章延伸阅读所示，这种显著的区分为追溯货币的本质提供了很有意思的线索。

毕达哥拉斯学派的二元论对希腊哲学产生了极大的影响，例如，在希腊思想中，意识和身体有显著之分，这也是受其二元论的影响，对此，柏拉图用自己的理念论进行了合乎逻辑的总结。根据柏拉图的观点，现实世界中的对象都是抽象形式的不完美版。抽象形式不同于真实的东西，会变化，会腐朽，是静态的，不变的，只有经过思考才能知道。数存在于理念论中，而可以测量的实际事件和物体则存在于现实世界中。

鉴于西方科学源于这种二元论的方法，毕竟它的目标是通过使用抽象的数字和方程来表达现实世界，这没什么奇怪的，正如我在其他地方所说的那样，西方科学中到处都是毕达哥拉斯学派的痕迹。[92] 量子物理学让人震惊的原因之一是它挑战了这种古老的善恶二元论，并非将相对的品质看作势不两立的一对，而是统一的动态整体的互补，就像阴阳。事实上，虽然据说玻尔的互补原理受了心理学思想的启发，即我们同时可以在脑中持相反的观点，但另一个影响其实是源自中国哲学。[93] 当丹麦国王授予他国家最高荣誉大象勋章时，玻尔设计了自己的徽章，上面有阴阳符号和拉丁语的座右铭："对立面是互补的"（*contraria sunt complementa*）。

正如我们看到的，货币的设计在本质上是二元的，因为它将数的属性与所有物的属性相结合。这种二元性体现于"价值"一词在交换（而非原则或行为标准，这些是不应该出售的）过程中的不同含义。我们重视某些东西不仅仅因为它有机械用途，还因为它对我们意味着什么。只有有意识的实体才能重视别的东西。但是价值也有一个数学化的定义，指的是某一个值，比如仪表上的读数，或者是等式中一个参数的值。货币是一种调和主观意义和客观数字这两种价值的方式。在古典经济学中，价格有意义，因为它代表劳动；在新古典经济学中，则是因为价格代表了效用。而在量子经济学中，价格和意义是同一枚铸币的两面，也是同一个词。

因此，货币就像磁铁一样，包括互斥的两极，我们从不会孤立看待其中一极，但正如毕达哥拉斯学派的二元论一样，它也有固定的极性，因为——就像科学一样——货币的全部意义是为事物赋值，这是一种找到价值之价值的方法。这些二元属性在其他金融工具中有所体现：贷款所代表的数字债务是虚拟的，但作为抵押品提供的珍贵财产是真实的。

就像我在之前一本书《经济和你想的不一样》中所写的，同样的二元论也影响了经济学领域。主流的新古典经济学——重点关注稳定性（静止）、对称性（平方数）、线性（直）等——从来不会太过背离毕达哥拉斯学派的始基上的第一列或者“善”的那列（见本章延伸阅读），而异端方法则似乎更为“左倾”。当然，这并不是说毕达哥拉斯学派以某种方式凭借直觉察觉到宇宙的量子本质，或者说他们的后代在继续坚守经济学的阵地。然而，他们基于数的哲学受到了希腊货币经济发展的影响；正如前文所说，经济本身就是一个量子系统，货币在测量过程中起特殊的作用；所以在某种程度上可以说他们是第一批量子经济学家。正因如此，他们对宇宙的二元本质的观点在今天仍旧有人响应——因此，我们还生活在一个由毕达哥拉斯学派的二元性塑造的世界中。在下一章中我们会看到，货币的二元本质在其创造过程中处处都有体现，但是最不为人理解。

## 延伸阅读

### 量子对立

价值的两面——主观价值和数字价格——之间的矛盾与毕达哥拉斯学派的对立清单（以下黑体）碰巧有很多相似之处。由于市场经济的出现，这些概念被并列讨论并产生冲突。

**有限与无限**。测度价格（比如，你刚为之付过的货币数额）代表了一种固定的、有限的数量。价值是一种模糊、非数字化的品质，一般都是无限的（经济学家可能会为一个人的一生赋值，但是父母永远也不会给自己的孩子定价）。

**奇与偶**。测度价格是固定的、独一无二的，而价值则难以说清。（就粒子而言，前者可能是一个自旋量子数为奇数的费米子，而后者则是一个自旋量子数为偶数的玻色子——见第一章。）毕达哥拉斯的传记作者扬布利科斯（Iamblichus）表示，毕达哥拉斯也曾断言，偶数与“抵消的东西”有关，但奇数与稳定性和统一性有关。原因之一是，对它们顺序求和可以得到一个平方数，例如 1 + 3 + 5 + 7 = 16，也就是 4 的平方，并且正方形各边的固定比率总是 1。

**一与多**。价格就是唯一一个统一的概念，而价值取决于观点，因此在本质上就是复数。

**右与左**。数字价格对应的是我们左脑的计算和分析能力（见

第四章的延伸阅读)。价值则更多对应右脑,具有背景驱动的属性。(注意左脑控制的是右侧躯干,右脑控制的是左侧躯干,如此形成了一个极性逆转。)

**男与女**。价格就是虚拟的符号(来自拉丁语的 *virtus*,意思是"男性化"),而被估价物就是一样实实在在的东西(来自拉丁语的 *mater*,意思是"母亲"),是可以拥有的东西。性别语言涉及思想和数字等男性原则的经典联想,现实世界的事物则与女性原则有关。[94] 货币体现的是一个更新的版本:虚拟与真实。

**静止与运动**。测度价格是固定的、稳定的,而被估价物则会突变、衰减。

**直与曲**。根据定义,数字是线性的、可求和的,这就是为什么学校教数线,价格也是如此。而在现实世界中,当你把两样东西加在一起,或者工作时间翻倍时,价值可能不会加倍。

**光明与黑暗**。价格是客观的,受理性的影响,对每个人来说含义相同。而价值更主观,更模糊,因此取决于人和背景。主观性备受科学抨击——例如,政治学家亚历山大·温特(被誉为"20 年来最具影响力的国际关系学者")指出,"在大多数当代社会学科中似乎都存在主观性'禁忌'"。这是很尴尬的,因为至少根据一些解释,个人意识在量子物理学中起着关键作用(更不用说日常生活)。[95]

**方与圆**。毕达哥拉斯学派在思考数字时会排布鹅卵石,在他们看来,4、9 和 16 这样的平方数是稳定和对称的,因为它们可以形成一个平方。在公平交易中,价格和费用也是对称的,类似阴和阳可以相互抵消。货币经济和礼品经济之间的关键区别在于,前者基于对称互换,其中的账目总是平衡的,而礼品经济应该是不对称的。[96]

**善与恶**。毕达哥拉斯学派因为想将世界还原到数字，只遵循这些原则中的一套——善的原则，与数字一致的原则。同样，货币有极性，因为它的功能是赋予主观价值以客观数字，而不是反过来。这正是毕达哥拉斯的二元论在作祟。

# 第三章　量子创造

恐怕平民百姓不太愿意听到银行或者英格兰银行既可以创造货币也可以毁灭货币这样的话。我们习惯认为货币就是财富，因为它确实掌握在个人手里，是流动性最高的财富。我们也不愿意听到某些私人机构可以随意创造货币这样的话。这很容易让人联想到一幅画面：一个独裁且不负责任的机构，通过自己设计的歪门邪道就可以让财富增加或者减少，而且很有可能趁机大捞一笔。

——英国前财政大臣雷金纳德·麦克纳

（Reginald McKenna，1915—1916）

量子力学仿佛魔术。

——丹尼尔·格林伯格

（Daniel Greenberger）

量子力学最神秘的预测之一，并且已经经过实验充分证实，就是粒子可以凭空出现，然后又凭空消失，这种量子迸发也许可以解释宇宙的突然出现。央行高管也在玩这样的把戏，通过“法币”（fiat money）的魔术，弹指之间，就可以无中生有。本章将探索货币创造和毁灭这一量子过程，从古代的铸币开始，一直说到现代的比特币。

货币从何而来呢？在古希腊，答案是显而易见的——从地下来。铸币由贵金属制成，它们的价值——重量和质量——是用印记来证实的。但是即使是这个答案也不是那么一清二楚的。比如，可能按照定义，一枚雅典德拉克马铸币在雅典城内值一个德拉克马，但是出了城，它的价值就会趋向于这块金属在当地可以换什么——一般都是价值稍低的东西。一枚铸币的价值不仅取决于金属的重量，还取决于城邦的分量。货币实物可能设计之初是有确定无疑的数量，但是（不同于亚原子粒子），若不积极推行，那些品质可能会逐渐降低。

虽然新古典经济学倾向于把货币看作一种惰性筹码，除了它的构成本质以外，同其他可以交易的物品并无本质区别，但其实货币是一种复杂的实体，它的制作权往往伴有社会、政治、文化和经济影响，可以从它的历史中看出来，货币的基本特征让它不断变形，重组自我，但不知因何，又总是与原来无异。

“货币”这个词源于警戒者朱诺（Juno Moneta），她是一位女神，第一批铸币就是在她的罗马圣殿里诞生的。罗马货币体系是希腊体系的扩展版：罗马军队不断占领新的疆土，让奴隶在矿山工作，给铸币加上印记，并用这些货币进行支付。国家要求被征服的人民用这些铸币来纳税，因此保证了铸币的流通。[97] 在公元 2 世纪中叶，当时的一枚第纳里（denarius）铸币所含的银大约等同于今天面值一英镑的银币（并非实际的一磅银）中的含银量，帝国每年的消费高达 2.25 亿第纳里（denarii，denarius 的复数形式），其中约 75%用于军队开支。[98]

货币在罗马帝国建立过程中发挥了关键作用，但它也是导致帝国灭亡的因素。采用与贵金属相关的货币，其弊端之一在于流通货币的数量取决于开采的金属量。帝国扩张时，经济的增长与金属供给的增长相符。但是到了公元 3 世纪，对外的征战数量开始减少，罗马自己没有什么产出，所以货币纷纷外流，尤其是在帝国的臣民尝到来自印度和中国的充满异域风情货物的甜头以后。同时，军队的数量剧增，士兵人数多达 65 万，需要更多的现金（多给钱总是比少给钱更容易，尤其当他们还有武器在身时）。[99] 解决两难唯一的出路就是让货币贬值——后来证明这个措施很容易上瘾。

当第纳里这一相当于希腊德拉克马的通用货币在公元前 211 年首次铸造出来时，包含了大约 4.5 克银，含量接近纯银，足够支付一名士兵或杂工一天的工资。[100] 后来，统治者逐步减少货币中的含银量，直到 500 年后，仅剩一个铜芯，外面包裹一层镀银，这层银用久了还会磨掉。如此贬值很受统治者的欢迎，是因为他们可以利用印记值和铸币的金属值之间的差价中饱私囊，但是经济市场中流动的货币越来越多，导致来势汹汹的通货膨胀。公元 274—275 年，仅仅一年的时间，物价翻了 100 倍。[101]

## 对称与不对称

文艺复兴时期，数学家和天文学家尼古拉·哥白尼在 1526 年的专题论文《论铸币的铸造》(*On the Minting of Coin*，拉丁语名为 *Monetae cudendae ratio*)中对通货膨胀的发展解释得十分详细，但是对罗马人来说为时已晚，今天的经济学家称为货币数量学说的早期版本——哥白尼写道："当货币数量太多时，货币价值通常会贬值。"[102] 在某种程度上，罗马这一段历史似乎证明，货币的价值是一种内在的品质，最终还是会回归到金属的含量上。没有金银的支撑，货币就土崩瓦解。但是在罗马帝国衰落以后，发生了一件很神奇的事情，货币在不依靠任何金属的情况下存活了好几个世纪，因为债务还是用类似第纳里这样的单位来计算的。

在帝国衰落的同时，罗马的人口从原本的 100 万人锐减到公元 550 年的 3 万人，基督教和伊斯兰教地区的势力和影响力都发展起来了，原本用来做铸币的金属最终变成了宗教装饰。虽然经济体量更小了，更多是由宗教权威管控，但这并不意味着货币就被彻底摧毁了。只是虚拟符号(即数字)取代了真实材料(金属)的优先级。货币又回归到了其虚拟的根本所在——引领变化的地区就是伊斯兰世界，中心还是设立在美索不达米亚。

这里的市场繁荣发展，但是并不是像在古代时候一样依靠现金交易，而是依赖本票(promissory note)这样的东西，也就是 *sakk*(阿拉伯语)，也可以叫支票。跟今天一样，伊斯兰金融界禁止放高利贷，但是允许诸多收款项目，所以对资本家来说，还是可以赚钱。正如古美索不达米亚人发明了数学来记账，数学家发明了一种新的数字来记录债务。

在前文的章节中讨论过，数和货币交易的一个基本属性就是它们是对称的，也就是有正就有负。如果你以市场价，不收取任何佣金兑换货币，那么净利为零，因为一种货币的所得(正值）被另一种货币的付出（负值）抵销了。但是，一直到公元 7 世纪，人们只认识到了正数。负数就像负铸币一样，是毫无意义的。

如何处理正数和负数的规定最早见于一本名为《论宇宙开端》（*The Opening of the Universe*，628 年）的书，作者是印度数学家布拉马古普塔（Brahmagupta），他认为可以从货币角度看待两者，正数代表“财富”，而负数则代表“债务”，正负相加为零，零这个数自成一派。这个概念在翻译布拉马古普塔著作的过程中进入了伊斯兰世界并被采纳，但是花了好几个世纪才进入欧洲，最终在 15 世纪促进了复式记账法的发展，每一笔交易用两个账户记账，一种作为借方账户，另一种作为贷方账户。这种方法可以检查错误，因为所有贷方账户之和应该可以与借方账户之和相抵，很快就可以从中看出盈利的情况。[103]

负数的发明揭示出了货币的另一面，这一点之前一直没有人能说清；也就是，正如货币有真实和虚拟两面，它也有正负两面——正即所持，而负即负债。在会计中，这种对称性通过数字符号以数字化的形式表现出来。在古希腊和古罗马，只有货币的第一面是显而易见的，但是即使是在这两个古国，铸币还是由政府发行，然后又以税收的形式索回，这也暗示过程中涉及债务。

确实，“内在价值”不存在绝对一说，因为货币价值总是相对的、交互的。一块黄金只有当一个人拥有其所有权，且其他人认可其价值时，才会为这个人带来价值。而纵观历史，一枚铸币上的印记的重要性并不在于说明其重量，而在于它建立起了统治者对此物的所有权，确定其在一个特别的货币空间中的价值，这一空间正是由统治者经营维持的。但是既然有所属，那就有对立面，也就是债务。虚拟的、数学意义的债务的重要性——本质上的对称性——在政府开始发行“木”制货币时变得越发清晰。

## 木

在中世纪早期，信奉基督教的欧洲施行封建制度，拥有至高权力的是国王，也就是神在人间的代表。国王把土地分给贵族，贵族又把小块土地或者土地产出的部分农产品给自己的封臣以换取忠心，让他们在庄园里为之服务，让其服兵役（对武士阶层而言）。[104] 封建庄园大多自给自足，所以货币作用很小，主要是记账工具。租金和税收通常是以实物支付或者通过劳动偿还，而不是以现金形式。[105] 铸币的使用因为缺乏协调和中央统一管理进一步受限。每一个国王和贵族都想要制作自己的铸币版本，这样他们就可以跟罗马国王一样，利用“铸币利差”（seigniorage，源于古法语词 seigneur，即铸币面值和制作成本之间的价差），中饱私囊。

虽然当时普遍缺乏中央统一管理，但有个国家是一个例外，那就是英国。1100 年，国王亨利一世——征服者威廉一世之子——登基没多久，就引入了一种偿还体系，是基于木棒，也就是所谓的符木。这些木棒大概十英寸（约 25.4 厘米）长，用打磨过的榛木或柳木制作而成，在上面刻有凹口，说明其价值几许，然后沿直线方向分折成两半——干（stock）留给债权人，蒂（stub）或称箔（foil）留给债务人。凹口的宽度视情况而定，“手掌厚”的代表 1 000 英镑，“轻划一道，不削掉任何木屑”代

表一便士。[106] 为了方便区分，债权人所持的干更长一些，而债务人所持的是“木棒比较短的那端”。当债务偿还以后，两者合拢——对比木棒的纹理可以很容易看出是否有假——是否有损毁。符木因此如同债务的一种象征符号，在当时大多数人都是文盲的情况下，这一点很重要。类似的方法同时期的中国也在使用，只不过中国的符木是用竹子做成的。[107]

符木就跟古希腊的铸币一样，只不过它无须使用金属，两者都是在其中编入了数字信息，它的背景取决于国家的权力。符木在国王亨利一世为了征税开始在英国使用后得到了广泛应用，这极大地扩大了它的用途，很容易就让“干”像货币实物一样流通。比如，国家持有一个干，代表了当地一个征税县官欠国家的钱，那么它就可以用这个“干”来支付供方，供方可以从征税县官那儿收钱，用它来抵扣税款，或者以一定折扣转卖给中间商，中间商在债务到期以后来收债。箔同时也是一种负的货币实物，因为你必须先偿还债务才能摆脱其纠缠。

因此货币就发生了一件很有意思的事——它不知怎么成功地一分为二。我们看到，铸币这种货币本身就是二元的，因为它结合了数和被估价物两种属性，但是这两个方面最终似乎又合成了单独的一个整体。铸币是从地下开采金属创造出来的，加盖印记作为象征符号，然后通过国家的权力在当地推行其价值。实际上即使是到了这一步，货币还是由两部分组成——作为货币流通的铸币，以及加盖印记的金属模具（由造币厂设计制造和控制），彼此间由一根隐形的线连接。但是对符木而言，不涉及贵重材料，只是一根木棒而已；合二为一时，两部分代表的不是单一的价值，而是一个正的贷方和负的借方，总和为零。这种情况类似于量子物理，自旋量子数相反的纠缠粒子可以同根同源。这种情况下，木棒两部分的持有者也是纠缠的，因为一方的变动会对另一方产生影响。如果“干”在大火中毁于一旦了，那么就不会再有借款记录；如果统治者让货币贬值，那么双方的价值都会发生折损。

当然，这种纠缠并不是国王亨利一世或者任何一位统治者发明的产物—— 一**张借据**（IOU）也有同样的作用。但是符木同时也说明了钱币的另一**种特征**，也就是它的创造并不是一个零和游戏。符木是带有数字价格的货币实物，就像铸币一样，其合法性是由政府支持的，因此它们的创造增加了货币供应，虽然其效果只是持续到债务抵销时。后文会看到，这种类型的货币创造会导致通货膨胀，就像铸币贬值一样毫无疑问，虽然它看似略有不同。

## 纸币

符木在英国的使用在17世纪下半叶达到了顶峰，一直持续到19世纪才由纸币取代。欧洲人最早是从威尼斯探险家马可·波罗那儿听说纸币的，1295年他从中国回国时，写到忽必烈可汗的政府如何用纸张造钱，然后在上面签名并盖上皇室印章。[108] 受此启发，欧洲的银行和金匠开始为存款发行本票。这些本票是专门面向受过教育的银行家和商人阶层的“符木”，很快就开始流通，成为现代纸币（bank notes，这个词源于14世纪的意大利语“nota di banco”）的前身。

原本用符木时，需要两种实物来匹配才能抵销债务，现在只需一张纸就可以兑现存款。相当于在某种程度上，“干”被纸币取代，而“箔”则被黄金取代，由金匠租借出去。用符木时，“干”代表的是欠统治者的钱；而用纸币时，代表的是欠存黄金的人的钱。只有在统治者拿到了他人欠自己的东西时，符木合拢，债务才一笔勾销；而纸币一笔勾销则是当黄金又回到了主人手上时。

纸币跟符木一样，也是两面性工具，让债务人和债权人像一个共同的波动函数中的粒子一样相互纠缠。但是有一个很重要的区别在于，有了更大的造假或者行骗空间，一部分原因是黄金是可替代的，所以更加难以追溯（参见第一章中描述的量子擦除实验，符木就像是有标记的光子，而黄金则没有标记）。比如，一位金匠有一定量的黄金存在保险库中，它可以一直存着直到主人来取走。或者可以这样，如果同时把这些黄金借出去，收取一定的利息，这不是更诱人吗？又或者不是把实实在在的黄金借出去，而是把纸币借出去，让某人有权利兑现黄金——这样的话，对纸币的背书就跟黄金的关系不太大，而跟金匠有效利用债务的能力关系更大。确实，从那时候的账目来看，金匠一般都会只留 10% 的黄金，然后把剩余的都借出去，收取利息。[109]我们设计货币体系的初衷可能是遵循严格的会计原则，每一笔都应借贷相抵，但是在有人参与的活动中，对具体条款的解读往往是开放的。

另外一种更加复杂的信贷工具就是汇票，其实就是一封信，由银行或者代理人（可能是他国的）来代表签发汇票的人进行付款。这种做法变得十分流行，以至于贸易博览会，比如里昂每一季度举办一次的那种，可以在几乎是无现金的前提下举办。[110]因为汇票可以交易，如果仍旧是在特定的国际银行家和金融家内部交易的话，它们又相当于货币实物，增强了货币供给。因此货币实物不仅仅可以由统治者创造，也可以由银行创造。在一段时期，如果不断发展的商业阶层不相信、痛恨统治者，认为其金融知识，说得委婉一些，太过浅薄——以法国为例，从 1285 年到 1490 年，货币贬值了 123 次——导致权力从国家转移到银行手中，这一点在文艺复兴时期意大利美第奇家族的崛起中可见一斑。

毫无疑问，债务最终还是用当地货币偿付的。在中世纪的法国和意大利，价格是按照利弗尔系统（livre system）计算的，主要的铸币是德涅尔（denier）银币，用“d”表示，其命名源于罗马的第纳里。十二德涅尔等于一苏（sou），二十苏等于一利弗尔（意大利的里拉 lira），名义上等于一英镑银币（虽然通货膨胀意味着其实远不值这个价）。这套系统后来被欧洲许多国家效仿。在英国，德涅尔币的本土版是便士，也是用“d”表示，虽然相关的计算单位至少在理论上跟金属重量相关，但制作货币仍旧无须真的去挖矿。

## 公与私

我们在第二章中讨论过，货币有两面性，真实和虚拟，实物和概念。货币诞生在古美索不达米亚，当时是作为国家运行的一套借贷体系，所以虚拟的一面占了上风。铸币的发明以及罗马和希腊军队的大力推广把货币真实的、实体的一面激发了出来。罗马帝国的坍塌，金属的短缺，意味着随着借贷工具，比如符木、纸币以及汇票等的发明，货币又回归到了虚拟的根本所在，跟在古美索不达米亚一样，价格还是按照理论的银含量计算，但是银这种金属自身的流通并不广泛。

到了20世纪，随着西班牙人在新世界大陆发现了新的金属来源，情况又发生了逆转。1500—1800年，金银矿生产了大约15万吨银和2 800吨金。[111] 仅仅凭借秘鲁一座矿山——富饶山，西班牙人就收获了4.5万吨纯银。[112] 跟希腊和罗马时期一样，劳动力往往都是当地的奴隶。

教堂鼓吹的货币危险论的观点似乎在征服者刚刚盯上阿兹特克黄金时就夭折了，《佛罗伦萨手抄本》记载："他们拿着金币，就像猴子一样抚摸着，似乎欢天喜地，终归于平静。因为他们真的非常渴望黄金，他们装得满满当当的，他们急需黄金，他们就像猪一样贪求黄金。"[113]（虽然很难想象有人会因为木制的符木如此激动，我们还是应该注意到，无论货币以什么形式出现，都可以有类似的效果，而且不仅仅是表现在征服者身上。）金属的流入当然让很多人富了起来，但是依照哥白尼的货币数量理论（被这一幕所激发），它会导致通货膨胀。尤其是西班牙经济，沦为所谓的资源诅咒（类似"信托基金诅咒"，但是是面向国家而不是儿童）的牺牲品。

对黄金的贪求就是所谓商业本位这一学说背后的组织原则，最早是由英国女王伊丽莎白一世提出的。虽然英国没有丰富的贵金属，但无论是对英国人，还是对亚历山大大帝而言这都不是问题——这只不过意味着他们必须要征服那些物产丰富的地方罢了。这一任务大多是由私人公司完成的，最大的公司就是英国东印度公司。但是货币真正的量子力量一直到1694年才随着英格兰银行的建立释放出来——宣布了一种新的融合货币两面性的方式，颠覆了货币与国家的关系。

上文提到，金属货币有一个问题，它是由统治者控制，而统治者往往会让货币贬值或者拖欠债务。在1690年的比奇角海战中被法国打败以后，威廉三世急需120万英镑来重建自己的海军，但是他的信用太差了，根本不可能通过常规途径来筹到钱。因此他决定建立一个公私合营的融资机构，称之为英格兰银行。它是这样运行的，这家银行——就像一个财力雄厚的金匠——给政府一笔永久的黄金贷款，政府回报给它同等数量的纸币借款。作为补偿，它可以无限期收取原始贷款8%的利息，另外加上每年4 000英镑的服务费，再加上所有银行服务的盈利。这次认购很快被一抢而空。

英格兰银行最初的章程里并没有提到纸币，但是就跟当时的其他银行一样——比如阿姆斯特丹汇兑银行（始于1609年）或瑞典中央银行（始于1656年），纸币是央行对存款的回报，而且央行在出借这笔存款时会收取一定利息。这类纸币包括承诺会依照要求向持票人偿还同等数量的金额，这样任何人都可以借此兑付全额或部分铸币。得到皇家的许可和支持后，纸币很快就开始像货币实物一样流通。就像金匠发行的纸币一样，英格兰银行发行纸币背后的原则跟符木的原则类似，因为纸币代表了“干”或者借款索还凭证。但是现在债务的方向发生了改变：正如人类学家戴维·格雷伯（David Graeber）所言，“货币不再是欠国王的一笔债，而是国王背负的一笔债……在很多方面，它已经成为旧的货币形式的映像”。[114]

英格兰银行的建立同时代表了货币的另一种分流，因为它涉及政府和银行功能的公私拆分。国家负责为货币加盖象征印记，而私有企业负责清算实际的黄金（尽管认购者同时也贡献了符木，也让这水更加浑了）。这一安排的成功意味着货币达到了新的稳定性和可靠性，而英格兰银行也成为全世界类似的中央银行的学习榜样。

最后，货币归根结底还是沦为一个信用把戏。我们珍视像纸币一样的东西是因为我们相信它可以兑换或兑取，这其实只有在他人也相信这一点的情况下才能做到。因此，货币就是一种让人卷入某一信仰体系的方式——在纸币广泛使用时，这种纠缠达到新高，成为大英帝国背后的驱动力。

## 打破对称

上文提到，纸币和更为直接的信贷体系，比如符木之间的一个差别在于符木代表了某种可以验证的债务，其设计初衷就是抵销债务，而新的纸币则被看作对实实在在存在于保险柜中的实物所开具的收据。它不是黄金，但代表黄金。但是因为黄金并没有与纸币实际匹配——不像是符木有各不相同的纹理，金条都是一模一样的，这样就很容易把同一块黄金多次出借。金匠这一行利润丰厚，而且并非因为实际加工制作的黄金。

这一体系在英格兰银行的推动下发展成为部分储备金体系，历来在经济学教科书中的描述如下：中央银行买入政府债券（如借给统治者一些现金），国家随后花了这笔钱（如用于海军建设），这笔钱就随之进入更大的经济活动中。但这只是第一阶段。

假如支付给供方的款项是 100 英镑，供方把这笔钱存入自己的银行。但是银行可不会让钱白白放着，它自己保留 10 英镑（对应 10% 的储备要求）并把其余 90 英镑出借给其他人。出借的那笔钱接下来又被存入另一家银行，这家银行也留 10%，也就是 9 英镑，然后把其余的 81 英镑出借。当你把这个交易链求和，经济中新的货币总数就是 100 英镑加 90 英镑加 81 英镑……最后的和达到了 1 000 英镑，意味着一开始的那笔款项扩张了 10 倍。

因此，根据教科书中的这种描述，货币创造是由中央银行发起并控制的。私有银行也发挥了作用，也发行了新的贷款，但是数量受到部分储备金体系的限制，也就是上文描述中的 10%。我们会在第五章中讨论，这种描述其实是很容易误导人的，因为在现实中控制货币创造过程的是私有银行，而中央银行更多是发挥一个应对的角色，必要时借钱给银行来补充储备。但是这似乎是对事情如何在“金本位制”下运作的一个合理阐释，金本位制即纸币是对铸币使用的补充，却是以贵金属来估值的，而且如有需要，至少在原则上，可以兑换成铸币的。

这种部分储备金体系的优势之一在于它更加灵活，比如说，可以在经济增长期通过发行更多的纸币来增加货币供给，哪怕是在黄金供给滞后的情况下。同时也让存款对银行而言更有价值，也就是说储蓄账户可以赚利息。但是，还有一个很明显的结构难题，如果所有人想要同时取钱，就没有足够的资金用于周转。这样就打破了所持和所欠两者之间一个重要的对称。正如在物理界中有守恒定律，该定律遵循不确定性原理，经济也有自己的会计规则，但是这些受制于人类的不确定性。符木可以兑取，“蒂”和“干”可以同时销毁，但是对纸币来说却没有这么简单。原则上，每一笔贷款和每一张纸币都是受对应的资产支持，但是在发生危机时——当真实和虚拟之间的关系出问题时——就可能出现支取问题。

中央银行因此越发意识到自己就是 19 世纪记者白芝浩所谓的“最后贷款人”，负责“保释”所有小的银行，这些小银行均难逃银行挤兑的厄运。为纸币背书的不是黄金，而是中央银行。在 2007—2008 年的金融危机后，最后贷款人变成了“保释”整个金融体系的纳税人。

## 纠缠的货币

至此，我们从货币的发展简史中可以看出，货币的二元、量子和变幻莫测的特性以形形色色的方式体现在历史记录中，包括泥板、贝壳、金属铸币、符木、纸币，更不要说人类学家认证过的许多其他形式的货币了，差别无非在于强调真实还是虚拟（见本章延伸阅读）。但是货币还是有一些稳定的特征，比如，货币是通过交换实物来传播的，这在本质上就是二元的，因为它们结合了所有物的特性和数的特性。它们是通过一个类似量子系统中的测量过程，给真实世界打上数字印记，为主观的社会价值赋予客观的数字价值。

我们在后文会具体讨论这一测量的过程，但是有一点要指出，数字并没有内在的天平，可以依照一定的价格来让经济运作，但是也可以用两倍的价格（或者更多）让经济运作。实际上，因为通货膨胀，这种事情随时随地都在上演，这就让以亚当·斯密为代表的很多经济学家认为——不过我本人并不认可他们的看法——重要的是相对价格，货币只是一个干扰而已。[115]

另外一个普遍的特性，跟第一个特性相关，就是货币创造是基于所有权（和它的负面——债务）的概念，用印记来表示。当古希腊人强迫奴隶开采银矿，然后再把挖出的金属变成铸币时，印记的作用不仅仅是证实金属的重量，就像亚里士多德和现代教科书中所描述的那样。相反，它是标记所有权的印记，说明黄金属于国家，而且因为所有权是相互关联的，一枚金币代表欠政府的债务，通过提供服务可以抵销欠款。用符木时，债务的作用就更加透明，因为“干”形同所欠债务的收据。在现代经济中，中央银行面向私有企业发行债券，这就是在创造货币，而私有企业则通过资产抵押放贷来创造货币。因此，货币实物让债权人和债务人从一出现就开始相互纠缠。当英格兰银行贷款给国王，让他去偿还战争债时，就像是把符木短的那一端交给了他。这根木棒又演变成了千千万万张所谓的纸币。如果国家偿还了贷款，那么所有的货币都会消失于无形。这就是为什么政府需要保持赤字，因为没有债务，就没有货币。

货币的创造往往涉及对可交易的物品主张所有权，这意味着每一种货币实物都有两部分：物体本身，以及宣称物体状态的记录（记录本身可能也是可交易的）。无论哪种情况，必须有一种匹配两者——物体和记录——的方式从而查验货币是否是伪造的。对符木而言，是通过匹配木头的纹理完成的；对铸币或纸币而言，是通过物体的设计实现的；而对比特币而言，则是通过密码学实现的。

18 世纪的英国，货币实物可能一开始是作为一根符木，跟掮客交换，换成金币，然后再交换成一张纸币。货币的宿主因此能够从木棒变成金属再变成纸，甚至是在用它来买任何东西之前就已经如此了。但是虽然金币和纸币是直接或间接受金属的背书，符木的制作却是凭空出现的，这是怎么回事呢？

显而易见，有了铸币或纸币，国家就没有必要动用这么多力量强制货币流通，因为它们有金属的背书——铸币实实在在，纸币则由契约约束。苦力让奴隶和军队来做，前者负责挖金，后者控制这个过程。但是符木则是不一样的东西，因为国家在创造两种货币实物——正面的“干”和负面的“箔”——而“干”的价值只有在其能迫使或者诱使他人接受“箔”时才生效。同样，在核反应中，能量可以转换为质量，质量也可以转为能量，所以可以借助国家的能量用武力打造新的货币实物，货币实物因此就存储了一种潜在的能量。

不过，就部分储备金体系而言，情况则更为复杂，因为存款可以多次出借，反过来又可以为存款人赚取利息，银行可以收取贷款利息。这意味着国家创造货币实物的某些权力——铸币利差——传递到了私人银行体系。这个事实还不是广为人知：根据经济学家诺贝特·哈灵（Norbert Häring）的观察，“中央银行从来没有公开谈论过可以为之带来巨大利润的特权，即它可以设法为商业银行创造法定货币”。[116] 另外一个影响就是经济活动中的货币总量必须要随着时间累积才能偿还利息。因此，货币供给倾向于以指数型的方式扩张，我们会在第五章中进一步讨论这一点。

在中世纪的英国，“干”——也就是一半的符木成为一种货币实物——代表贷款，这是国王生造出来的，是可以支取的。随着英格兰银行的建立，方向发生了逆转，货币现在是基于国家对私人部门的债务。现代法币[①]只是受国家名义的支持，中央银行又更进一步，不是通过出借真正的资产给国家来创造货币，而是通过出借生造的资金，弹指一挥间，资金就很神奇地出现了。当然，这也引发了几个问题。一是既然任何人都可以发起借款，为什么还要让国家掺和进来，显然没有这个必要。比特币的信徒可能会认为，确实不用。二是难道政府不能直接发行货币，当作给自己的贷款吗？非要以一定利息从中央银行借法币才行？我们会在最后一章讨论这个问题。

总而言之，我们在这一章中看到了货币实物的产生总是会以各种方式涉及纠缠的实体，反映了货币的二元本质：数额固定的、可交易的物体，和对数额的虚拟记录。记录——形式可以多种多样，可以是以政府印记，一根符木或者电脑上一条安全的录入信息——确保了与之匹配的货币实物是真实存在的，而且属于特定的货币空间。把货币实物这些单独的方面连起来的线又将它们编织成复杂的纠缠网，构成独特的量子系统，也就是经济（我们会在第七章进一步讨论这种纠缠的量子特性）。根据主流经济学，货币只是一种商品，没有什么特殊的属性，但是实际上创造货币的重责乃是经济中最重要、最敏感的角色。在下一章中，我们会揭示经济学家如何给这个过程蒙上一层面纱——声称货币本身就是一层面纱。

① 出自《创世记》：要有光（*fiat lux*，拉丁语）。

## 延伸阅读

# 虚拟黄金

关于货币到底是真正的商品（如金银通货论），还是由政府创造并保证价值的虚拟存在（现代货币理论，来自拉丁语中的*charta*）的争论由来已久，可能从技术发明伊始就有了。在金本位时期，大多数人都会认可美国银行家J.P. 摩根所言，他在1912年的证词中表示："货币就是黄金，仅此而已。"[117]很少有人注意到英国经济学家艾尔弗雷德·米切尔·英尼斯的反对之声，他在1913年写道："贷款本身就是货币，贷款和任何非金银是所有人都在追逐的一种财产。"[118]今天，这些观点的流行程度恰恰颠倒过来（虽然多数经济学家并不担心货币的特性，因为这并不在他们的模型范畴中）。

不过，从量子角度看，说货币实物是量子实体，既是真实的，又是虚拟的，可能更加说得通。因此，围绕货币的辩论像极了对于光究竟是波还是粒子的争论。德谟克利特相信光跟任何事物一样，都是由原子组成的，而亚里士多德则认为，它是宇宙间的一种波。17世纪，牛顿认为它是一种微粒流，而欧洲大陆的物理学家则更加支持它是一种波的观点。1801年，托马斯·杨的双缝干涉图形似乎表明它是一种波，但是，就像前文所见，当吉奥弗雷·泰勒在1909年重做这个实验时，一次只用一个光子，最终的结论是，光并不是波，也不是粒子，它同时兼具两者的特性。多数人只是担心问题一直悬而未决，对于货币的问题，也是出于同样的心理。

货币的两面性在比特币这样的虚拟货币中显而易见，无论是基于金银通货论还是现代货币理论，比特币都不算货币，因为，就像《环球邮报》(*The Globe and Mail*)所言，它没有受到“实物的支撑——没有金条，也没有中央银行的承诺”。[119] 加拿大央行行长斯蒂芬·波洛兹(Stephen Poloz)证实了这一点，他表示因为虚拟货币不能作为可靠存储的价值，也不能轻易消费，“它们不构成‘货币’”。[120] 国际清算银行的负责人奥古斯汀·卡斯滕斯(Agustín Carstens)也深以为然，“虽然虚拟币可能看起来像货币，但是它缺少基本的教科书定义”。[121] 经济学家尤金·法马(Eugene Fama)也说过类似的话，根据他的有效市场假说，后文会讨论，比特币不是“价值的存储”，说明其价格为零。[122] 正如中国人民银行的潘功胜所言，“因此只有一件事能做了：坐在河边看，总有一天，比特币的尸体会从你面前漂过”。[123] 主流经济学家和中央银行高管，这些不愿意把股票或者房地产爆发式增长描述为贪婪催生的非理性泡沫的人，竟然如此急于给虚拟货币贴上标签，这的确还挺有意思的。

但是比特币似乎已经成功地跻身于货币的行列。它有弊端，比如巨大的价格波动——就在本书写作期间，它经历了大涨大跌——现在似乎更多人在囤积而不是使用比特币，但是它还吸引了大量追随者，给类似津巴布韦这样手机比银行账户还多的国家汇款就要靠比特币，在类似国际转账、收购鲜为人知的金融科技公司的股份，以及各种各样非法活动(虽然现金似乎仍然是其中的霸主)等领域开辟出了一个利基市场。而且每一笔交易都匿名记录在区块链这样的分户账簿上，并且时刻有网络监管维护，这让比特币有了独一无二的优势——例如，在防诈骗方面——这是很多银行都在急切并紧张地开展调查的领域。

2015年，在接受一次采访时——当时的主题是讨论虚拟货币如何体现货币的量子属性——我曾大胆提出："比特币将会乘胜追击，一方面是通过新的金融科技公司，另一方面是进军主流的银行，二者将会竞相利用虚拟货币。一个不那么肯定的预言就是比特币将会在一个因为人民对主要货币失去信任的国家声名鹊起，可能是希腊，但很有可能是更加出人意料的地方，比如委内瑞拉，该国的通货膨胀（还有电力补贴）在全世界是最高的。"[124] 2017年比特币交易开始在委内瑞拉快速发展，《大西洋》报道："成千上万的委内瑞拉人民都开始挖比特币了。"[125] 2015年末，最大面值的流通纸币是100玻利瓦尔，在黑市上值大约0.5毫比特（一毫比特币代表一个比特币的千分之一）；两年后，0.5毫比特就能值两箱子那么多的100玻利瓦尔的纸币，这足以让任何一个认为只有国家政府支持的货币或者黄金才能保值的人好好反思一下了。[126]

对于那些有实证主义倾向的人，我们可以说比特币的持续存在让金银通货论和现代货币理论不攻自破。哪怕它因为自己的原因——也可能是因为相关规定——而崩溃了，但虚拟货币作为一种类别，是不可能消失的。那么对比特币的支持从何而来呢，它背后既没有特定重量的金属，也没有政府权威或者法律体系的支持？答案就是——它自己。或者说，它的网络。

第一批4.3万枚比特币——所谓的"创世"区块是用开源软件制作，或者说"挖"出来的，是一位名为中本聪的人在2009年1月3日开发的软件。为了给代码打上时间戳，中本聪加入了一条来自当天的伦敦《泰晤士报》的大标题，暗示了他（也可能是她或者他们）的动机："财政大臣正处于实施第二轮银行紧急援助的边缘。"这些币的价值为零，所以他免费赠给了他在网上遇到的对此感兴趣的人，还附了一份说明向他们解释如何通过运行加密代码挖更多的币，这些加密代码是用来维护区块，保证网络安全的。

一个用户社区逐渐发展起来，同年10月，有人建立了一个网站，一枚比特币的报价跟用来挖一枚比特币所需耗电的费用相同，这似乎是很合理的。当时，大约是0.08美分，所以1 000枚比特币的价值约为80美分。用户每增加一个，密码的长度就会增加，价格也会上涨。就这样一直上涨，根据一个经验方程式，也就是所谓的梅特卡夫定律，网络的价值等于网络节点数的平方，这一点跟比特币的情况倒是十分吻合。[127]

那么这个货币是真的吗？它是一个东西吗？既然它是凭空出现的，那么如何估算其价值呢？好吧，如果那4.3万枚比特币同时放在一个比特币钱包中——比如放在一个可插拔的硬盘上——而这个硬盘丢了，那么它们就永远消失了。所以这些货币当然感觉像是真的了。[128]

跟任何形式的货币一样，这种货币真正的价值在网络中——在用户社区内购买和售出的权利。对铸币这种货币而言，这一网络是由国家来维系的，但是对虚拟货币而言，权利是分布在用户之中的。所以比特币有些像是专为网络时代进行过改良的虚拟黄金。它的价格可能有泡沫，会受人气变化的影响，但是黄金的价格也一样——后者不过是一种持续了很长时间的泡沫罢了。现在我们需要更新一下自己对量子时代货币的认识了。

# 第四章　货币面纱

我不在乎谁为国家制定法律，谁为它起草条约——只要由我来写经济学教科书就行。

——保罗·萨缪尔森

新古典经济学是基于牛顿力学的经济学图景，即经济是一种机械系统，由以自我为中心、只通过交换货物和服务进行互动的原子个体组成。货币无足轻重，主要是作为交换的惰性媒介。这些假设让经济学家建立了复杂的物理类型的经济模型。但正如牛顿物理学在量子层面的失败一样，当我们思考货币的复杂变化时，这种机械方法就会土崩瓦解。

在之前的章节中，我们探讨了货币是什么，以及它从何而来等问题。接下来的问题就是，货币有什么作用？

对多数经济学家而言，答案简单至极——没什么特别的用途。货币只不过是一种惰性筹码，自身没有什么特别的属性。要理解经济，经济学家绝不应该把重点放在货币上——实际上，他们应该反其道而行之，忽视货币相关的令人眼花缭乱且极具干扰性的活动。正如约翰·穆勒在其影响深远的著作《政治经济学原理》这本教科书中所写的："简而言之，在经济社会中，没有比货币更不值一提的东西了。"[129]

当然，这并不是说经济学家完全忽视了货币（比如，明显需要货币来作为一种度量标准）——只不过它没有生命。这种态度的出现一方面是源于亚里士多德的创世神话，即货币是作为以物易物的替代品演变而来的，所以它同任何可以进行交换的商品无异。正如保罗·萨缪尔森在《经济学》一书中所写的："如果我们剥去掩人视线的货币表皮，就会发现，人与人之间或国与国之间的贸易不过是多方面的物物交换而已。"[130]但它同时也反映了一种牛顿式的经济观，将经济视为一种机械系统，货币的两面可以归结到一个单独的点上，货币不过是一种惰性粒子，可以持有，可以交换。

人们普遍认为经济学之父当属古典经济学家亚当·斯密，他深深折服于"艾萨克·牛顿爵士的天才和睿智"，决意要把经济学研究置于同样的科学层面上。第一步，就是在他的《国富论》中，声称货币的价值只取决于贵金属的重量，而非极不可靠的印记，"例如，我把爱德华一世时代六先令八便士的货币价格和今日一镑的货币价格，看作同一的货币价格，因为根据我们所能判断的，那时的六先令八便士和今日的一镑几乎含有同一分量的纯银"。[131]同样，货物的价格等于"商品出售所得的纯金量或纯银量，与铸币名称无关"。

这就是把经济贸易置于一种令人安心的、牛顿式的基础之上，因为所有的东西都可以用金属的重量来表达。但是为了完成从物理边界到经济边界的映射，斯密需要为大众找到某种社会化的类比，他在储备（即货物或所有物）和劳动力中找到了。跟约翰·洛克这样的哲学家一样，斯密声称："任何一个物品的真实价格，即要取得这个物品实际上所付出的代价，乃是获得它的辛苦和麻烦。"价值即劳动，货币只是一种交换媒介。

当然，这些价格只是相对的。以金属论的劳动交换价值并不固定，因为它取决于获得金属的成本，而这又取决于类似矿产的"富饶或贫瘠程度"等因素。但是没关系，因为重要的是相对价格——或者斯密所谓的相对于"名义"价格的"真正"价格——剥去了所有这些令人眼花缭乱的因素。经济学家让-巴蒂斯特·萨伊（Jean-Baptiste Say）推动了斯密的作品在法国的流行，他在自己的陈述中将此总结为："货币就是一层面纱。"比如，依照萨伊提出的定律，需求源自产量——东西卖出去以后，要用货币来买别的东西，所以市场明晰了，货币出现了。[132]

最后，斯密需要一条规则来明确价格如何映射到具体的数量上，他发现这一点的同时提出了自己最著名的发明，"看不见的手"。

## 辛劳

斯密只在其著作中用过一次"看不见的手"这个短语，是在关于贸易的那一部分，但是后来被保罗·萨缪尔森当作斯密眼中的市场运作方式而推广开来。这一原理最终被看作牛顿力学的社会科学版本，根据该原理，一种资产的价格会被市场机制引导着指向其"自然价格"（即对应的劳动值）。如果某一种产品太贵了，那么更多的供方就会进入市场，在竞争的驱使下，价格就会降低。如果价格太低了，那么供方就会破产或者退出市场，价格又会因此而提高。所以就像萨缪尔森所说："当个人在追求自己的私利时，'看不见的手'会导致最佳的经济成果。"[133]

"看不见的手"因此让金属重量、劳动和价格之间的牛顿式回路得以闭合。对于"多少"这个问题的答案其实只不过就是相对市场价格，它代表了劳动。劳动价值论在卡尔·马克思这样的哲学家和经济学家中尤其有影响力，1867 年，马克思在其著作《资本论》中写道："生产水平越高，制作一样东西所需的劳动时间越少，凝聚在这一物体上的劳动量也越少，价值也越低；反之亦然，劳动生产力越低，生产一样东西所需的劳动时间就越长，价值也就越高。"[134]

但是，首先要注意一点，劳动不像质量这样的东西，很难对其进行测量。例如，斯密把黄金的造价等同于为了提取黄金而付出的劳动——但是这又如何能解释实际上多数流通的黄金都是由奴隶挖掘的呢？对于更加复杂的商品——比如，一台 iPhone（苹果智能手机）——把各种不同来源的劳动求和绝非易事。显然，其中涉及公司的雇员、其下游的供货商等，但是你如何能分清彼此的界限？手机相关的很多技术（比如互联网服务、GPS、触屏、加密）都是基于政府支持的军用技术，那么如何考虑这些因素呢？还有，这些技术背后的基础科学该怎么算呢？一些免费的网站，比如维基百科，或者开源软件，或者一般性的数字信息，都曾为 iPhone 增值，这些该怎么算呢？诸如此类，不胜枚举。

在其他层面上，劳动也是主观的。比如，一名公司 CEO（首席执行官），他刚刚因为离开了一家亏钱的公司而获得几百万美元的回报（这样的例子比比皆是），你如何比较他所提供的劳动价值和无记录的农场工人所提供的艰苦劳动，或者就我们上述例子而言，iPhone 的组装工人所付出的劳动？就像一名证券交易员说起自己拿到的 1 000 万美元的奖金，奖励他在金融危机期间帮助公司创造了好几十亿美元的利润，“我猜它取决于你看待公平这件事的角度，是吧？如果你是一名钢铁工人，你很可能觉得我的报酬很高了。如果你是一名对冲基金经理，你很可能不这么觉得”。[135]

因为劳动无法直接测量，所以结果之一就是这个理论在整体上，包括“看不见的手”这一机制，是不可证伪的，因为永远也无法用实验来推翻它。放在更宏大的层面上，前文已经说过，在数字和价值之间没有直接的映射。货币实物之所以是独一无二的，是因为它们被定义成有固定数值的物体。对其他事物而言，包括劳动，价格是通过一种涉及交易的测量过程决定的。我们会看到，哪怕是精心设计的市场也要遵循某种不确定性原理，也就是说进行测量就会影响正在被测量的事物。

斯密的劳动价值理论的作用在于它似乎把经济计算置于某种实在、稳定的基础之上——提供了某种意义。但是它的随意性意味着它可以被完全不同的东西所替代，同时又几乎毫不触及这一理论的其余部分，新古典经济学家接下来就会向我们揭示这一点。

## 效用机制

在其著作《政治经济学理论》的第二段中，英国经济学家威廉·斯坦利·杰文斯宣布:“反复的思考与研究,使我得到一种颇有几分新奇的意见,即价值完全定于效用。流行的意见,认为价值的起源是劳动,不是效用;甚至有人断然说劳动是价值的原因。反之,我却要说明,我们只需细心探索出效用变化——基于我们所有的商品量——的自然法则,关于交换,即可希望得到满意的理论。普遍的供求定理是这个理论的一个必然的结果罢了。”[136]

效用的概念最早是在18世纪末由英国哲学家和社会改革家杰里米·边沁提出来的,他将之定义为看来“势必增大或减小利益有关者之幸福的倾向,亦即促进或妨碍此种幸福的倾向”。[137]社会的目的,在边沁看来,是要满足“最大的幸福原则”,即为大多数人提供最大限度的幸福。一种行为的益处可以通过把它对相关人员产生的正面和负面影响的加总进行评估。

边沁的目的是为社会政策提供一个理性、开明的基础。新古典经济学为之提供了一种思路,用数学定律来表示效用。当然,效用是完全主观的概念,甚至要比劳动更加难以测量——但是没关系。效用理论的目的并不是要纳入主观性,而是要用数字来替代主观性,两者可并不算是一回事。[138]

杰文斯认为,如果效用等同于价值,那么就可以通过价格来测量。他写道:“人类将来有无方法可以直接测量人的感情,我不敢断言。快乐或痛苦的单位连想象亦是不易的。但继续刺激我们去买卖、去借贷、去劳作休息、去生产消费的,就是这种感情的量。我们必须从感情之量的效果来计算它们的比较量。我们不能就重力的本身来认识重力或测量重力,这与不能就感情的本身测量感情是一样的。但我们既能由重力在钟摆的运动上所产生的效果来测量重力，也能由人心的抉择来估计诸种感情是否均衡。意志是我们的钟摆；其摆动，详细登记在市价表上。”[139]

因此，经济可以用杰文斯所说的“效用和利己机制”，类似于牛顿力学来建模。[140]说得更准确一些，交换价格是由边际效用决定的，它考虑到了一个人当前的状态——如果你已经吃了很多面包，再买一块面包时你可能就不愿意付太多钱。当交易完成以后，双方“都感到了满意和平衡，可以说，效用的程度达到了本应有的水平”。

1932 年，英国经济学家莱昂内尔·罗宾斯写道，这类发现是基于“从反映普遍经验的基本现实的简单假设进行演绎”，而且是“如同数学和力学定律一样普遍，所以很少会有‘悬念’”。[141]今天，经济学家更喜欢用偏好来解释，只是简单地按顺序排列事物或者欲望，但是效用仍旧被视为一种神秘、不可测量、主观的品质，个人希望通过经济交换让效用最大化，唯一面对的限制就是预算。可能对这一过程最著名的描述就是杰文斯所说的“普通的供求定理”。

## 曲线和过高的期待，回归

供求定理通常用一张图来表示（见图 2），是基于 1870 年英国博学家弗莱明·詹金（Fleeming Jenkin）提出的版本。他跟詹姆斯·克拉克·麦克斯韦一起在爱丁堡求学，后来还发明了缆车。这张示意图随后被阿尔弗雷德·马歇尔推广开来，不仅成为教科书中的固定项目，而且还成为经济学家模拟世界经济时所使用的模型。

图 2 包括两条相交的线，下行的需求曲线和上行的供给曲线，所以基本上是一个 ×。纵轴代表价格，所以这张图表示，消费者需求与价格变化成反比，产品供给则与价格变化成正比，两条线在某一个点交会，代表了独一无二的市场出清价格（market-clearing price），在这一个点上，“客观”供给和“主观”需求取得了平衡。经济学家认为这两条线分别代表相互抵消的两种力量。

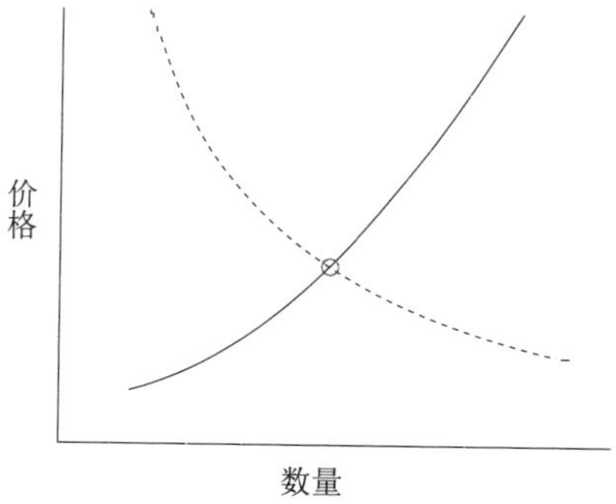


图 2　供求定理。实线代表了供给，与价格变化成正比。虚线代表需求，与价格变化成反比。两条线的交会点代表了供求平衡点。

供求定理（有时也用法则一词的复数形式，为了区别它所包含的供与需两部分）因此就成为斯密“看不见的手”的示意图。如果某一商品因为某种原因价格过高，那么就会有更多的供应商涌入市场，同时需求也会下降。结果就是供给过剩，自然会导致价格下跌。反过来，如果价格太低，那么供需的共同作用就会推动价格上涨。[142] 唯一的差别在于效用代替了劳动，变成“因为有效用，才有了价值”。既然供需均不能直接测量——只能通过价格推断——它对方程式就没有影响。货币没有什么用途，无非是一个记账工具，记录类似价格或者预算限制这样的东西，所以整个就从计算中剔除，预算增加，只会导致消费增加。[143] 真正的主观性也被排除在外，个人被看作一个黑匣子，因为无人理会他们的动机背后的原因，但是同时他们的行为又被还原为方程式的最大化。

根据曼昆的《经济学原理》，一本全世界千百万学生都在死记硬背的书，“为了分析某一事件如何影响一个市场，我们使用供求图来考察该事件对均衡价格和均衡数量的影响……在市场经济学中，价格是引导经济决策从而配置稀缺资源的信号。对于经济中的每一种商品，价格确保了供给和需求达到平衡。均衡价格决定了买者选择购买多少这种物品，以及卖者选择生产多少这种物品”。[144]（我不确定这种分析如何能应用到曼昆这本价格不菲的教科书中，因为需求是教授强制的，而费用往往来自政府补贴的学生贷款。）

尤伦·鲍曼（Yoram Bauman）所著的另一本教科书中这样解释道：“思考市场平衡，有一个好办法，想象需求曲线是蓝色的，而供给曲线是黄色的，我们在真实世界中看见的唯一的颜色就是绿色。市场平衡出现在两条曲线交会的地方，而点睛之笔——黄色与蓝色混合变成了绿色！这给我们上了重要的一课：绿色的圆点不是独立存在的，所以除非黄色线或者蓝色线移动了，否则它一直是不动的。”[145] 确实，这门课似乎一直就是这么教的，但是现实是两条线自身也不是独立存在的，我在对自己2010年的《经济和你想的不一样》一书进行调研时发现了这一点。虽然教科书经常宣称这些线都是经过实证测量的，人们当然也尝试过，但实际上根本不可能真正测量一条“供给曲线”或者

“需求曲线”——我们所能做的只是测量某一个价位（也就是绿点那里）的交易，而且我们得到的结果将会包括供需两者所造成的影响。[146] 因此，我们在尝试从一个单独的数中挑出两种变量的价值——供给和需求，这还是行不通的（在数学中，这就是所谓的可识别性难题）。① 而实际上，有充足的理由相信，把供给和需求看作稳定的（一定时期内）、单独的实体，而非一个耦合的动态系统的组成部分是没有意义的。

第一个问题在于人们的偏好和行为并非稳定的，而是就像我们将在第七章中讨论的，它会受到他人或者市场条件变化或者整体的背景等的影响。在供给和需求之间还存在串扰，在奢侈品上表现得很明显，有意限制奢侈品的供给，目的就是刺激需求。

第二个问题在于重要的不仅是价格，还有价格的变化，即发展势头。英国住房市场在 2017 年 5 月的一则报告为我们提供了范例，当时英国脱欧的影响刚刚表露出来。“住房价格增长放缓，市场受到政治和经济不确定性的冲击，交易水平下降，买家逐渐走衰。”与此同时，“许多原本可以利用价格增长这一趋势把住房推向市场的房主现在纷纷收手，导致市场上房源数量减少”。[147] 如果只有价格起作用，那么在价格几乎接近历史最高纪录的时

① 2016 年的魔鬼经济学电台的一则广播报道，经济学家史蒂芬·列维特一直在为自己所写的一本教科书寻找符合需求曲线的实例，但是他也没有找到。‘What I’d really say is that we completely and totally understand what a demand curve is, but we’ve never seen one.’ Dubner, S. J. (7 September 2016), Why Uber Is an Economist’s Dream. Retrieved from: Freakonomics.com: http://freakonomics.com/podcast/uber-economists-dream/.

候，我们应该会看到供给多，需求少，但是相反，供给少时，需求下降并非因为价格下降，反而是因为担心供给不会再增长了。

第三个问题就是需求曲线通常应该是代表了某些典型消费者的需求。就宏观经济模型整体而言，一条单独的需求曲线可能代表了一个国家对于某些产品的需求。但是如果你把各种人的（虚拟的）需求曲线汇总求和，你很可能会看到一幅非常复杂的画面，假如能对之进行定义的话。原因就是在一个多种多样的人群中，一种商品的价格变化可能会让某些群体受益更多，所以他们的需求曲线也会因此改变，反过来又改变了净需求。[148] 同样，供给曲线应该代表的是一大部分（最好是无数）彼此竞价的供应商，当然实际上往往不是如此，而且它还忽视了权力不对等。

对于这种观点的经典反驳就是声称供求定理保持 *ceteris paribus*（其他条件不变），所以如果你在自己的脑海中，让供给保持不变，那么至少在一定时期内，需求曲线是说得通的。莱昂内尔·罗宾斯在 1932 年写道："如果一个意在描述力学法则的实验被地震打断，任何一个有理智的人都不会因此认为力学法则是无效的。"[149] 但是重点在于在经济学中，没有什么是恒定不变的。就像哲学家汉斯·艾伯特（Hans Albert）等人所说的，*ceteris paribus* 这一短语"在这里就制造了一种绝对不在场的证据，因为，出现任何明显有偏差的行为，都可以归结于有些因素发生了改变，从而让这个论断变得不可证实，所以它的信息量也就降为零"。[150]

这些曲线在主流经济学中的重要性是不容忽视的，不仅因为它们构成了决策者所用的大规模宏观经济模型的基础，还因为它们确立并解释了市场如何运作的观点。尤其是它们巩固了均衡假设，因为如果曲线存在，那么可能会有人借该曲线提出，价格会趋向一个独一无二、稳定的交会点。经济学家有时会尝试对这些曲线做出调整，比如，会考虑到“市场失灵”的情况，如不完全竞争、遗失信息或者第六章中讨论的那些行为的影响等——就像保罗·克鲁格曼所写的，“我们以理性行为和市场均衡为基准线，试图通过对基准线的边缘微调来应对经济功能失调”，但这就像古代天文学家试图在他们的宇宙地心模型加入“本轮”（epicycle，周转圆在较大的圆形轨道周围移动的小圆）来修正模型，以便能让模型与自己的观察更加相符。[151] 把这种结果说成是市场失灵和失调也使它们看起来像是一次性的问题，同时保留了完美市场才是理想状态这种抽象视角。

任何数学模型都涉及简化和抽象。哪怕在量子物理学中，人们也在争论量子波动函数到底是“真实的”，还是仅仅是一种有用的建模手段。[152] 当经济学家从字面上理解这些曲线，并用这些曲线推导出类似稳定均衡等事物的存在时，问题就出现了，因为这也没有任何依据。供需线就像曾经盛极一时的行星是同心叠套的水晶球体系一样。为了让这个模型更加切合实际，我们需要关注更为基础的东西，关注我们实际可以看到的东西：交易。

## 买房

为了理解交易是如何进行的，我们可以看看大多数人都会进行的最大宗交易——买房。当你去找待售的房屋时，你注意到的第一件事情就是市场并未清算——因为房屋还在对外出售。你还会注意到，供方并非多如牛毛——实际上，只有一个供方，尽管同一地区可能也有类似的房子。最终，也没有所谓的需求曲线，明确在价格函数中你会买多少房子——你有自己的预算，可能还有一点点的灵活性。

如果你喜欢这个房子，那么你就提交自己的报价。价格多少取决于你对房子价值的评估，不仅是现在，也包括将来。所以你不仅在意当前的价格，即房子现在能卖多少，而且还在意价格的走向，即房价会如何变化，在一年内价格是否会增长或者降低。你对于当前价格的估算很可能是基于同类房产的对比，虽然你可能也会考虑其他因素，比如租售比，这一比率可以让你大致了解房价跟租出去以后大概能挣多少。这有点儿像一只股票的市盈率，你对于价格走向的预估将会基于市场是趋热还是趋冷的大致感觉，也许可以从显示该区域价格长期变化的数据中获得。

这些对于价格和走向的估计可能也取决于你在看这套房子时看到了什么——不仅仅是它屋顶的状态，或者是厨房灶台的质量。如果你是这套在售房子唯一的看客，房主似乎很着急出手，那么你给出的报价就更低，但是如果待售的房屋很抢手，那么你可能就会一时冲动被它吸引，从而给一个比较高的报价。最后，如果你是借钱买房，那么你可以支配的最高价格可能还取决于对于住房市场的认识，因为银行是很愿意在经济景气时期提供贷款的。

现在你给出了一个报价，如果它当即就被否定了，那么你就会知道，无论对错，房主对于房屋的估价要比你的估价高。如果你的报价被接受了，可能经过协商或竞价的过程，那么——至少在交易完成的那一刻——房屋的价格成为一个已知数。这一信息就会对该地区同类型房屋的价格有影响，而且因此对其价格走向也有影响。如果你给出的低价被接受了，那么这可能就会促使该地区其他的房地产经纪人建议客户降价；如果你支付的价格比房主提出的更高，那么至少在一些国家，周边的房屋也会涨价。

因此，买房并不代表两条线之间某一确定的交会点，相反，它更接近小心翼翼进行测量的量子体系。这一过程可能没有这么简洁——比如，一方后来会中途放弃，引发法律问题，但是如果一切都依计划进行，原来模糊、不确定的东西就会还原为一个单独的数字。如果我们研究一下专门为了方便这种测量而设立的机构——股票市场的话，则可以看得更加清楚。

## 买股票

“股票”（与符木的“干”是同一个英语单词：stock）这个词最早源于符木值钱的那一部分。后来指金融证券——也称股份或者股本，代表的是在一家公司的所有权，代表持股人所持有的公司资产和公司的创收。股票市场中，买单和卖单一旦匹配，股票交易就完成了，有时是通过中间商，比如股票经纪人。卖出价是卖家为达成交易对外宣称的价格，而买入价则是买家对外宣称的价格。两者之间的价格差就是买卖价差。

下面是一个样表，列出了一只虚拟股票的买卖盘记录，左边两列是买入股票的报价，右边两列是卖出股票的报价。那么这只股票的价格是多少呢？

| 买入价（买方） | | 卖出价（卖方） | |
|---|---|---|---|
| 每股价格（美元） | 股数 | 每股价格（美元） | 股数 |
| 15.70 | 1 000 | 15.90 | 1 000 |
| 15.55 | 2 000 | 16.00 | 1 000 |
| 15.40 | 2 000 | 16.20 | 7 000 |
| 15.25 | 8 000 | 16.25 | 1 000 |
| 15.10 | 1 000 | 16.30 | 2 000 |

你第一眼会注意到的就是买入价是 15.70 美元，甚至更低，而卖出价是 15.90 美元，甚至更高，所以两者并没有交会点。比如，并没有人想要以 16.00 美元的价格买入这只股票。这是可以理解的，因为不然的话这个交易就已经发生了，也不会在买卖盘记录上显示了。所以要想促成这桩买卖，买卖双方有一方需要调整报价。

对于股票价格的典型估计就是最高买入价和最低卖出价的平均值，就这只股票而言，也就是 15.80 美元，此外，还有一定的不确定性，反映出实际价格取决于具体的交易情况。但是正确的答案却是并没有确定的价格，这个价格只有在交易发生的那一刻才会出现。我们所看到的只是一系列可能的价格。举一个极端的例子，如果突然出现一条关于该公司的新闻，那么马上要买入（卖出）的报价就会消失，价格就会完全不确定。在 2010 年的"闪电崩盘"事件期间，苹果的股价一度飙升到了 100 000 美元每股，意味着根本没有人会出手。股票真正的价格只有通过交易才能确定，交易就如同是测量这一事件。

买卖盘记录还透露了股票的走向等相关信息。例如，买家多过卖家，那么就可以预测价格很可能要涨。但这还是不确定的，一定要等到交易发生时才能确定。因此，这种情况就类似于量子物理中的测量过程。确实，可以说为这一体系建立数学模型的正确方法是唤起量子物理的形式化结构。[153] 并不是把资产价格当作一个随机变量这种传统方式，这种方法虽然是很确定的，但是取决于随机波动，用一个量子波动函数来为价格建模也许更加能说得通。我们会在第六章继续讨论这一点，但是目前，我们主要关注在现实中交易是如何发生的。

假如你是一个投资者，正在考虑是否买股票，如果你是一个“价值”投资者，那么你在意的就是价格。你研究过这家公司，钻研过它的商业计划书、财务报表、企业动态等，并且你很了解它到底值多少。如果你是一个“趋势”投资者，那么你在意的就是价格的走向。如果价格呈现上升趋势，那么你想要抓紧时间趁机捞一把，如果价格在往下跌，你就会赶紧抽身。又或者你综合了这些方法，想要猜猜这只股票到底是达到了顶峰还是有崩盘的危险。今天，很多交易都是用计算机算法——基于数据模型的预测进行的。也有可能你是因为喜欢这家公司的名字才会买它的股票，又或者是因为它是某股指的一部分，抑或是出于其他原因。

因此，不同的交易者（无论是人还是交易软件）就会对这只股票得出不同的结论；确实，市场正是得益于这种不同方能运作，否则，价格永远不变，也就不会有任何人想买入或者卖出了。但是与此同时，交易者也会影响彼此的决定。你可能会因为在报纸上看到一条建议或者收到来自朋友的一条忠告，就决定买这只股票。算法也有同样的策略，会复制别人的做法。趋势投资者买的正是别人都在买的股票。在第六章中我们会看到，可不是只有角马才有从众行为。

无论是哪种情况，假如你决定买这家公司的一小部分股票，比如说 100 股，你看到这 100 股的最低价是 15.90 美元。交易的费用因此就是 1 590.00 美元（算上佣金）。但是，如果你想要买 10 000 股——可能你代表的是机构投资者，那么情况就更加复杂了。根据买卖盘记录，从最低的价格开始算，你可以买：

单价 15.90 美元的 1 000 股 = 15 900 美元

单价 16.00 美元的 1 000 股 = 16 000 美元

单价 16.20 的美元 7 000 股 = 113 400 美元

单价 16.25 的美元 1 000 股 = 16 250 美元

……

10 000 股的总价是 161 550 美元，也就是平均每股 16.16 美元（虽然这个价格也是假定的，要一直等到买完以后才确定）。

因此，如果你决定要买很多股，而不是只买几百股，均价反而更高（当然除非你可以用自己的机构影响力来拿到更低的价格）。原因就是你对于真正的股票价格有了一个更加精准的测量。当你只是想要买几百小股时，可以很容易找到低价出售的卖家；但是如果你想要买很多的股票，那就涉及很多的卖家，因此就对市场真正的状态进行了一次更加详尽的民意调查。不过与此同时，购买的行为也在改变股票的走向，因为它充当了股票演变过程中一个新的价位。这反过来又会影响其他投资者的决定，进而影响下一笔交易的价格。[154] 就像在量子物理中，对系统的测量也会影响正在被测量的东西。

当然这只是一种简化了的情况描述，因为买卖盘记录并非一成不变，而是随着交易的进行时刻都在调整。充当“旺市制造者”的公司相当于买家和卖家之间的中间人，从其价格差中赚钱。许多高速交易算法是通过所谓的插队来进行的：察觉到一只股票所含的利润，他们横插到买卖盘记录中，进行采购，然后迅速在下一轮卖掉，就像票贩子的伎俩。造成的结果可能极其复杂：非线性行为，主要表现为突然和极端的“闪电崩盘”，这就是这样的算法对市场所造成的影响。

## 左与右

因此，测量一只股票的过程类似第一章中描述的通过让光子碰撞电子来测量一个电子的位置这一过程，都会改变被测量物的走向。只不过对金融而言，释放的不是光子，而是电子化的货币实物。海森堡对于这个问题的解决方案就是摒弃“事物，例如一个粒子，在不被观察时，其位置和动量是有某些独立意义的”这样的观点。我们所能做的就只是具体的观察，例如粒子通过一个云雾侦测室（一种早期的粒子检测仪）时留下的水汽尾迹。不过，即使是在这种情况下，测量还是有一些固有的不确定性。“我们总是自信满满地表示，可以观察到云雾侦测室中的电子的路径，”海森堡写道，“但是可能我们真正观察到的东西很少。可能我们只是看到了电子曾经经过的一系列不连续、不清晰的点。”[155] 一只股票价格的起起伏伏其实也是一样的道理：我们所观察到的一连串的交易，从来也不是股票本身。

因此，货币就相当于市场中的测量手段：一种让资产的预估值坍塌到单独一点的方法，类似于量子测量过程中发生的波动函数坍塌。它不是测量劳动或者效用，而是在测量货币，货币在量子经济学中被视为一个基本的数量（可能是生造的，但是经济不也是生造出来的吗，至少货币还有明确的单位）。就像光子一样，货币实物并不是一种惰性粒子，而是本身就是一种量子实体，会影响被测量的东西。

在相对开放的市场上交易的资产最能体现这一测量过程，比如股票，这就是为什么金融是最早用来进行量子形式主义实验的领域之一。但是，它实际上适用于所有的交易，包括你孩提时代买过的曲奇：商店有一个卖出价，你手里攥着的硬币就是你可以出的价，但是只有在买了这个曲奇以后这个价格才是确定的。工会要求涨工资，而雇主会提出他可以接受的涨幅。可以把经济整体看作一个巨大的市场，生产者的卖出价与消费者所给出的报价相互调和。作为个人，我们可能觉得自己就像是价格的被动接受者，我们的预算能买得起什么我们就支付多少，但是作为一个群体，我们也相当于定价人。我们的出价是受价格清单和习俗的制约与限制的，但是任何东西也不是板上钉钉、无法变更的，总是会有不确定因素。因此，供需不能彻底分开，而必须作为一个耦合体系的两部分。

量子方法挑战了我们理解经济的本体基础。还原论者的模型总是想要用一些基本单位来表达一个体系，用已知的力量来强制执行。在经典物理学中，基本单位就是原子，是一种质量和位置确定的实物。在古典经济学中，基本单位是原子化的个人，其价值是由劳动确定的。新古典经济学以效用替代了劳动，但是保留了同样的框架。在这一框架中真正重要的不是货币，而是在以物易物的体系中交换的物品和劳动，价格只是作为统一的度量标准。然而，在量子经济学中，唯一有确定数值的东西就是货币实物。而且与古典经济学不同的是，价格被看作交易引发的结果，它们的不确定的本质反映了数字和价值之间流动的甚至是不稳定的关联，这才是货币的核心。

这令人不安，因为它似乎意味着经济没有坚实的基础。但它又可能极具解放意义。20 世纪初量子革命的副作用之一就是鼓励了像瓦西里・康丁斯基（Wassily Kandinsky）这样的艺术家，他写道："原子模型的坍塌在我的心中堪比整个世界的坍塌。仿佛突然之间，全世界最厚的墙坍塌了。如此一来，哪怕一块石头在我眼前出现，在空中飘浮、融化、最终化为乌有，我都不会感到惊讶。"[156] 他后来创立了抽象艺术。安德烈・布勒东（André Breton）、萨尔瓦多・达利和马塞尔・杜尚等超现实主义艺术家的作品也都受到了新物理学的影响。杜尚 1912 年的油画作品《下楼梯的裸女：第二号》（*Nude Descending a Staircase*，*No.2*）更为海森堡的一本书的封面增色不少。

以量子的眼光来看待经济学是否会推动经济学家或上述艺术家达到新的创作高度仍有待观察，但它必定会对我们的经济建模方式产生影响。供求曲线虽然不是真实的，但它们同时远非某种有用的虚构概念。相反，它们是虚构的实体，旨在代表一种图景或愿景，即市场如何在正常竞争和没有外部扭曲的情况下将价格推向稳定和最优均衡。它们还让经济学家根据所谓的微观基础为整个经济建立了详细的模型，这些微观基础代表了单独的经济行为人的行为。模型在一定程度上接受不确定性，但是通过对参数进行随机扰动来模拟这种不确定性，同时假设它们遵循已知且无可挑剔的统计分布。（正如萨缪尔森在 1969 年解释的那样，为了让经济学被看作"硬科学"，需要这种绝对的不确定性。[157]）他们排除或淡化货币的概念——此举通常被描述为“智慧的飞跃”或“明智的策略”，好像它是一个让人拍案叫绝的妙招。[158]

这些模型反映了大众的愿望，至少又回归到了亚当·斯密的理论，将经济还原成一套牛顿式的力学规则。[159] 它们是左脑世界观的产物（见本章延伸阅读），其特点是学者兼精神病学家伊恩·麦克吉尔克里斯（Ian McGilchrist）所谓的“严格、苛刻、机械的、受明确的法律管制”。[160] 对这些规则的忠诚，即使它们与第八章中将讨论的预测失败等实证数据相冲突，是通过混淆来维持的——这也是左脑的一个特点。在实验中，当左脑单独作用时，它不仅会“坚持其理论，不惜把事情搞砸，而且后来还会兴高采烈地坚持认为它是正确的”。[161] 相比之下，量子世界观更符合右脑的世界观，倾向于支持不确定性和复杂性。主流经济学重视它的微观基础，但当你仔细观察它们时，它们又会消失在迷雾中。

当然，有人也许会反驳说经济学的重点就是把经济还原为一套机械原理以便进行预测。经济学与其他社会科学的不同之处在于，它直接面对数字，在这方面这是一个优势，但正如我们稍后将看到的，这种模型的预测记录很差。这里我们的关注重点是货币和交易的重要性，因此提出了几种替代方法。其中一种方法自 2007—2008 年金融危机以来越来越受欢迎，即基于主体的建模，是分别对单独的行为人进行建模。每个行为人——可以代表一个人、一个团体或一个公司——具有独特的偏好，这些偏好不是静态的，而是可以随时间变化或包含随机部分，而且行为人可以影响彼此的行为，不是基于量子粒子的集体舞但仍然反映了这一点。因此，经济成为行为人行为的间接结果。例如，股票市场和住房市场基于行为人的模型已经成功地再现了这些市场典型的繁荣—萧条的特性，因为代表个体投资者的各种各样的行为人相互作用并相互影响彼此的决策。因此，在这些模型中谈论绝对独立、普遍行为或设定供需曲线没有意义。

另一个选择是采用自上而下的方法，接受并相信涌现性，它并不是试图通过模拟行为人来模拟真正的经济，而是只需专注几个关键变量。或者可以采用“全量子”，使用量子力学的形式体系为市场建模。我们在第八章继续讨论为经济建模等相关主题。但是，无论采用哪种方法，人们都要记住，经济是一个不确定的、动态的系统，无法自动地达到稳定的均衡。我们会在下一章，在转向另一种供需问题——货币本身的供需问题时对此进行阐释。

## 延伸阅读

### 分裂的大脑

人类大脑最明显的物理特征之一是它从中间分成两个半球，左半球和右半球，两个半球被胼胝体这一束神经纤维连接在一起。20 世纪 60 年代，心理学家罗杰·斯佩里（Roger Sperry）等人发现，通过在切断胼胝体治疗癫痫的裂脑患者的身上开展的实验，可以对两个半球分而视之，当两者分开以后，它们似乎已经具备了完全不同的特点：左半球“语言和数学能力很强，善于分析、利用象征，有点儿类似计算机，擅长顺序逻辑”；而右半球则偏重“非语言、非数学和非顺序性质的特征。它在很大程度上是善于空间构造和想象的，对它而言，单一的图像或脑图胜过千言万语”。[162]

这一发现导致了模因（meme）的流行，例如，艺术家常用“右脑”，会计师常用“左脑”；因为实际情况要复杂得多，这种描述又招致不少反击，因为健康的非分裂大脑的两部分在不断地相互沟通，而且通常是分担任务的。然而，实验证据不断表明，两个大脑半球不仅在认知过程中扮演着不同的角色，而且还存在竞争或权力斗争。此外，伊恩·麦克吉尔克里斯表示，西方社会中似乎曾经出现“半球平衡”史上的一次重大转变，多亏了古美索不达米亚的会计师——写作和货币的使用越来越广泛，结果是左脑现在牢牢地占据了主导地位。[163]

正如麦克吉尔克里斯所指出的那样，“货币以可预测的方式改变了我们之间的关系”。例如，它将礼品交换等事情简化为货币交易，其中“交换是即时的，基于平等，不是强调关系，而是强调效用性或利润”。[164] 这与左脑的观点是一致的，对左脑而言，“空间不是居住、亲身经历的东西，并且通过个人的关注点传达出来，这是右脑比较擅长的；对左脑而言，空间是对称的，是根据抽象的手段测量的和定位的东西”。[165] 但麦克吉尔克里斯同时也指出，它还说明了与物质在波 / 粒子层面之间的对比：左脑寻找的是封闭、固定的答案，而右脑则采取开放的、全局的姿态，会考虑各种可能性。“它需要‘坍塌’，融入当前，就像波动函数在被观察时‘坍塌’一样。”[166]

因此，如本书所示，货币采用的是左脑的思维方式，它将模糊的、不确定的价值概念还原到它善用的单数，它是让我们自己内心的波动函数“坍塌”的工具。

# 第五章 货币炸弹

那么银行是如何制造货币的呢？答案会让大多数人大吃一惊。当你从一家银行贷款，银行就会把你这笔钱记入贷方。存款——这笔钱——在银行提供贷款的那一刻就产生了。银行并没有从别人的银行账户或者从一个装满钱的保险箱中转钱，银行贷给你的钱是银行自己造出来的——凭空造出来的。

——挪威央行副行长约恩·尼古拉森（Jon Nicolaisen）在 2017 年一次发言中如是说[167]

新古典经济学认为经济是一种天生自稳的体系，背后的原因可能就是它并没有考虑货币。弗雷德里克·索迪（Frederick Soddy）和海曼·明斯基等对此持不同意见，本章在这些经济学家的研究基础上，深入探索当代金融体系更具创造性、更富于变化但也更加脆弱的本质，并且提出了这样的问题。为什么货币在经济中的量子力量在主流经济学中一直被压抑？

第三章讨论过，银行发行货币实物——无论是铸币、符木、纸币，还是电子版的虚拟货币——的同时创造出了货币。显然这是一个很重要，而且不用说，利润可观的业务。毕竟，最好的赚钱方式就是造钱。但是因为主流经济学认为货币不过是一种被动的交换中介，一直以来很少有人注意货币创造的过程。但也正是对货币力量的忽视才让它有了潜在的破坏力。最早揭示出这一点的就是苏格兰数学家约翰·劳（John Law），1715年国王路易十六去世以后，法国摄政王一直视他为金融咨询师。

国王路易十六去世时，因为生前的各种项目（建设凡尔赛宫）给他的朝臣留下了巨额债务，国家急需用钱。不过，劳的理论是货币实物只是惰性的“传输标志”，所以它们并不一定要用贵金属打造，纸币同样可行。

摄政王并没有完全信服，但是同意让劳设立了规模很小的通用银行（Banque Générale），条件是由他本人给银行注资。通用银行的纸币最早是根据存储的铸币发行的，非常成功，以至于实际上纸币的交易相对于自身的价值略有溢价，而且它们比铸币更好用。1718年，银行国有化，成了皇家银行（Banque Royale）。当时劳做了两件事：第一，他解除了纸币和贵金属存储之间的关系，让纸币成为一种法币；第二，他建立了密西西比公司（Mississippi Company），可以用纸币购买该公司的股票，这家公司在广阔的密西西比河区域拥有独家交易权。

法币和股市投机的结合效果显著，公众对于密西西比公司的兴趣都是源于它存储了大量黄金的谣传，它的股票价格和货币供给一起快速飙升。在某种意义上，货币再一次得到了黄金的支持，但这次却是想象的黄金。劳突然成了全世界最富有的人，安排密西西比公司购买国债并且接管了征税的工作——但是到那时，他口中的“体系”已经开始瓦解，因为通货膨胀开始了，人们逐渐对密西西比公司失去了信心。结果就是银行挤兑，股价大跌，演变成了一场全面的经济灾难。劳被流放到了威尼斯，法国银行一直到19世纪末都对“银行”（*banque*，法语词）这个词避之不及，更愿意用类似“付款台”（*caisse*，法语词）或者“公社”（*société*，法语词）这样的词。[168]

1776年，亚当·斯密在《国富论》中总结说：“可任意增加纸币数额的观念，即是所谓密西西比计划的实在根据。这个计划，就银行业和买卖股票生意说，其狂妄的程度在世界上都是空前的。”如果他知道劳的体系会成为我们当代金融体系的蓝图——再配上大起大落的繁荣、萧条，货币实物不过是惰性的“传输标志”这种观点，一定会大吃一惊。（当然，今天变成了比特币，被称作“所有泡沫之母”而且“不同于密西西比股市泡沫”。以此类推，可能在几个世纪以后，我们所有人就开始用虚拟货币了。[169]）

## 劳的体系，版本二

虽然劳的体系如同给法国人打了预防针，让其在一段时间内未能进行金融创新，但是在大洋彼岸的美国，劳的体系却颇受好评。在美国，新的殖民政府正面临同样的现金短缺。宾夕法尼亚一位名叫本杰明·富兰克林的年轻印刷工人就是劳的体系的忠诚拥趸。1729年，23岁的富兰克林撰写（并且印刷）了一本册子，名为《试论纸币的性质和必要性》。他的确也看过劳的作品，继劳之后，富兰克林同样指出货币供给要随着经济扩张。[170] 贵金属制作的铸币不可能做到这一点，尤其是当数量受到殖民统治者的严格控制时，但是如果货币是用纸做的话，那就没有问题了。

宾夕法尼亚等地的纸币实验十分成功，但是很快遭到了英国议会的反对，议会坚持纳税应该使用金币或者银币。富兰克林认为 1775 年的美国革命战争正是源于因此导致的经济萎缩。战后，政府试图按照英格兰银行的做法来设立中央银行，但是这在美国遇到的阻力比在英国还大，只维持了 20 年。同时私人银行的数量开始激增：1859 年版的《霍奇斯杂志美国纸币大全》(*Hodges Genuine Bank Notes of America*)，详细列举了 1 365 家银行发行的 9 916 种纸币。[171] 一直到 1913 年——在类似“1907 年大恐慌”等大量金融危机之后——政府最终和金融家合作成功，设立了一家中央银行，称之为美国联邦储备委员会。

有时我们称其为美联储，虽然单从名字看，它似乎属于联邦政府的一部分，但它实际上是一个非营利组织，是由 12 家地区联邦储备银行组成的，每一家都隶属一个商业银行财团。那么如果你问“谁是美国联邦储备委员会的主人”，这个问题就像在量子物理中一样，是没有固定答案的，因为它是一个纠缠系统中的一部分。就像美联储的官网所写的，“美国联邦储备委员会不‘属于’任何人”。[172] 不过与此同时，很显然真正的力量在于商业银行财团，因为它们可以投票并参与联邦储备银行的运作。

现在美联储已经有 100 多年的历史了，大约一半的时间，它都是在金本位体系下运作的，所以为纸币背书的是曼哈顿或诺克斯堡储蓄库的保险箱中所存储的黄金。1944 年 7 月召开的布雷顿森林会议把美元与黄金挂钩，规定 1 盎司黄金可以兑换 35 美元。不过在 20 世纪 60 年代初，该体系面临很大的压力，一方面在于黄金供应跟不上经济扩张的节奏，另一方面在于美国政府在不停地印刷货币为自己的军事计划买单，包括越南战争和“冷战”。1971 年 8 月 1 日，理查德·尼克松总统单方面决定实行工资和价格管控，征收进口附加税，而且就像劳一样，使美元不再与黄金直接挂钩。到 1971 年 11 月，黄金的价格达到了 100 美元 / 盎司。很快，布雷顿森林货币体系瓦解，主要货币之间的汇率可以自由浮动。

尼克松突然废弃这一体系，此举被称为“尼克松休克”，不过在某种程度上，金本位已经被淘汰一段时间了。金条存储对于稳定国家之间的汇率是至关重要的，但是大部分金币从第一次世界大战之后就消失了，至少国家层面的金融多数都是由私有银行控制的，私有银行有能力通过部分储备金体系创造自己的货币。因此，在一定程度上稀释了货币与金属的关系。这可能就是为什么 1963 年“相信上帝”（IN GOD WE TRUST）取代了“向持票人兑付”（PAYABLE TO THE BEARER ON DEMAND），出现在新发行的美元纸币上。

上文提到，货币历来都是每 100 年就会在其真实和虚拟阶段之间切换一两次，而且这个过程并不是直接的。确实，在很多方面，我们的货币体系似乎还是处于金本位时代，在这个意义上，类似中央银行这样的机构所带来的改变甚少，至少在表面上是这样的。

## 什么都不是

约翰·劳的体系和我们当今的体系，甚至是在金本位末期实行的那种体系之间的不同，其实只是程度各异罢了。而且私人银行控制货币创造这一事实一直都在催生某些不当诱因。最早指出部分储备金体系的危险的人是英国化学家弗雷德里克·索迪，当时甚至还没有开始广泛采用全面法币。1921 年，他因放射的基本性质方面的研究成果被授予诺贝尔奖以后，决定把自己的时间和精力投入改善经济学领域，因为在他看来经济学是一种伪科学。在他本人 1926 年的著作《财富、虚拟财富和债务》中，索迪把货币定义为“货币——在人能用它获取某物之前——什么都不是”。货币实物是在交换有价值的商品和服务过程中获得的，所以它作为这种价值的存储，就像一节节的电池。索迪把货币财富描述为虚拟财富，而实际的商品和服务则是真实的财富。

就像第二章讨论的，问题在于虚拟财富是基于数的，而真实的财富并不是。或者像索迪所言：“一个社群的虚拟财富并不是实际存在的，而是一种想象的为负的财富。它并不遵循守恒定律，而是源于心理学。”在他所举的一个例子中，他写道，如果一个农民有两头猪，那它所带来的好处就是有一头猪的两倍。而相比之下，纸币代表了债务，所以它的数量为负，在真实世界中并不存在，“你不可能看到负的两头猪”。[173] 房屋、工作，这些都是真正的财富，但是拥有密西西比公司的股份却是一种虚拟财富。

进一步说，在部分储备金体系下，货币是由私人银行创造出来的，再以一定利率借出去。在索迪看来，“这是一种‘权力攫取’，是对国家的威胁：这种能够在表面上让相关政府立马相形见绌的‘货币力量’并非超级富有的力量，它只不过是一种用于创造和毁灭货币的新方法，无非是在银行总账中增添、支取数字，丝毫不用担心社群的利益或者货币在其中应当发挥的真正角色……允许它成为私人发行者的收入来源，首先就是在为政府创造一种秘密的、非法的武器，最后变成一种足够强大的对抗力量，可以推翻任何其他形式的政府”。[174]

因为附息债务一直都成倍增长，而在真实世界中无生命的东西一般不是这样增长的，虚拟财富持续扩张，到了让真实的财富相形见绌的地步，就出现了危机：人们对于该系统失去了信心，所有人都想要同时去兑换自己的虚拟筹码。结果就是一场金融灾难。索迪很明显就是受他所谓的“银行业对世界和平的威胁”的刺激——这种危险现在越发极端了，他在核武器中预见到了这种可能性。[175]

索迪成为最早警告失控的核裂变和失控的私人银行业务所带来的危险的人之一，这是可以理解的。两者都涉及天生不稳定的正反馈效应，也就是一个过程在自身的基础之上不断发展强化，直至最终失控。在索迪的一生中，他目睹了大萧条、纳粹德国的崛起以及第二次世界大战中核武器的使用，这些都证实了他的警告。

## 达到临界

索迪和新西兰物理学家欧内斯特·卢瑟福（Ernest Rutherford）共同获得了诺贝尔奖，因为他在麦吉尔大学（McGill University）工作期间揭示出，放射性是由于元素的嬗变造成的。例如，在 β 衰变期间，中子转变为质子，并射出电子和反中微子。因为中子和质子被认为是基本粒子，这意味着辐射是将一种物质变成另一种物质——类似炼金术的结果。天然存在的铀经过一系列步骤衰变，形成包括铅、钋、镭和氡等在内的物质。

第一章中讨论过，放射性衰变是一个量子过程，在经典物理中没有类比对象。根据经典物理学，如果原子核是稳定的，它就没有理由突然变得不稳定。然而，在量子物理学中，并不存在这种不可改变的联系。狡猾的粒子可以像用了影视特效软件胡迪尼一样挣脱束缚，一种元素可以神奇地变为另一种元素。

类似的难题一直困扰着主流经济学。主流经济学与亚里士多德时期的物理学一样，是基于稳定性的概念，认为自由市场将把价格推向其自然的稳定位置（参见本章延伸阅读）。但如果确实如此，那么每种资产都将是完美定价，并且几乎没有交易的动力——这似乎与每天花费数万亿美元仅用于投资货币的事实不相符。

当铀原子衰变时，它会释放能量（因为它的一些质量转化为能量）和中子。如果这些中子撞击附近的铀原子，那么这些原子也会衰变——释放更多的能量和更多的中子。如果足够量的物质——也就是所谓的临界质量——被压缩在一起，那么这一反应就能自我维持并呈指数增长。如果受控，就可以在核反应堆中利用这种效应生热、产生电能。如果让其自由持续下去，结果就是核弹。

货币具有类似的转化特质。它虽然无法将中子转化为质子，或将铀转化为铅，但正如我们所看到的，它可以将其主体从符木变为金币、变为纸币。它还包含大量的存储能量，因为创造货币就需要工作。在古希腊，这项工作是由在矿井工作的奴隶提供的。而就符木而言，这项工作是由国家承担的，国家行使权力向本国人民强加债务等。这就是为什么货币一直以来都跟国家尤其是军队有关。虚拟货币依赖的是持续的网络监管，是另一种形式的工作（注意，需要耗费大量的电）。

对货币实物而言，这种力量是在自由发挥——不是真的炸毁世界，而是在用另一种炼金术，依照自己的想法改变世界。正如货币实物同时具有虚拟和真实的一面，但总是倾向于虚拟——毕竟，它们的重点是为实物赋值，为价值赋值。因此，经济往往分为两个不同的组成部分：制造东西、提供服务的实体经济，和以操纵象征符号的华尔街等金融中心为代表的虚拟经济。因此，通过银行信贷来创造货币，这一过程可以自由地呈指数增长，直到索迪警告说，虚拟和实际之间的差距达到了临界点。

然而，部分储备金体系最大的问题可能是，它并非对金融体系的真实写照。现实情况更加不稳定——中央银行一直到近几年才承认这一点。

## 仙尘

正如类似曼昆等人所写的教科书中介绍的理论描述一样，部分储备金体系承担了从国家到私人银行体系的大部分创造货币的工作，但这一切都在央行牢牢的掌控之下。但是，如果我们能够认识到今天的做法跟以前存在很大差异，就会发现索迪的警告向我们呈现了一个新的维度。在现实中，私人银行可以通过放贷随意创造尽可能多的货币，仅受类似监管要求或自身所设定的资本要求等的约束。绝大多数货币（例如在英国，约有 97%）是私人银行通过房屋抵押贷款等负债方式创造的。[176]

奥地利经济学家约瑟夫·熊彼特曾经指出银行在货币创造过程中的作用。在1934年的《经济发展理论》中，他将企业家定义为创新者，他们先提出想法，然后在高速增长的公司中实现这些想法。这个过程通常涉及前期费用和借钱的需要。他认为，主要的融资机制是银行创造货币，“这不是已经存在于某人手中的购买力的转移问题，而是新购买力从无到有的创造问题”。[177]1950年熊彼特去世后，他生平最后一部作品出版，他在书中抱怨说：“要使经济学家承认银行贷款和银行投资也在创造存款，是极为困难的。”[178]

多年来其他人也发表了类似的评论。然而，奇怪的是，中央银行直到最近才正式承认这一事实。确实，正如经济学家理查德·沃纳（Richard Werner）所言：“在过去的半个世纪，银行信贷创造这一话题一直是世界各国央行数千名研究人员的无形禁忌。”[179]2014年，英格兰银行打破了这一禁忌，引起轩然大波，它指出，“实际上，如今创造货币的方法不同于一些经济学教材上的解释……中央银行既没有固定流通中的货币数量，也没有使基础货币‘倍增’成更多贷款和存款”。[180]阿代尔·特纳（Adair Turner）在2014年同样观察到，“经济学教科书和学术论文通常都会介绍银行如何从储蓄者那里获取存款并将钱借给借款人。但是，作为对银行实际行动的描述，这是非常不充分的。事实上，它们还创造了信用货币和购买力”。[181]也可以借用沃纳在同年发表的总结，“货币供应是由银行‘凭空’单独制造的‘仙尘’”。[182]（见本章开篇时引用的挪威央行副行长的话）。

信贷创造过程有助于解释为什么这些新创造的货币往往会流向房地产——贷款显然是由资产支持的——而不是去资助熊

彼特笔下那些爱冒险的企业家，或者是资产价值似乎不大的新技术。① 它也解释了为什么在经济衰退期间货币似乎蒸发了。由于资金是由私人银行在放贷时创造的，那么反过来说，当还贷时，资金就会凭空消失，就像一个粒子被反粒子湮灭一样。正如英格兰银行所指出的那样，“正如放出一笔新的贷款会创造货币，偿还银行贷款也会消灭货币……在现代经济系统中，银行放贷和消费者还贷是创造和消灭银行存款的重要方式”。[183] 因此，除非不断创造新的贷款以取代这些资金，否则货币供应将会收缩，进一步加剧经济衰退。

当然有人可能会问，为什么要花这么长时间才能澄清英格兰银行所谓的“一些（其实是大多数）经济学教科书”就货币这一话题所推行的错误观念，或为什么能够通过这种方式创造特纳所谓的“可能无限的”货币，在“现代宏观经济学的手稿里是找不出来的”。[184] 正如沃纳指出的，“类似‘银行信贷创造’这样的重要见解可以在长达一个世纪内缺席，甚至未出现在大多数经济学家的知识库中，这对今天的经济和金融状态产生了毁灭性的影响，导致公众对于货币的认识更加不清晰。今天，绝大多数公众并不知道货币供应是由银行创造的，也不知道每家银行在放贷的同时是在创造新的货币”。即使对政策制定者而言，也同样如此。2017 年英国国会议员的一项民意调查显示“只有 15%的国会议员意识到银行在放贷时会产生新的货币，而当公众还贷时，现有

① 例如，在英国，大约一半的银行借款通常用于抵押贷款，只有六分之一用于非金融企业（也称为生产性经济），其余则用于其他金融公司和信用卡债务、透支等。数据来自英格兰银行：https://www.bankofengland.co.uk/statistics/visual-summaries/ money-and-credit-statistics。

货币就会被消灭”。[185]

沃纳提出，其中一个原因是“在经济学中，假设演绎研究方法论占绝对的主导地位，这种方法首先就是提出公理和假设”。[186] 换句话说，经济学家不会让经验事实妨碍一个好的理论。另一种解释是机械化的世界观在本质上是分等级的，因为它认为系统是由各个部分按照有序的方式建立起来的。按照这种类比，将中央银行视为金融体系的中央控制单元也就说得通了，中央银行把权力辐射到各个部分，就像一名将军向军队下达命令一样。然而，从量子的角度来看，最好将这些部分视为一个连贯的整体，其功能特征就是反馈循环，因此没有单个的中心节点。

然而，忽略银行的关键作用，背后最明显的原因是，经济学家希望将货币排除在外。只有这样，他们才能继续利用经济是基于理性交换的物物交换的系统这一借口。正如主观性在社会学中被视为禁忌一样，货币创造这一易于引发情绪的话题在经济学中也是禁忌。可能更令人不安的是，“有迹象表明，有人在试图混淆概念，仿佛各位写书人有时故意想要迷惑受众，让受众无法认识到每个银行在提供信贷时都是在创造新的货币”。[187] 我们后面会讨论这一点。

## 飘浮戏法

要了解货币创造这个神奇的过程是如何发生的，我们要回到买房的例子中——这一实体在很多方面体现了真实和虚拟的分野，因为它结合了拥有一套“真正的”房屋的心理特征和一栋房产（因此是房地产）的金融特征。我们假设市场非常火爆，所以你愿意出高价，因为预计价格很快会升得更高。实际上，我们假设你身处 2017 年 3 月的多伦多，当时的房价——至少是在客观市场中基本上反映了地价——在过去一年增长了 33%。唯一让你犹豫的东西就是为了符合最优的抵押贷款政策，你必须拿出 20% 的首付款，这可能是你负担不起的。好在有一个中间放款人答应借给你这笔钱，虽然他提出的利息非常高。

你的房产经纪人告诉你这栋房要拍卖了，所以你必须要在指定的日子出现，给出自己能给的最高价——拿着认证过的支票，上面的存款要足够多。因此你给银行打电话让他们安排一笔稍微多一些的贷款，他们同意了。在一个增长的市场中，“多少”的问题经常是关乎你能借多少钱，而不是它值多少钱。

让你高兴的是，你战胜了另外七家竞买者，赢得了本次拍卖！当然这意味着你所给的价格要比很多潜在买家认为的这栋房屋的价值的均价要高，但是没关系，因为所有人都知道下一年这栋房屋的价格会再涨 20%。你的银行付给了卖方那笔钱，而你志满意得，成为一栋新房或一份资产的主人。

所以就货币而言究竟发生了什么呢？当银行给卖方打去那笔钱时，它并不是从银行客户的储蓄账户上借钱，七拼八凑把钱凑齐——而只是通过把这笔钱输入它们的计算机系统生造出了这笔钱，就像是创造了一个全新的符木。你拿到“箔”——木棒短的那一端——意味着你要慢慢还钱。同时“干”——作为对房屋所有权的回报——转移到了卖方，他们现在可以用它去随意消费了。所以当你这样分析这件事情时，你会看到这次采购远不止一报还一报的交换。一种全新的货币实物，在价值上等同于贷款的价格，已经被银行创造出来。然后这笔钱进入经济，大部分用来竞标买房了。价格越高，造出的钱越多，所以就形成了一个正反馈循环。最终还完贷款的时候，可能已经是 25 年以后甚至更久，此时已经创造出许多新的贷款了。

根据货币数量理论，如果流通的货币太多，结果就是通货膨胀。但是因为大部分虚拟经济与真实经济是脱钩的，通货膨胀可以出现在虚拟经济中，却不会出现在真实经济中。而且因为传统的通货膨胀的度量标准只是把重点放在真实经济上，似乎通货膨胀一直很低。可以用图 3 进行阐释，该图比较了地产网 Teranet 1999—2017 年的房价指数和加拿大的广义货币供应量（1999 年时这个指数刚开始）。在这一段时间内，房价指数和货币供应量翻了三倍，而通货膨胀一直是微不足道的，并且国内生产总值也是相对无变化的。关于购房热最令人震惊的但也是最不显著的经验事实是它跟货币热是相匹配的。[①] 这个故事在很多国家都是类似的，但是加拿大的累积却是不同寻常地顺利，延续了很久，因为它没有受 2007—2008 年金融危机的影响。

这里的重点在于，一般来说，货币供应增长和房价增长两者是完美契合的，只是在类似加拿大这样的地方，房价通胀很大程度上源于货币供应量和房地产价格之间的反馈。房地产就像是货币的一种增殖反应堆。要了解这一过程的变化，如果你从“房屋的供需驱动该系统达到一个最优均衡”这一观点出发基本是走不通的。要了解其脆弱性，你需要理解它是基于债务，而不是像砖头水泥这样实在的东西。

---

① 声明一下，我是在为《人类货币史》绘制数据图表时才了解到这一点的。

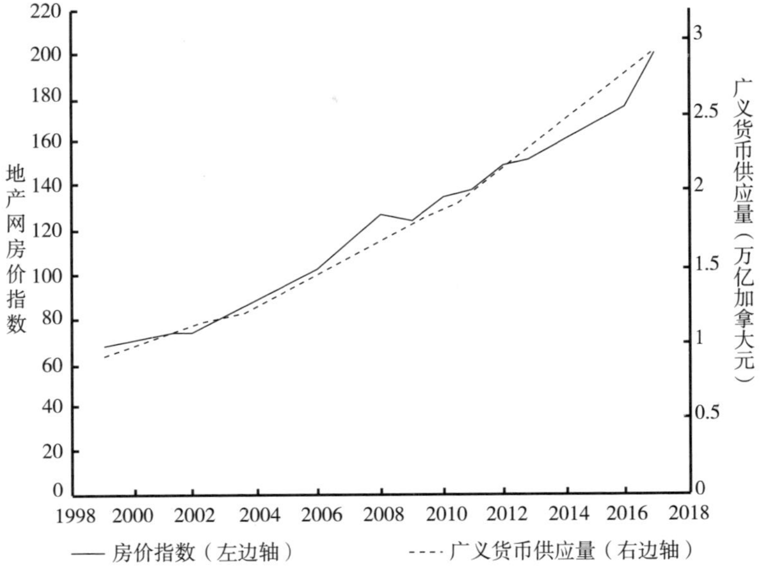


图 3　加拿大的房价指数和广义货币供应量在不到 20 年时间内均翻了三倍（加拿大国家统计局，Statistics Canada）。

人们常说量子物理的某些方面看起来很神奇，例如，粒子能凭空出现和消失。量子货币也有类似的神奇特性，而且银行已经学会利用这些特性，银行能让房屋“在空中飘浮”，还成功地让观众相信自己所看到的这一切都是真实的。魔术很重要的一点是魔术师要不停地说话，要能够通过编造不同的故事来分散观众的注意力。而就房价而言，编故事的则是房地产经纪人、银行家和经济学家等人，其中许多人都是为银行服务的。例如，根据多伦多房地产委员会 2017 年的报告，“创纪录的房屋销售，其背后的主要驱动因素包括人口增长、抵押贷款利率低、失业率低和跑赢通胀的经济增长速度”。[188] 央行首席执行官史蒂芬 · 波洛兹同意房价的上涨是由于“基本面……大多伦多的经济每年可以新创造

5%的就业机会。人口增长势头强劲，温哥华也一样。在供应受限时，会自动产生更多的住房需求”。[189] 换句话说，这一切都归结为供需，就像教科书中所教授的一样。然而，2017 年人口普查显示，2017 年，多伦多的增长速度是 40 年来最低的，而工资增长速度则是 20 年来最慢的。抵押贷款利率非常低，但消费者债务总额也处于历史最高水平，远超偿债能力。

《环球邮报》中的一篇文章指出：“抵押贷款利率很低，安大略省的经济过热……而且，更让人糟心的是，土地供不应求。”此外，多伦多正发展成为一个“世界级”城市，“房产现在是大多数中产阶级的首选投资”，当然，“也有一些传言说，这应该归咎于外资”。[190]（这实际上源于 1988 年一篇关于之前房地产繁荣的文章，但多年来并无太大变化。）当然，繁荣周期最终会走向没落。由于多种原因——政府行为、买方疲劳、利率上升、贷款机构崩溃等，这些都发生在 2017 年——情况随时可能会变。正如在自我强化的反馈循环中，房价上涨会导致更多的货币创造，房价下跌自然会导致更少的货币创造（尽管因为系统时有中断，加上央行试图调控，相关性不那么明显）。

因此，其变化与约翰·劳的体系大致相同。人们可以争辩说，贷款是由“真正的”房屋支持，而非密西西比公司的虚拟黄金。确实，人们更喜欢投资房屋而非股票等资产的一个原因在于前者是一种可以看到、摸到的、实实在在的东西，人们要么自己住，要么出租。但多伦多和其他城市的房价很容易飘浮到远远超过任何的合理估值（例如房价与租金的比率）的程度。而人们之所以视之为金融资产，进行囤积，并不是因为其生产价值，而是希望它的价格会上涨。它的价值比真实的财富更虚无。

## 通货膨胀

与多数通货膨胀一样，房价通胀的起因与货币创造的基本机制有关，而非通常给出的其他理由。银行只需略施小计即可：首先，银行创造新的货币来哄抬资产价格，然后把资产用作新贷款的抵押品。这是信贷周期的一个例子，其变化并不是特别神秘，并且已经被各种各样的人明明白白地解释过，其中就包括美国经济学家海曼·明斯基。

根据明斯基最早在 1972 年提出的金融不稳定性假说，在扩张期间，对信贷的渴望似乎会提高。[191] 因此，更多的货币通过贷款创造出来，用于投资金融资产，今天所谓的金融资产通常指的是房地产而非公司股权。这种投资具有抬高资产价格的连锁效应，从而为进一步的贷款提供抵押品。就这样逐步建立市场信心，因为“成功让人忽视了失败的可能”，越来越多的人被吸引，而最后一个人就是明斯基所谓的庞氏借款人，他无力支付贷款利息，只能依靠借入资产价值增加才能熬过经济困境。

从表面上看，似乎万事大吉，风平浪静，但其实你忽略了债务的增加及其不稳定程度。然而，在某个时刻——现在称之为明斯基时刻——人们终于失去信心并停止游戏。资产价格不再上涨，此时付不出钱的投机型借款人试图套现，通胀泡沫突然坍塌。

中央银行的作用就是未雨绸缪，但其权力受到许多因素的限制。其中一个原因是，由于大多数货币供应是由私人机构创造的，因此央行只能间接控制事态的发展。另一个原因是，央行迫切希望在紧急情况下介入，但它不愿意破坏看似好的东西，这也可以理解。不过，最大的问题是主流经济学使央行无法正确诊断问题，原因很简单，它忽略了货币的力量。因此，央行的行为可能会使情况变得更糟，而非更好。

因为中央银行控制通货膨胀的义务通常不包括资产价格，所以它转而关注实体经济中的通货膨胀，其中一小部分在它看来是好事，只是为了避免相反的情况——通货紧缩（鼓励人们存钱，减缓经济活动）。因此，自 2007—2008 年的金融危机以来，一些国家试图通过将利率降至接近零的水平来促进通货膨胀，但收效甚微。例如，2014 年，日本央行行长预测，“从 2014 年财政年度末到 2015 年财政年度结束时，通货膨胀应该达到 2%的目标，此时物价趋于稳定”，但显然没有实现，通货膨胀始终保持在不到 1%。[192] 其他国家的类似政策也在煽风点火，倒不是加剧了预期的通货膨胀，而是促进了深化贫富差距的资产泡沫和私人领域债务在全球的爆发，破坏力极大。

越来越多的央行官员承认，他们并没有令人满意的通货膨胀模型——正如前美联储理事丹尼尔·塔鲁洛（Daniel Tarullo）在 2017 年所说的那样，“目前我们还没有关于通货膨胀变化的理论，可以很好地帮助制定实时的货币政策”，但这也是显而易见的，因为他们没有令人满意的货币模型。[193] 经济学家考虑的是货币的综合流通，例如，货币数量理论表明平均价格水平与流通中的平均货币数量成正比，并认为货币的平均流动速度（其换手的速度）稳定。然而，这就像气象学家展示整个国家的平均风速表，而不展示各地的风速一样。而且由于货币仅仅被视为一种方便的交换媒介，因此通货膨胀的主要影响是在其模型中引入一些“摩擦”，而公司必须不断更新其价格，从而导致效率受损。[194] 模型也倾向于认为整个经济具备完美的理性和基本无限的远见，因此他们认为行为人需要用长远的眼光来看待通货膨胀，而不是在短期内反应过度。

这些弊端可能解释了为什么中央银行一直很头疼，类似房屋这样的东西通胀太严重，而工资这样的东西又总是通胀不足（以及为什么，当面对这样的难题时，他们只能提出听起来像维多利亚时期的陈词滥调，类似“我们所知道的就是供求法则还没有废止”）。[195] 最好是把通货膨胀看作一套复杂体系的涌现性，它准确的轨迹就像气候变化一样难以预测。中央银行可以进行微调这种想法就是行为科学家所谓的“控制错觉”的范例——但是要理解这一点，第一步就是要为货币流动建立适当的模型，包括类似房地产这样的事物。

像索迪和明斯基这样让人关注货币动态的异端分子长期以来一直被视为“货币疯子”或“银行神秘主义者”。[196] 这样看来，难怪大多数央行长期以来似乎都非常不在乎房地产等领域的风险，甚至是当德克·贝泽默（Dirk Bezemer）和迈克尔·赫德森（Michael Hudson）提出，“房地产资产已发展成为所有西方经济体中最大的资产市场，也是参与最广泛的市场”，也无法动摇其态度。[197] 加拿大银行前副行长威廉姆·怀特则是一个例外，他在2014 年指出：“我们可能会因为无法正确地创造法定信贷和货币而造成极大的伤害。正是因为我们有能力造成极大的伤害，才应该更加关注这一点，确保不会发生这种情况。”[198] 中央银行喜欢就“经济风险”发布智慧的声明，但最大的风险之一是它们自己的模型。

货币创造和信贷周期的实际过程和机制已经相当明显，但它们没有得到更多批判的目光，这就很奇怪了。就好像一个魔术，已经在 YouTube（视频网站）上一遍又一遍地用慢动作视频演示来解释，但人们仍然愿意倾注终身的积蓄参与其中。那么我们该如何重新掌控货币炸弹？在货币这朵蘑菇云还没有再次出现在金融体系之前，我们能学会预测甚至是预防其爆炸吗？

## 稳定与不稳定

为复杂系统建模的方法之一，即所谓的系统动力学或非线性动力学，是使用类似牛顿运动方程中的传统方程式，但允许这些方程式包含非线性影响，从而使得其行为越发复杂。从细胞到人体再到地球大气层，这些有机系统的特征之一是，它们是典型的由相反的非线性反馈循环组成的复杂网络，可以放大或抑制信号。经济亦是如此，例如，信贷周期是一种高度非线性的现象，在繁荣—萧条之间反复变换。举一个这种系统动力学方法的例子，由史蒂夫·基恩（Steve Keen）所领导的团队开发的“明斯基”模型。他在 2016 年的著作《我们可以避免另一场金融危机吗》中描述了这个模型，其中仅包含三个变量和九个参数来模拟关键的宏观经济变量，并选择将私人债务水平上升作为金融危机的风险因素。该模型的一个重要特征在于它注重基本的会计原则，如货币流动和信贷，而且显然包括金融部门。

这样一个小模型听起来可能只不过是对该体系极其简单的阐释，但它的设计反映了一个基本的现实，那就是，就像任何数学模型一样，参数和方程的形式通常都不能根据数据固定下来。就像一份已解密的 CIA（美国中情局）文件的作者——负责系统动力学的评估——在 1975 年所说的，“根据我们假设的函数形式和参数，系统动力学模型可以产生截然不同的预测结果”。[199] 因此，有必要用最小的方程组来提取相关特征。① 有时候少即是多——毕竟，估计核装置的威力，并不需要多复杂的模型，也无须考虑量子行为的复杂性。同理，人们无须写出波动函数，就可以为货币创造过程建模。

另一种技术（在前一章中也讨论过）是基于行为人建模。由让－菲利普·布绍所领导的一个研究小组开展的一项研究发现，对经济的模拟表明，随着通货膨胀预期等因素的变化，通货膨胀的可能场景变化之大令人咋舌。[200] 换句话说，如果人们期待通货膨胀，那么他们可能会在另一个反馈循环中遇到通货膨胀。可以把这些模型想象成中央银行的一种飞行模拟器。同样，它们的预测能力取决于对控制行为人个体行为的参数的准确选择有多敏感——“微观规则确实很重要，因为它可能导致不一样的宏观状态”——但这只是反映了该体系中固有的不确定性，对政策制定者而言，它本身就是有用的信息。基于行为人的模型还可用于激发简化模型，这类模型只需捕获行为人的基本特征。[201]

最后，也是我们会在第八章中讨论到的，复杂模型强调数据多过抽象理论。就像许多异端经济学家所指出的，经济学的起点

① 保罗·维尔莫特讲述了一个故事，他碰到了一本书，书名大概是“英国经济的财政部模型”，其中包含了 770 个方程式。维尔莫特写道：“你想做的就是只留六个最重要的方程式，其他的全都丢掉，然后接受不可避免之事，即结果并不会完美。” Wilmott, P., and Orrell, D. (2017), *The Money Formula: Dodgy Finance, Pseudo Science, and How Mathematicians Took Over the Markets* (Chichester: Wiley)。

是货币流动和信贷。[202] 近些年来，说起有时自诩“数据革命”的话题，主流经济学家就备感骄傲，他们一直把更多精力放在借助真实数据来检验其理论架构。[203] 但是，当数据用于伪造关键假设时，例如货币是交换的惰性媒介等相关观点，真正的数据革命出现了；金融部门只是一个中介；而经济关注的是稳定均衡。现在应该让更多的经济学家把手中的望远镜转向金融的运作，因为那些托举经济的水晶球体系不是由以太组成的，而是由货币构成的（见本章延伸阅读）。

现对本书到目前为止的主要发现总结如下：

- 跟量子实体一样，货币实物有真实和虚拟双重属性，正因如此，它们对于思想和市场皆有混淆作用。
- 从某种意义上说，货币的创造是对称的——就像物质和反物质，它有被纠缠和纠缠的方面，代表了正的信贷和负的债务。
- 市场价格并非由固定法则决定，而是量子测量过程导致的结果。
- 货币创造过程复杂多变，而且往往是不稳定的。

因此，可以把货币看作一种有自己特色的量子系统，有它自己独特版本的两面性、测量、纠缠等（我们会在第七章中讲它们带来的干涉效应）。在本书的下篇，我们会探讨类似量子金融和量子社会科学这样的领域，来展示货币的这些量子特性对整体的经济造成的影响，往往是令人困惑但同时也是非常熟悉的影响。

## 延伸阅读

# 水晶球体系

虽然新古典经济学是基于牛顿力学，但它同时与早期亚里士多德的思想体系有很多共同之处。当亚历山大的图书馆中收藏的亚里士多德的作品被中世纪的学者重新发现时，它所提供的是在当时看来涵盖了整个宇宙的完整模型。他的想法构成了博洛尼亚、巴黎和牛津等城市的新大学课程的建立基础。因此他被称为“哲学家”，他的话被奉为福音真理。

在亚里士多德的体系中，月球这一侧的所有东西都是由土、水、火和空气组成的，每一种都有自己的自然水平。地球有往中心沉的趋势，水在上层流动，上面是空气，火往上面蹿。天体在水晶球体系中围绕地球旋转，水晶球由第五种元素构成——以太。重物有往下掉的趋势，说明它们渴望到达适合自己的水平面。掉落的速度取决于自身的重量和介质的密度，所以在真空中降落速度就是无限的（这也是真空不能存在的一个原因）。只有用外力推动时，物体才会水平移动。除了球体本身的圆周运动外，天体是稳定的。

在文艺复兴时期，当反对亚里士多德模型的经验证据逐步增多时，这种模型开始出现问题。例如，16 世纪的天体学家第谷·布拉赫（Tycho Brahe）跟踪了一颗彗星，表明如果水晶球体系当真存在，那么这颗彗星在经过时就会被撞得粉碎。伽利略揭示出，如果不考虑空气阻力造成的摩擦力影响，不同重量的物体掉落速度是一样的。他还把望远镜对准了木星，发现了四颗卫星，这是古希腊人未提过的。他把这些叫作美第奇星（Medician Stars），因为他当时刚好在教一群美第奇家族的孩子。

跟亚里士多德学派的动力学一样，新古典经济学提出了一种基本稳定的经济观，即物体只有在受到外力推动的情况下才会移动，这些外力类似新闻或者技术发展。根据“有效市场理论”(见第六章)，价格不只会寻找自己的自然态，还会瞬时转移，就像存在于亚里士多德的真空中一样。但主流经济学并没有水晶球体系，而是有生造的供需曲线。就像第二章中所讨论的，它的货币理论是直接从“哲学家”那儿照搬而来的。

这个理论也是抵制变化的。亚里士多德学派的模型之所以能存在这么长时间，其中一个原因就是，按照作者詹姆斯·汉姆（James Hannam）所言，它提供了“一套完整的现实体系”，所以“摒弃该体系中任何重要的部分都会引起整个大厦的坍塌”。[204] 对新古典经济学而言也是一样，它的理性、效率以及稳定性等概念相互牵制、自我强化。但是就像亚里士多德学派的物理学一样，这一理论只有在人们忽视实证证据的情况下才能站得住脚——而现在问题似乎已经大到不可忽视了。

# 下篇　量子经济

# 第六章　不确定性原理

经济学就在这样的中间区域，无论是电子的终极哲学还是心灵的终极哲学都对其没有影响，它关心的是物理学世界和精神世界这两个极端的交界地带，生命最日常的表现形式。

——弗雷德里克·索迪，

《笛卡尔主义经济学》

（*Cartesian Economics*）（1921）

金融市场最根本的特征就是不确定性。你觉得什么事情一定会发生，金融市场一定会向你证明你是如何大错特错的。

——杰森·茨威格（Jason Zweig），

《魔鬼金融词典》

（*The Devil's Financial Dictionary*）

在量子力学中，不确定性原理认为对于我们如何能够精确测量一个粒子的位置和动量是有严格规定的——我们对一个粒子越了解，对另一个粒子就越不了解。在金融世界中，还有一种更加极端的版本，有时候会说成是“世人皆无知”。本章要揭示计量金融中用于测量并分析风险的工具其实是源于量子物理学的，尤其是战后为原子核项目研发的方法（可能会解释它们为什么易于爆炸）。今天有些“宽客”，也就是所谓的计量金融师，正在重新利用这种关联向我们展示，市场行为可以用量子变化来表达。但是这到底仅仅是为了计算方便，还是道出了市场的重要消息呢？

1905 年，有时也被称为艾尔伯特·爱因斯坦的“奇迹年”（*annus mirabilis*，拉丁语）——这位物理学家当年在《物理学年鉴》上发表了五篇论文，彻底改写了物理规则。这些论文涵盖的主题包括量子物理学、相对论及解答“一个原子有多重”这一问题的方法。

爱因斯坦是这样处理这个问题的，把一个很小的粒子的随机移动看作粒子在气体或者液体中受到原子撞击。这种现象被称为布朗运动，命名源自 19 世纪的苏格兰植物学家罗伯特·布朗，他在显微镜下观察悬浮在空中的花粉时注意到了这种情况，如果你可以模拟出粒子的运动，那么应该就可以算出看不见的原子的质量。

当这些原子跟粒子撞击时，它们朝不同的方向随机传递动量，因此粒子就经历了统计学家卡尔·皮尔逊所谓的随机游走。皮尔逊用了一个醉汉在空地上随意走动的例子来描述这个问题。这个人先沿着一个方向走一步，然后又往另一个不同的方向走一步，就这样一直走，慢慢地，就离他出发的位置越来越远了。预计行走的距离应该是随着时间的平方根不断增加的，但是如果你要找到他，“要找到一个还能自己走路的醉汉，最有可能的地方就是在离他出发地不远的地方！”[205]

当爱因斯坦计算布朗运动，并对比实验结果时，他能够很精确地估计一个原子重多少（答案是并不太重）。但是，在30年之后，人们发现，虽然原子很小，但它们不光能把花粉撞散——还可以引爆全世界。

## 蒙特卡洛

1938年，德国科学家奥托·哈恩和弗里茨·斯特拉斯曼（Fritz Strassman）进行了一系列实验，用缓慢移动的中子来轰炸铀235的原子。他们认为额外的中子会与原子结合，形成一个更重的同位素——但是并没有，他们发现得到的产物比铀更轻。少了的原子质量去哪儿了？最后发现，中子把铀核分成了两个基本相等的部分，但是有一些质量——大约是一个中子的1/5——通过$E=mc^2$这个方程转换为了能量。

这一反应同时还释放了两三个自由中子，会以随机游走的形式在物质内来回穿越，其间撞击铀原子，产生更多的分裂。前文提到，如果出现的物质的数量超过了几千克的临界质量，结果就是可以自我维持、以指数速度增长的链式反应。这一重要发现很快传播开来，几天之内，加州大学伯克利分校的罗伯特·奥本海默很快起草了一个初步的炸弹制作计划。他接下来开始运作曼哈顿计划，研发出第一批核武器，包括1945年在广岛和长崎所投放的两枚。量子物理学就此被用于武器制造了。

原子弹投放以后，爱因斯坦震惊不已，据说他说了一番话，

“早知道他们会这么做，我宁可当一个鞋匠”。[206] 然而，现实却是很少有物理学家决定离开这个领域（约瑟夫·罗特布拉特是个例外，他退出了曼哈顿计划，然后跟伯特兰·罗素一起建立了帕格沃什科学和世界事务会议）。核武器相关的项目很快引来了越来越多的核物理和高能物理学家的加盟，他们把重点放在了研发分析问题系统的新方法上。可以用量子力学的方法来计算类似铀或者钚等放射性物质的衰变速度，而随机游走理论则用于预测中子在可裂变物质中的运动，进而决定一种核装置所需的临界质量。

另外一个关键的方法就是蒙特卡洛分析法，是斯坦尼斯拉夫·乌拉姆（Stanislaw Ulam）在 20 世纪 40 年代发明的，当时他正投身于洛斯阿拉莫斯国家实验室的武器项目。乌拉姆想要计算一种核链式反应的具体细节，但是系统的复杂性意味着用常规方程式解决是不可能的。因此他找到了只是模拟单独一个中子在到处弹跳过程中的随机路径的方法，这样问题处理起来就容易得多，他重复了很多次试验。

我们不妨换个不同背景下的例子，假如你想要计算掷两次骰子，连续两次掷出六点的概率，如果你研究过概率理论，那么你就会知道答案是 1/6 的平方，也就是 1/36。但是如果你数学很差，而且恰好又很闲，你可以重复几百次掷骰子的实验，用你连续两次掷出六点的次数除以你尝试的总次数，估算出这个概率。

对于这个问题，如果你自己也不知道怎么解答，直接看答案会更简单一些。但是对于更加复杂的概率系统——比如绕原子核的随机游走——找到一个能直接给出答案的方程式几乎是不可能的，唯一的选择就是把它分成一连串的随机操作。1946 年，乌尔姆向数学家约翰·冯·诺依曼解释了这个想法，诺依曼马上对世界上速度最快的电脑进行了设置，那是一台25吨的打孔机，被称为ENIAC计算机，它每秒可以执行5 000条指令（这里的高速是相对的，相比之下，一台iPhone每秒可以执行几百亿条指令）。

这个秘密项目的代号是蒙特卡洛，因为考虑到该城市是个赌城。但是这个秘密并没保守太久（可能换成拉斯维加斯会更好一些。因为我们都知道，在拉斯维加斯发生的事，只会留在拉斯维加斯）。这种方法对于洛斯阿拉莫斯等地的核武器研发至关重要，但是很快就在很多领域应用，包括金融。沃伦·巴菲特后来打趣说，“衍生品就是大规模杀伤性金融武器”。他指的就是这些金融产品可能会引爆——他说的没错，2007—2008年的金融危机令世人瞩目，但是这些产品背后的智慧也源于真正的大规模杀伤性武器。

## 原子股票

当爱因斯坦研究出随机游走方程式时，他很可能还不知道同样的方法在几年前已经开始使用了，是由索邦一名年轻的学生——他的兴趣并不在花粉粒子的随机运动，或者酒鬼的随机运动，而是在于巴黎的证券交易所内发生的同样随机的运动。

在1900年的论文《投机理论》（*Theorié de la Spéculation*）中，路易·巴舍利耶（Louis Bachelier）认为，类似股票等资产的价格代表了买卖双方之间的一种平衡。[207]没有人真的清楚正在上演的一切，对市场的看法“达到了各执一端的程度，以至于可能买方相信市场在上涨，而卖方相信市场在下跌，这两种意见竟能同时存在”，但是它们的效果相互抵消，所以可以把市场看作处于基本“稳定的状态”。虽然与此同时，市场一直被类似新闻这样的东西扰乱，不能达到均衡状态。因此，一只股票的价格的轨迹变化实际上就是一场随机游走。就像酒鬼，或者是一把花粉，虽然你无法准确判断股票价格的走向，但你还是能够估算在一定时间内所走的距离，同时知道最可能找到它们的地方，就是起点的位置。换言之，对于利润或者损失的期望应该是零。

巴舍利耶用这个方程式来计算期权的价格，期权是一种金融工具，赋予所有人在未来某一天以一定价格买入或者卖出一只证券的权利——因此凭一己之力创造出了计量金融。但是，他的论文只得到了一个一般的分数——“讲金融讲得太多了”，这就是法国一流的概率理论家保罗·莱维对该论文的判决。这篇论文被彻底遗忘在了历史角落里，直到60年后，经济学家保罗·萨缪尔森碰巧遇到了该论文的一份“烂在了巴黎大学的图书馆里”的副本。[208]

跟其他金融工具一样，期权也并非全新的概念。在《政治学》一书中，亚里士多德描述了哲学家泰勒斯是如何进行预测的，泰勒斯在星象学的基础上，看出即将到来的橄榄丰收要比以往更加盛大。因此他与当地的橄榄压榨厂家商定了一个期权，确保他们的压榨机的使用还是按照以往的价格，从而“赚了一大笔钱”。因此，这也证明了“哲学家要是想富起来，其实是很容易的；但这不是他们生活的目标”。（虽然我不确定他是不是在为精英大学中哲学专业的课程代言，这个专业的金融从业者数量惊人。）巴舍利耶为他自己设置的问题就是用数学的方法算出期权的确切成本。要阐释这个基本的想法，我们可以举一个简单的例子。

假如你正在跟朋友玩一个游戏，你连续掷三次硬币，每一次出现正面，你的朋友都要付给你 1 美元，每一次出现反面，你都要付给他 1 美元。每一次赌注的期望值——称之为无数次抛掷的平均收益——无论是对你还是对你的朋友而言都是零，因为硬币是公平的，出现正反面的可能性是相同的。但是现在假如你的朋友增加了新的规则，他要以 1 美元卖给你期权，赌你在这场游戏中会赢。玩法还是跟原来一样，如果最终你赢的钱更多，你就留着，但如果最后你赢的少，你就要全部退回去。换言之，你的朋友是在向你提供游戏保障，保的只是赌注的价格。如果掷硬币的结果是连续三次出现正面，你就可以赢 3 美元，而最坏的结果就是不赔不赚。那么购买期权——在掷硬币这件事情上是一个衍生产品——是不是一笔划算的交易呢？

如果只是掷一次硬币，很容易就能算出期权的价格。唯一的结果就是你要么赢 1 美元（如果你掷出了正面），要么什么也不赢（如果你掷出了反面），毕竟期权是可以保护你免受损失的。因为每一个事件的可能性是一样的，期权的期望值——即你希望赢的平均数额，假如你买的话——也应该是平均值，也就是 50 美分。所以 0.5 美元就会是公允价值，而这样看的话 1 美元就太贵了。但是我们面对的情况更加复杂，因为要掷三次硬币，所以你可能要承受损失更多钱的风险，也许购买期权是值得的。

通常解决这个问题的方式就是及时扭转思维，从各种可能的终点开始倒推，就像附录中显示的。答案是期权的公允价值是 0.75 美元。所以你的朋友提出的 1 美元的期权报价太高了，你应该拒绝（除非你想规避风险，但是那样的话，你完全可以拒绝玩游戏）。

这个例子似乎跟金融没有太大关系，因为毕竟股票价格不可能是负的。确实，巴舍利耶的随机游走理论的一个问题在于股票价格可以一直随机游走到零，然后一直持续下去，好在现实世界中是不会发生这样的事情的。在萨缪尔森重新发现巴舍利耶的作品以后，经济学家对之进行了修改，提出我们在意的并不是价格本身的变化，而是价格成比例的变化，即它在比例上如何变化。从数学的角度来看，这可以用价格的对数来处理，对数是可以取负的。

另一个不同在于真实的金融市场的变化是持续的，而非离散的。价格除了可以像掷硬币的游戏中一美元一美元地升降外，还可以陡升陡降。经济学家通常跟巴舍利耶一样，认为价格变化遵循正态分布（即所谓的钟形曲线），典型的变化范围是标准偏差（standard deviation）。巴舍利耶把这种数量称为股票的“神经质”。1970 年，尤金·法马的有效市场假说为这一观点增加了学术可信度，可以把价格变动看作围绕稳定均衡的随机扰动，虽然一直有人反对，认为并不存在稳定均衡或确切的标准偏差（见本章延伸阅读）。

不过，最棘手的问题是如何把不玩游戏的可能性加入进去。假如没有买期权，你就有可能把这笔钱投入一个无风险的储蓄账户中，可以获得确定的回报，在通货膨胀比较高的时期，这可能是一个尤为诱人的选择。但这又会如何影响期权的价格呢？答案就是一个经常被称为金融界最具影响力的方程式——布莱克－斯科尔斯期权定价模型（Black-Scholes formula）。

## 延伸阅读

### 有效市场

主流经济学最持久的观点之一就是市场存在稳定均衡，是由亚当·斯密“看不见的手”所形成的一种状态，所以可以把价格变化视为随机扰动。因此，价格就像皮尔逊的随机游走的酒鬼一样是有规律可循的：预测一种资产未来的价格，最有可能的就是上一次的价格。这种观点广泛用于所有领域，从通常认为存在稳定均衡的宏观经济模型，再到计量金融。

巴舍利耶表示，价格浮动很大程度上是由非理性因素引起的，整体上对称抵销，所以对于利润或者损失的期望应该是零。尤金·法马在另外一篇博士论文中——该论文 1965 年在芝加哥大学发表——实际上表达了同样的看法，但这一次是把随机性归因于“有效市场”，市场中“众多精明投资者之间的竞争导致这样一种状况：在任何时候，单只股票的市场价格都反映了已经发生的和尚未发生，但市场预期会发生的事情。换言之，最终在一个有效市场中，在任何时间，一只股票的实际价格将会是它内在价值的确切估计”。[209] 他后来提出个人实际上不能检验“内在价值”，例如，不能通过汇总未来的期待回报在当前的价值来进行检验，因为那些价值也受到了类似贴现率等因素的影响，但是这些细节并没有太背离最重要的信息，即当前的价格就是对价值最确切的估计。[210]

法马的版本跟巴舍利耶的随机游走结果没有什么区别，但是前者的论述更加吸引人。市场是不可预测的，不是因为市场是不理性的，而是因为它综合了所有可以获得的信息。1978年，经济学家迈克尔·詹森断言，“有效市场假说是所有社会科学中最站得住脚的事实”。[211] 但是这种假说是否反映了市场如何运作的全部信息呢？

最早批评这一理论的学者包括经济学家安德鲁·洛（Andrew Lo）和克雷格·麦金利（A. Craig MacKinlay），他们在20世纪80年代用数据表明，价格变化并非完全随机。同时，他们在自己的著作《华尔街的非随机游走》（*A Non-Random Walk Down Wall Street*，这本书本身并不算畅销）中写道，“说到我们早期的研究，人们最普遍的反应之一就是惊讶和怀疑。确实，当我们最早在1986年的一次学术会议上提出我们摒弃随机游走假设时，当时的研讨会列席者——一位著名的经济学家和这一领域的资深成员——自信满满地宣称我们的设计出了问题，因为假如我们的结果是对的，这意味着股票市场上有无限的赚钱机会”。[212]（设计是没问题的。）

正如洛所写的，有效市场理论“对随机性的强烈支持在社会科学中是独一无二的，让人不禁想起了不确定性原理在量子力学中的地位”。[213] 然而，随机游走模型假设价格变化的标准偏差是稳定的、已知的，而实际上它是随着历史时期变化的，在未来又会有所不同（它的“神经质”不是一成不变的）。正如很多人曾经指出的，假设市场存在稳定均衡似乎有一点儿反直觉，尤其是考虑到货币高度非线性的行为（我们会在第八章中继续讨论）。因此，该理论所标榜的随机性其实是我们所看到的经济中的不确定性的中性且扭曲的版本。

虽然有这些争论，但有效市场理论并没有就此消失。相反，它进一步巩固了自身在金融建模过程的中心的地位，包括后文讨论的宏观经济的动态随机一般均衡（Dynamic Stochastic General Equilibrium，简称 DSGE）模型。[214] 2011 年，经济学家约翰·科克伦（John Cochrane）把有效市场理论描述为“可能是所有社会科学中最经得起检验的观点”[215]。与詹森的言论相呼应。在同年的一份研究纪要中，经济学家马丁·休厄尔（Martin Sewell）也表示同意：虽然市场会反映所有可以获得的信息这一要求太令人激动，以至于无论如何人们都难以信服，但它的准确性还是让它“足以竞选整个社会科学中最牢不可破的假说”。而且，“科学就是要寻找最佳的假说，对于一个错误的假说而言，假如没有更好的假说来取而代之，再多再深刻的批评也没有什么意义”。[216] 或者，就像迈伦·斯科尔斯（Myron Scholes）在 2009 年所说的：“要说什么东西不行了，你必须要有东西来替代它，到目前为止我们还没有一种新的范式来取代有效市场。”[217]

确实，科学一直以来的发展都是相互迭代，一种理论被另一种能够更好预测市场的理论所取代。但有效市场理论只预测我们所不能预测的，这就跟市场是由不可预知的神所主宰的这种解释没什么区别。而且在其他领域——比如，在公共交通领域，系统是不可预测的这一事实并不总是能证明其有效性，或者它能神奇地整合所有可以获得的信息。

我相信，有效市场理论之所以一直存在，是因为它讲述了一个金融从业者都希望听到的故事，同时为未能预测类似金融危机这样的失误提供了一个很方便的解释。取自量子经济学的故事可能无法像这样取悦人——它不太强调效率、稳定性以及理性，但是就像本书所认为的，在探索真实的人类行为方面，量子经济学的信息量更大。而且还给了我们惊喜，因为说到预测失误，它能提供给预测者的借口甚至比有效市场理论这个借口更好，即预测经济比量子物理更难。

## 量子掷硬币

费希尔·布莱克、迈伦·斯科尔斯与罗伯特·默顿在 1973 年发表了布莱克 – 斯科尔斯期权定价模型［有时也叫布莱克 – 斯科尔斯 – 莫顿期权定价模型（Black-Scholes-Merton）］，一开始没有人关注这个模型，但是后来斯科尔斯和默顿因此获得了诺贝尔经济学奖（布莱克在颁奖之前去世了）。这个模型并不是他们的原创——其实它是一个曾用了一个多世纪的热方程的转化版。对冲基金经理埃德·托珀（Ed Torpe）也曾经研究出这个模型，虽然他没有发表任何具体的文献证明这一点。这一模型的主要论点在于，考虑到无数理想化的假设，人们可以用一种通过不断交易股票和期权使两者之间保持平衡的方式，构建一个零风险的投资组合——也就是所谓的动态对冲。因此，可以通过将对冲回报等同于无风险账户中可获得的回报来确定期权价格。

虽然期权已经存在很长时间了，但它们一直都被看作为上下浮动的股票价格下赌注的方式，这比较有争议。在 1929 年华尔街股市大崩盘之后，期权几乎在美国国内被全面禁止。甚至到了 20 世纪 60 年代，也只有在纽约的部分市场上才能交易期权。[218] 布莱克 – 斯科尔斯期权定价模型通过三件事改变了这一切：它为确定期权价格提供了一种明显始终如一的方法；它意味着风险是可以神奇地规避开的；最重要的是，它改变了期权的故事。

就像本章延伸阅读中讨论的，法马的有效市场假说在根本上属于亚当·斯密“看不见的手”的增强版，只不过应用到了金融行业而已。但是布莱克－斯科尔斯期权定价模型接受了这个假说，并带着它一路狂奔。如果市场会自动为资产分配合适的价值，那么这个模型会走得更远，让人们有了正确评估甚至防范风险的方法。例如，如果你想要购买一种资产，但是又要防止下行损失，你可以通过买入期权的方法来对冲这笔交易的风险。这篇论文的发表正是时候，正值芝加哥期权交易所在 1973 年开业。交易所的理事会后来说道，正是布莱克－斯科尔斯期权定价模型“赋予了对冲和有效定价这整个概念诸多合法性”，因此“让交易所得以繁荣”。它不是“投机或赌博，它是有效定价”。[219] 风险就此还原到了一个模型中，就像交易会影响市场，数学模型也会影响市场。

证券交易员和“宽客”等计量金融从业者并不满足于期权这样简单的衍生产品，很快他们就开始开发越来越复杂的衍生产品，我们会在第八章进行讨论。很多产品实在是太复杂了，只有通过在快速运行的计算机上进行蒙特卡洛算法模拟才能解决。很多在这个领域工作的人都没有意识到他们是在制造一个金融炸弹，最终会在 2007—2008 年的金融危机期间引爆世界经济。但是与量子物理的关联可能不止于此。

我们暂时先回到掷硬币的游戏中：显然掷一次硬币的结果是随机的，因为出现正面和反面的概率是相同的；但是实际过程中结果却是必然的。理论上从硬币脱手的那一刻起就可以计算出它的运动轨迹，决定最后是哪一面朝上。掷硬币是一个完全机械化的过程，所以不确定是我们计算能力不足造成的结果，并非这个过程的问题。

到底是不是这样呢？有些科学家认为当你掷骰子和掷硬币时，在与地面或者空气碰撞的过程中可能存在的很小的量子不确定性被扩大了，以至于影响了结果。类似掷硬币这样的事情跟进行量子实验有些像：一直到实际进行过测量以后，结果才是确定的。[220]

但是无论我们是否认为掷硬币真的是量子不确定性的结果，都可以先这样假设，然后研究一下接下来会怎么样。比如，我们可以想象，我们不是掷硬币，而是通过观察它是否经过了一个水平偏振的滤镜，测量一个随机光子的自旋量子数：如果是，那就代表正面；如果不是，那就代表反面。无论是哪种结果，概率是一样的。因此利用量子力学，我们可以为光子的自旋量子数写出一个方程，由那些所谓的特征值数字组成，其平方值代表测量可能产生的不同结果的概率。① “特征值”这个词源于德语的“eigen”，意思是“拥有”或“与生俱来的”，所以类似于主流经济学中经常反复引用的“内在价值”或“基本价值”，唯一的区别在于它们可以拥有不止一个这样的值（确实，可能会有无数个）。图 1 介绍偏振的示意图中，有两个特征值，它们的值是用垂直和水平轴线的投影表示的。在这种无偏振的情况下，这两个特征值各自的平方值是 0.5，对应光子通过或者无法通过滤镜的概率是 50%。

为了模拟连续掷硬币，我们就只是简单地把每一步的方程结合，获得一个合成的模型。然后可以用这个模型计算从期权中获

---

① 这些数字可能是复杂的，意味着它们涉及 −1 的平方根。

得各种回报的概率，因此获得期权的公允价值。如果我们按要求进行计算——这个计算要比附录中展示的那种简单的方法复杂得多，我们会发现这个期权的正确价格是 0.75 美元。更有意思的是，如果我们考虑价格的实时变化，而不是在固定时间段内的变化，结果就会发现，布莱克－斯科尔斯期权定价模型其实是薛定谔波动方程的金融版本，只是针对“假设市场是极其不稳定而有效的”这种特例。[221] 市场甚至有自己版本的不确定性原理：贝拉尔·E. 巴奎尔（Belal E.Baaquie）在《量子金融》（*Quantum Finance*）一书中指出，考虑到所有标准假设，价格的不确定性乘以动量的不确定性，大于或等于方差的一半（即标准差的一半的平方）。[222]

换言之，不仅仅是传统的计量金融大部分受到了量子力学的启发，考虑到这些假设的限制性特点，它其实就是量子力学，虽然是人为设计的那种。当一位经济学家想要“强行在物理概念和经济学概念之间进行类比”或者“在社会学领域引用海森堡的‘量子’不确定性原理”时，保罗·萨缪尔森可能会称之为“悲哀”，但是现在经济学家尽可能不用触发词“量子”，其实不也是一样的行径吗？

现在，这看似是一种相当复杂的问题解决方式，最后却得到了同样的答案，这也是量子金融至今没有被从业者广泛使用的原因之一，但是拥护者声称，使用这种量子方法有很多好处。[223] 比如，对于更加复杂的衍生品，也就是原本可以用蒙特卡洛的数字化方法解决的那类衍生品，量子形式主义可以一概而论。通过重构问题，它还让探索效率背离更为自然。虽然有效市场这种方法把价格影响因素看作真正随机的、不相关的，而量子变量的特征之一就是它们可以相互纠缠。因为在真实世界中，投资者并不是真正独立的，新闻也不是完全随机或者无关的，等等，所以这是一个有用的特征，下文会继续讨论。而且因为量子方法把买卖价差看作我们的资产价格知识在根本上是很受限的，不像是传统的模型，认为只要经常进行测量，是可以准确知道价格的，在价格浮动相对于这种限制不是很大的情况下或者期间内，量子方法尤其有用。例如，一些交易所（纽约的 Algostox Trading）用量子模型来获取在几秒内测量的波动率和几小时、几天内测量的有何不同，或者当想要平仓或者累积很大仓位时，非流动性证券会如何回应。[224]

从纯计算的角度来看，可能这些量子方法主要的优势，就是对于一些问题，它们要比常规的模型运行更快，而且在金融界，交易算法是按照微秒的时间尺度运作的，速度才是硬道理。如果模型是在能完美利用其独特特点的机器——量子计算机——上运行的话，那速度优势就会更加明显。

## 直与曲

如果说哥本哈根诠释有一个特别致命的缺点，那就是观察者造成的波动函数“坍塌”这一观点——从“坍塌”这个词经常跟引号一起出现就能看出来。什么机制造成了这种神秘的坍塌？为什么波动函数的变化是确定的，而测量的结果却是随机的？作为一个观察者，重要的是什么？对货币而言，这个概念似乎再清楚不过了，价值坍塌至一个单独的价格，但是说到复杂的现实，就让人大惑不解了。

1957 年，美国物理学家休·埃弗雷特（Hugh Everett）给出了一个令人诧异的答案。[225]那就是波动函数从来没有坍塌。相反，每一件我们以为“坍塌”了的事其实都代表了一个分叉点，宇宙在这里分为两个或者多个版本。在一个宇宙的版本中，薛定谔的猫还活着；而在另一个版本中，它已经死了。因为这种分叉事件随时都在上演，这就意味着存在数量庞大而且还在不断增加的宇宙，彼此平行，各自活跃。在其中一个宇宙中，特斯拉的股票是按照 170 美元交易，一打鸡蛋的价格是 3.73 美元；而在另一个宇宙中，这两组数字也许是相反的。在某个地方存在着一个宇宙，在其中，经济学家的预测总会变成现实（我们会在第八章讨论，事实并非如此）。

当然，这一理论也有自己的问题，比如说，它意味着同一个人的各种分身版本生活在多个宇宙中——可能也就是埃弗雷特在自己的作品中所说的“现实”。但是这样处理坍塌这个概念，有一个优势，它合乎内在的逻辑和审美上的纯粹性。其中一位支持者，牛津大学的物理学家戴维·多伊奇（David Deutsch）曾经说：“它不是出自神秘的理论思考而产生的令人生厌的、随意的说明，而是对于一个非凡的、违反直觉的真实世界的唯一站得住脚的解释。”[226]

想象一下，我们可以找一台能接触到所有这些宇宙的电脑，高速的超级电脑在几十台或者几百台平行运行的独立处理器之间分配计算任务。一台包含“诸多世界”的电脑可以做同样的事情，各种不同版本的它在其他宇宙中进行计算，然后在最终观察时把答案汇总到终端。任何一台普通的电脑在它面前都仿佛是来自 20 世纪 40 年代的 ENIAC。

虽然现在我们还无法进入别的世界——我们还没有找到进入另一端或者另外多端的神奇端口，但是我们可以用一台量子电脑做类似的事情。量子计算这一领域是多伊奇在 1985 年所写的一篇论文中出现的。在经典的电脑上，处理器按照位串的方式来存储信息，就像二分的亚里士多德式逻辑——只能出现两个值，0 或者 1。相比之下，量子电脑是基于量子比特（qubit）这样的实体，量子比特是一种不确定的量子态，可以看作 0 和 1 的叠加。量子比特的存储设备可以是一个单独的光子，也可以有很多别的选择，比如电磁场中的带电原子。

量子比特相对于比特的优势在于它们可以代表更多的值。在掷硬币的游戏中，一个经典的比特将代表单独一次掷硬币的结果（正面或反面）。四个比特因此代表了在连续掷四次硬币过程中可能出现的正面（H）和反面（T）的某一顺序，例如HTTH。而四个量子比特，可以代表可能出现的所有顺序，总共有如下 16 种：

| | | | |
|---|---|---|---|
| HHHH | HTHH | THHH | TTHH |
| HHHT | HTHT | THHT | TTHT |
| HHTH | HTTH | THTH | TTTH |
| HHTT | HTTT | THTT | TTTT |

这种差距很快就会拉开。这个游戏如果是掷 50 次硬币的话，要表示所有可能出现的顺序，就需要 1 125 899 906 842 624 个比特，但是只需要 50 个量子比特。如果换成更大的版本，可能表现出的不同状态大概会跟已知的宇宙中的原子一样千差万别。

因为量子比特形成了一个纠缠的系统，类似改变某些量子比特的状态，或者调整它们之间的联结，这样的操作等同于用整个波动函数进行计算，但是，这是基于量子逻辑而非经典逻辑。在经典逻辑中，概率是线性累加的，例如，一个系统处于状态 A 的概率是 10%，而处于状态 B 的概率是 20%，那么它处于状态 A 或者状态 B 的概率是两者之和，也就是 30%。而根据量子逻辑，最早是在 20 世纪 30 年代由约翰·冯·诺依曼所提出的——A 和 B 是叠加的状态，可能会彼此干涉，就像双缝实验中，概率函数抵消或者加总形成一种干涉图形，所以它们就不再是简单的线性求和了。[227]

量子干涉的本质可以用图 4 来总结。上方的直角三角形，其斜边长的平方等于两直角边边长的平方（A 和 B）的和。按照勾股定理，直角三角形的斜边长的平方——代表了 A 加 B 的概率——就等于 A+B。在量子版本中，这个三角形不再是一个直角三角形，斜边的长度的平方可能要比两边边长的平方之和更大或者更小，这取决于三角形的形状。[228] 它不再是线性增加的，现在又多加了一项，也就是角度，可以让总和更大或者更小。（在下一章，我们会展示类似的干涉术语是如何出现在认知模型中的。）

在一台量子计算机上，某一种模拟的结果是由观察所决定的，让每一个量子比特的状态坍塌至一个单独的值。这只是代表了一种可能的结果。但是在蒙特卡洛算法模拟中，我们可以进行很多模拟，然后决定不同结果的概率。正如理查德·费曼在 1982 年所指出的，在量子计算机发明出来以前，这样的设备是为量子系统建模的理想方式。[229] 所以如果金融体系在本质上是量子的，那么量子计算机相对于常规方法就有巨大的优势。

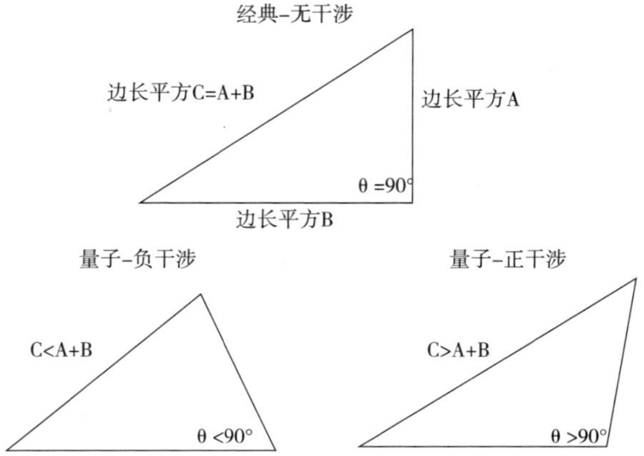


图 4　在经典逻辑（最上方的例子）中，概率 A 和 B 是线性叠加的。在量子逻辑中，概率可以彼此干涉，导致总结果更小（左下）或更大（右下）。

## 内在价值

当然，量子计算和量子金融即将合力，取代计量金融这一领域，这种观点还有一些问题，其中一个问题就是，在写作本书时，量子计算更像是一个令人激动的挑战，而非一个实际现实。物理学家和工程师越来越擅长分离和控制单独的量子比特，比如离子和光子等，但是难在让这种易碎的系统保持隔离的状态，以便它——就像一位尤其不稳定的数学家一样——可以不用提前坍塌就进行计算。但是，千百万的研究人员现在正投身于这个领域，类似 IBM（国际商业机器公司）、惠普、谷歌这样的大公司都有自己的项目。微软开发了一种专门的编程语言 Q#，正在基于所谓的马约拉纳费米子这样奇特的粒子在一台设备上进行实验。也有很多政府主导的财团和创业公司进入这个领域。位于洛斯阿拉莫斯的实验室有自己的项目，很快就被戏称为“量子计算的曼哈顿计划”。[230] 类似苏格兰皇家银行和高盛这样的金融公司也在投资这一领域。苏格兰皇家银行的创新总监凯文·汉利（Kevin Hanley）进一步拓展了制造炸弹这个类比，他告诉彭博社，“我们认为金融服务似乎是重点关注对象”。[231]

即使解决了这些技术问题，计量金融的问题——就像“宽客”保罗·维尔莫特和我自己在《货币方程式》一书中所认为的——与缺少“聪明的数学算法”关系不大，更关键的问题是基本的道德、缺乏常识、对于市场如何运作存在错误假设。[232] 量子金融的主要目的，就当前这种形式而言，似乎不太在乎改变计量金融方法，而更多是要让金融系统能更高效地运行——不过说到推动金融稳定性，这倒未必是件好事。[233] 但是，有迹象表明量子金融也许能够在当前的方法之外真正提供一种其他的选择。

常规的随机游走模型，也就是巴舍利耶一开始所支持的，认为存在潜在的均衡是理所当然的，同时认为扰动有稳定的标准背离，是独立的、线性的，因为它们是以一种线性的方式在累积（例如，两则新闻同样撼动了市场，效果是一则新闻的两倍）。这种先天的稳定性和线性的影响之一就是极端的变化实际上是不可能的。这种模型非但不能预测危机发生的时机，它甚至在一开始就断言根本不会出现危机。量子模型让我们更容易放宽某些类似的假设，也更容易探索类似效率背离等影响。

经常有人（至少是非经济学家）说市场是由心理学驱动的，特许金融分析师协会开展的一项调查发现，最常见的投资者偏见就是“从众——受到随大溜的同辈人的影响”。[234] 确实，已经有一种简单的模型可以模拟真实市场的数据行为，它是基于这样的假设：行为人对于新闻的反应是很难预测的（巴舍利耶），但是倾向于随大溜（从众）。[235]一种方法是基于无序的磁性材料中原子的倾向，这种材料也就是一种自旋玻璃（spin glass），在变化的磁场的作用下，让原子的自旋方向一致，磁场在这里就发挥了外部新闻的角色。因为原子也会受到相邻原子走向的影响，因而倾向于产生一种非线性的、全体都有或全体都无的反应，也就是所有的原子都排列一致。[236]换言之，金融市场还是可以用这种原子理论建模，但是现在这些原子变成了量子，彼此还能交流。

传统的计量金融的另外一个怪异之处在于，就像在经济学中常见的，实际的金融部分并没有发挥太大作用。例如，布莱克－斯科尔斯期权定价模型认为股票的定价是正确的，而投机者“尝试从借一大笔钱中获利”，所以会利用任何可能出现的反常现象。[237]但是，行为人在整个金融体系中是相互纠缠的，意味着任何的市场下行都可能被突如其来的信贷枯竭所重创——就像投行美国长期资本管理公司的经历一样，它的合伙人就包括斯科尔斯和默顿，1998 年它遭遇重创，不得不接受 26 亿美元的注入资金才得以防止出现更大的危机。我们会在第八章中继续讨论，借贷也是 2007—2008 年金融危机的核心。这样的效果是对量子金融的明显而自然的延伸。

可能量子金融最有用的贡献就是改变了我们对于金融体系的思考方式。我们不再把股价看作随着很多独立的投资者之间的互动，从其稳定的位置随机冲撞出来的粒子，我们开始视之为在根本上就不确定的数量。在量子物理中，粒子从来不是绝对静止的，因为这是违反不确定性原理的，同理，市场只有在关闭时才是静止的——甚至是在那时，投资者还是可以找到方法在其他市场押注相应的衍生产品。当布朗第一次看到悬浮粒子的运动时，他认为这是因为它们是有生命的，而对市场而言，这才是正解。

类似有效市场假说这样的理论探讨的是一种资产独特的“内在价值”——对其标准的解释是说“一种资产的价格反映了所有可以获得的关于这一资产的内在价值的信息”，但是实际上没有这样的东西。[238] 量子版本则会说，价格对应系统的特征值，也就是一种可能的价值。在量子系统中，特征值的数量跟可能状态的数量相同，可能是无限多的。

当然，有些状态要比其他状态的概率更高，但是对一个纠缠的系统而言，行为并不总是遵照一种清楚的或者完全符合数学规律的数据分布。在实际情况中，这种量子不确定性应用到金融上的结果之一就是“宽客”所出售的很多复杂的衍生产品，其风险概况可以用标准的数据方法清楚地描述，实际上可能非常复杂，以至于无法适当定价（其中一个例子就是我们在第八章中描述的债务抵押债券）。量子方法并不是要为这种工具扩大市场，而是建议我们限制市场。虽然从原理上讲，在一台量子计算机上运行的量子金融可以让高频交易更快，但这一理论——剥去不确定的市场与效率的自动关联——也可以用来说明为何会对此类交易活动征收金融交易税，毕竟它没有什么真正的社会用途。[239] 市场是人的机构，它们应该是为人设计的，而不是为机器设计的。

在量子经济学中，唯一一种总是有一个单独的特征值的事物——而且其波动函数已经被标记，所以没有进一步坍塌的可能——就是货币实物。相比之下，一种资产的价格，也可以解读为一种涌现特征，是通过货币实物的交换来体现、构建的——正如一个粒子的位置直到它被测量的那一刻才是确定的。但是，就像下一章中要揭示的那样，货币的量子特征只有在它与另外一种精妙的量子体系互动时才真正得到应有的肯定，这个体系就是货币体系的设计者——我们的大脑。

# 第七章　量子游戏

symbolism（象征）是缺环的艺术，就像这个词本身所隐含的：sym-ballein（聚合），这就是切分音的艺术。[①] 它是电和量子力学的基础。

刘易斯·卡罗尔（Lewis Carroll）在洛巴切夫斯基（Lobachevski）和非欧几里得几何学的基础上提出了这种认识。化学键，就像海森堡和莱纳斯·波林（Linus Pauling）所理解的，是“共振”。

回声区，声学空间的世界，其中心似乎无处不在，边界却无处可寻，就像上文的双关。

——马歇尔·麦克卢汉和威尔弗雷德·沃森（Wilfred Watson）

《从陈词到原型》

（*Cliché to Archetype*）（1970）

① 两个单词英语发音接近，一语双关。——译者注

经典理论讲究有限理性，而量子却代表无限理性。

——亚历山大·文特

《量子思维和社会科学》

（*Quantum Mind and Social Science*）（2015）

主流经济学或者说新古典经济学最初是基于经济人或者理性经济人的概念。近些年来，尤其是 2007—2008 年的金融危机以来，这类观点面临越来越多的批判。行为经济学家已经向我们揭示出，当说到进行金融决策时，人们总是表现出，他们含蓄地称之为“有限理性”，或者心理学家所谓的“彻底疯狂”。但我们的行为真的不合逻辑吗？还是说只不过是经济学家用错了逻辑？本章将会探索量子认知和量子博弈论等领域，并将揭示出，我们的行为同亚原子粒子所遵循的原则有很多相似之处。

当主流经济学在 19 世纪末初步发展起来时，当时所秉持的观点是直接把牛顿物理学中的概念用于经济学，产生了法国哲学家——也是社会学的奠基人——奥古斯特·孔德所谓的“社会物理学”。牛顿力学的特性之一就是，从数学的角度来看，它可以表现为一种优化问题：在一个场中移动的物体选择了动作最少的路径，“动作”在这里就代表了一种能量消耗。例如，光通过一个玻璃棱镜时发生衍射就可以看作是光波（或者单独的光子）选择了最有效的路径。牛顿同时期的戈特弗里德·威廉·莱布尼茨通过把上帝比作一位“最能有效利用其位置和建设资金”[240] 的建筑师来阐释这种观点。新古典经济学家依葫芦画瓢，认为在经济活动中，个人的行动就是通过消耗其有限的资源来优化自我的效用。经济学家随后就可以进行牛顿式的计算，测算在市场经济中如何设定价格，以达到威廉姆·斯坦利·杰文斯所谓的“利己和效用的机制”。[241]

欧文·费雪在其1892年的研究《价值和价格理论中的数学调查》中阐释了如何在力学和经济学之间画等号，这本书是基于他本人在耶鲁大学所写的论文（他在耶鲁大学获得了经济学博士学位）。[242] 表1来自他的论文，展示了经济学领域的概念如何与力学领域的概念相对应。

表1 经济学与力学的对应概念

| 力学 | 经济学 |
| --- | --- |
| 粒子 | 个体 |
| 空间 | 物品 |
| 力 | 边际效用 / 负效用 |
| 功 | 负效用 |
| 能量 | 效用 |

可以将经济行为人看作粒子，而特定物品的边际效用或者负效用（定义：某种物品的消费量每增加一单位所增加的满足程度）可以看作一种力，作用于某种实物空间。极简单的情况就是只有三种物品，代表这一空间共有三个维度，每一个坐标轴代表了一种物品；一般情况下，N种物品就用N个维度的抽象数学空间代表。因为现实世界中有成千上万的物品，所以理性经济人其实是生活在一个非常复杂的空间中的。

如果一个人消费某种物品的数量是x，可以用效用的增加来表示，相当于行为人沿着代表这一物品的坐标轴移动的距离是 x。效用增加多少取决于他对这种物品的偏好。如果相反，他生产该物品，他将沿着相反的方向移动，从而获得负效用。例如，当你消费（阅读）这些文字时，你是在获得某种精神能量，其数量取决于你对如此阐释新古典想法的偏好，我在产出（写作）这些的同时是获得了负效用，而当你买这本书时我就得到了补偿。坐标轴的原点代表效用和负效用互相抵消的地方，因为什么也没发生。“这对应了，”费雪写道，“一个粒子的力学均衡，其前提是沿着所有垂直轴线的各个分力大小相同，方向相反。”

当然也有复杂的情况，比如，物质的基本构成是相同的——一个电子和另一个电子是一模一样的，但是人不是这样的。经济学家认为重要的是“平均人”的行为。这一概念最早是由法国社会学家阿道夫·凯特勒（Adolphe Quetelet）提出的，他 1831 年写道：“如果确定了一个国家的平均人，这样的平均人就可以代表该国的类别。如果可以从他身上看到大多数人的特征，那他就代表了人类。”[243]

另外一点比较复杂的地方在于高维空间中的坐标轴对应不同的物品。当只有一种物品（比如橙汁）时，一个人对于这种饮料的喜好程度已知，那么，为此人假定需求随价格而变的“需求法则”似乎也就合情合理。但是假如现在一个坐标轴代表了“令人激动的工作”，而另一个坐标轴代表了“可怕的通勤”。这就是一个比较复杂的此消彼长的情况，例如，一个人在面试时，因为非常珍视这份工作而激动得忘记了通勤，只有等他堵在了上班路上时才想到这一点，那时就变成了他异常重视堵车而忽视这份工作了。但是经济学家只是简单地认定偏好可以用固定的数值表达，不会随着时间变化，这样的话，沿着每一个坐标轴进行测量，并比较数字就是可能的。

最后，虽然粒子（我们相信）遵循力学法则，但对人来说则不然。光可以选择最有效的路径，但是人们似乎总要走弯路才能到达自己的目的地——或者是在路上偏离。不过，还是一样，经济学家认为多数人可以做出理性决策优化其个人的效用——就像经济学家弗朗西斯·埃奇沃思所说的，“经济学的第一准则就是每一个行为人实际上都只是受利己思想的驱使”。[244] 他们也许不是每次都对，但是这些小问题最终基本都会得到解决。因此就有了“经济人”，或者理性经济人的诞生——形同经济学中的原子，通过借助亚当·斯密“看不见的手”，他们的行为将使价格趋于稳定的均衡状态。

## 光明与黑暗

很明显“经济人”不过是某种夸张的描述，它刚出现，经济学家就开始与自己的大作划清界限了，声称他们的方法实际上复杂得多。就像莱昂内尔·罗宾斯在 1932 年所说的，“如果人们普遍认识到‘经济人’只是一种表述手段——一种粗略的近似之物，非常小心谨慎地运用于论证的某一阶段，但随着论证的发展，既不再需要运用这类假设，也完全不需要用它来为论证方法作辩护——那它就不会成为一个无所不在的怪物”。[245]（今天，经济学家更愿意用“稻草人”这个词。）不过，尽管有反对的声音，理性经济人在经济学中的重要性却有增无减——而且不仅仅是在入门的课程中。

在博弈论这个领域中，它的作用被过分夸大了。博弈论是由才华横溢而且高产的数学家约翰·冯·诺依曼（之前的章节中也曾提到他）在20世纪20年代末创立的。该理论研究了理性行为人在玩模拟游戏过程中的互动，玩家均在试图优化其“期望效用”，即一种结果的效用乘以出现这种结果的概率。他在1944年与奥斯卡·摩根斯坦合著的书《博弈论与经济行为》中写道：“对我们而言，在数量分析的意义上，这些概念的重要性并不亚于物理学中明确建立起来的一些概念，如力、质量、电荷……我们希望找到一个数学的完备准则来定义社会经济参与者的‘理性行为’，并从中推导出这类行为的一般特征。”[246]

博弈论的一种关键方法就是所谓的布劳威尔不动点定理，这种方法可以展示，一套方程式系统——在本例中代表了一个博弈可能的结果——是有一个稳定的最优解决方案。博弈论一开始是为经济学所创的，但是在“冷战”时期开始自立门户，当时冯·诺依曼和兰德公司的军事战略家合作开发了“相互确保摧毁”的原则。根据这一原则，如果理性行为人双方都知道发起一场战争会导致双方立即被毁灭，二者可以实现一种稳定均衡。当然，前提条件是很多其他假设也成立，例如，全面的信息（也就是双方都知道是从哪里发起攻击的）、对称性（实力相当）、相信另一方决意要摧毁世界，等等。确实，就像冯·诺依曼的自传作家史蒂夫·海姆斯（Steve Heims）所写的，博弈论“描绘了一个冷酷无情的世界，但是每一个人都充满智慧，精于计算，追求每个人眼中的自我利益”。[247] 纠缠是显而易见的，反社会者可能在其中自得其乐。

理性经济人的概念可能在“冷战”中也发挥了作用，即帮助赢得了与苏联的意识形态斗争。在这一时期，美国国防部向各种科学项目投入资金，希望能在技术上压垮苏联。其中两位曾被国防部慷慨解囊的人就是经济学家肯尼思·阿罗（Kenneth Arrow）和杰拉德·德布鲁（Gérard Debreu），他们都曾跟兰德公司合作，他们一部分的资金援助就来自美国海军研究总署的拨款。[248] 在一个再次涉及布劳威尔不动点定理的验算中，他们证明，基于一种高度理想化的市场经济，自由市场会走向一个优化的“不动点”，此时价格的设定正处在恰当的水平，发生任何改变都会损害部分人利益——这种情况就是帕累托最优。[249]但是要取得这样的成就，必须要把理性经济人的能力拓展到一种近乎可笑的程度，要具备类似无限计算能力和为未来所有可能性制订计划的能力。还要注意，帕累托最优的定义是非常狭隘的，因为它并不是说结果在某种程度上是公平的或者好的，它只是说它不能在不损害任何人利益的前提下发生改变。

阿罗－德布鲁模型有时也被称为“看不见的手法则”因为它似乎为斯密的理论提供了数学依据，即自由市场——至少在理论上——本身具有自稳性，可以将价格设定在最优水平。在“冷战”期间，该模型在宣传推广资本主义方面有一定价值。[250] 很快它就被视为新古典经济学的皇冠宝石，启发了一般均衡模型和后来的动态随机一般均衡模型，决策者现在还依赖这些模型。行为经济学家乔治·阿克洛夫（George Akerlof）和罗伯特·席勒两人在 2015 年的著作《钓愚：操纵与欺骗的经济学》利用了这一“伟大的成果”，认为帕累托最优意味着一旦一个有竞争力的自由市场经济达到一种均衡状态，“就无法再提高所有人的经济福利，因为任何干涉都会损害某些人的利益。对研究生而言，这一结论是作为一条优雅的数学定理出现的——把自由市场最优这一理念提升为一项高科技成就”。[251]

## 理性基因

理性经济人的概念远非罗宾斯所说的“无所不在的怪物”，它渐渐演变成一名“冷战”时期的普通士兵的经济学版本。前文中讨论过，它很快切换到更赚钱的金融领域，在有效经济市场理论和计量金融中扮演了重要角色。它还因为“自私的基因”的观点而得到了一定程度的验证，这是动物学家理查德·道金斯在 1976 年的同名著作《自私的基因》(*The Selfish Gene*) 中推广的一个很有争议的假设。根据这个理论，我们也许以为自己是活着的、有意识的、独立的个人，但实际上我们只不过是自己基因的玩偶罢了，只是一味在繁殖。就像物理学家戴维·多伊奇所写的，“一个生物体就是动物、植物或微生物这种东西，我们在日常生活中把它们称为活的东西。但……‘活着’这个词用于一个生物体的其他部件而不是用于它的 DNA（脱氧核糖核酸）时，这个词最多是一个名义上的称呼”。[252] 生命因此还原成了基因——而即使有时人们看似不理性，我们的基因却是超理性博弈论的专家，因为它能存在至今，唯一的原因就是千百年来它一直在坚定不移地让自己存活的概率最大化。所有的变化，包括最早出现的生命，都是因为随机突变，或者生物学家雅克·莫诺在 1970 年的著作《偶然性和必然性》中所谓的“蒙特卡洛”博弈。[253]

因此经济学不仅仅可以应用到经济中——它可以作为所有社

会科学的模板。正如加里·贝克尔在自己的著作《人类行为的经济分析》中所写的，道金斯在1976年的书中也写过类似的话，“最大化行为、市场均衡和偏好稳定的综合假定及其不折不扣的运用便构成了经济分析的核心……笔者终于认识到，经济分析是一种统一的方法，适用于解释全部人类行为”。[254] 他在芝加哥大学的同事罗伯特·卢卡斯用自己的理性预期理论把理性经济人的观点推到了极限，该理论认为人们不仅仅是理性的，而且对于经济有全面的认识，因此他们不会犯系统性的错误，市场必然是在均衡状态的，因为只有不理性的行为才会引发失衡。

正是因为相信我们自己理性的力量，21世纪初金融领域的立法才会逐步放缓，恢复如初。毕竟，如果市场是理性的，可以通过复杂衍生品规避风险，法规能起什么作用呢？美联储主席本·伯南克在2006年向国会表示：“确保对冲基金不会出现过多风险或者过多杠杆，最好的方法就是通过市场约束。”[255] 这也导致经济学中产生一种难以置信的自满程度，卢卡斯在2003年的谈话中流露出了这种自满，第一章中曾经引用这一段话，即“它预防衰退的核心问题已经解决了，所有实践中的目标都已经解决了，而且事实上已经解决很多年了”。[256]

不是所有人都认可这种乐观，即使在主流经济界也有质疑的声音。经济学家罗伯特·索洛在同年写道：“备受青睐的模型只有唯一一种消费者代表，拥有准确的预见能力或理性期待，而且永远随着时间不断优化；产品和劳动力完全竞争、极具前瞻性的市场，价格与工资灵活得恰到好处，在这样的经济环境中，各项计划能够顺利开展。怎么能指望从这种建构中出现理性的中短期宏观经济？”他指出，如果我们想要理解经济，“一个从定义上排除反常状态的模型可谓无用至极”。[257] 很多持不同意见的经济学家长期以来都在争执，类似均衡和理性这样的假设是不现实的，虽然收效甚微。

2007—2008 年的危机坐实了这些对于模型的担忧。但让人震惊的是，这些担忧并没有撼动理性经济人目前在经济模型和经济教育的中心地位（后文会看到）。[258] 它能有这样持久的魅力，其中一个原因是我们在潜意识中把它内化了，以至于它成为“假如我们能更加理性一点，我们应该如何表现”的一种模型——经济历史学家玛丽·摩根（Mary Morgan）称之为“真正的经济行为人遵循的一种常态行为模型”。[259] 对于经济学家而言，这一点再正确不过了，因为很多实验表明，接受经济学教育会让人表现得不那么利他。[①] 经济学家凯特·拉沃斯在 2017 年写道，理性经济人“是所有主流经济学教科书中的主角，它指导了全世界的政策制定，构成了我们与自己交谈的方式，并且潜移默化地影响了我们的表现”。[260] 对本应是用稻草制作而成的一样东西来说，它证明了自己惊人的耐力。

## 行为经济学

理性经济人的主要挑战，至少到目前为止，来自行为经济学

① 例如，康奈尔大学的学生在学期开始和学期末被问到他们是否会退回一个装有现金的信封，如果他们学习过经济学，他们就没有那么诚实，而如果他们学了天文学，他们则会更加诚实。Frank, R.H., Gilovich, T., and Regan, D.T. (1993), ‘Does Studying Economics Inhibit Cooperation?’, *Journal of Economic Perspectives, 7* (2), pp. 159–171.

领域。这是心理学家丹尼尔·卡尼曼和阿莫斯·特沃斯基在 20 世纪 70 年代共同发现的，他们进行了大量的实验，在实验中证明了自己的实验对象的各种认知短板。行为经济学最基本的教训似乎就是因为做决定很难，所以我们才要找捷径。当其他人——国家、广告商、我们的社交圈甚至我们自己的习惯——提供了这种捷径时，我们很容易受影响。例如，我们更愿意坚持自己已知的，厌恶改变，这就说明了为什么投资人往往死守着毫无进展、狂跌不止的股票。近期偏差意味着我们太重视新的信息（就像去年的投资回报），忽视已有的信息（例如历史回报）。如果一家公司的食堂缩短了饮料柜和零食柜之间的距离，其员工就会长胖，因为他们吃的零食更多了。而且一般情况下，我们的决定都是由类似历史和背景等决定的，这就让我们的决定很容易被操纵。

以上发现得到了神经科学家的进一步补充，神经科学家测试了当人们被问到金融问题时，他们大脑中哪一部分会亮（结果并不总是理性的那部分）。行为经济学家理查德·泰勒 2008 年的著作《助推》（与哈佛法学院教授卡斯·桑斯坦合著）很受各国政府的欢迎，包括美国和英国政府，2015 年，泰勒在《纽约时报》中总结说："经济学家不会考虑任何一个对理性经济人思考无影响的因素，这些东西本应是不相干的，但是不幸的是，对这个理论而言，很多本应是不相干的因素确实有影响。经济学家因为坚持研究所谓的理性经济人这种虚构的生物而造成这个问题。"[261] 他还提出："在正统经济学的守卫者看来，市场是有魔力的。"因此对这样的理论家来说，市场本质上可能存在非理性这一观点无异于"异端邪说"。[262]

确实，行为经济学一开始是很有争议的，卡尼曼说起了在聚会上见到一位著名的美国哲学家的经历：卡尼曼刚开始解释自己的观点，哲学家转身就走，留下一句："我对这门愚蠢的心理学真的没兴趣。"[263]但是，行为经济学对经济学和社会科学整体的巨大影响还在继续，尤其是在危机之后（这则趣闻来自卡尼曼的自传，写的是他 2002 年获得诺贝尔经济学奖，而泰勒则获得了 2017 年的诺贝尔经济学奖）。很多政府设立了类似英国的行为洞察团队（Behavioural Insights Team）这样的团队（或者所谓的"助推小分队"）来调查行为科学如何改善政策，例如通过助推（引导）来促使人们纳税。商界经常在行为经济学中发掘方法——类似框架问题的重要性——利用的就是我们的认知偏差。例如，有一个诡计，就是在线上菜单中提供默认选项来促使我们做出某些决定。可能受行为经济学影响最大的领域是金融界，在这个领域，类似从众行为和近期偏差这样的认知影响经常被引用，我们会在下文深入讨论。

行为经济学提供了大量实证研究文献，这当然深化了我们对于人们如何做出经济决策的认识。同时，对于一个敢于充当"异端"并且涉足泰勒所描绘的"奸诈、煽动性领地"的领域，行为经济学差一点就颠覆了主流。[264]新古典经济学家约翰·科克伦提出，行为经济学出现 30 年以后，产生了很多新现象，但是可验证的预测很少（相比解释），很多更加具体的方案听起来像是从市场营销人员那儿听来的东西。[265]例如，助推人们做出决定这一观点几乎算不上具有革命意义；它是广告、营销和政府宣传的基础——英国的"助推小分队"可完全比不上 2016 年总统大选期间俄国对 1.26 亿美国脸书用户的影响，就此事而言，也可以说是脸书自己控制其用户的能力。[266] 正如尤金·法马在 2016 年的辩论中跟泰勒所说的，“我还是认为没有成熟的可验证的资产定价行为模型”可以与有效市场假说抗衡。[267]

问题之一在于行为经济学这一领域呈现的是对个体影响分门别类的一套系统，而非一种始终如一的模型。维基百科上的“认知偏差清单”提供了 180 多种类型，包括“谷歌效应”，定义就是“容易忘记可以利用网络搜索引擎随时能找到的信息”（我敢肯定，其实也存在维基百科效应）的，但是可能他们漏了这个。[268]“理性”这个观点也有些难以确定，因为对一个人而言是理性的东西可能对另一个人而言并不理性。例如，泰勒说起了律师和经济学家理查德·波斯纳是如何反驳这种看法的，他提出，有些东西看似是“认知扭曲”，但实际上可能是进化生物学的产物。如果有什么东西增加了我们生存的概率——或者我们的自私的基因的生存概率，那么它就是理性的，哪怕它看似是不理性的。甚至是在金融泡沫期间的投资人的狂热行为，似乎也可以被重构为理性的，只要你想尽办法努力重构。[269]

另外一个问题在于，哪怕人们已经接受某些行为是不理性的，主流经济学家还是倾向于把这些划定为不理性的特例作为个案来处理（就像法马所说的，“趣闻和证据是有区别的，对吧？”）。阿克洛夫和席勒提出，行为经济学家的自我倾向进一步强化了这种态度，因为对背离理性的行为，他们往往喜欢“从每个案例的角度来考察——如同讨论罕见的特例。行为经济学并没有刻意传递这类信息，但是他们在日常宣讲过程中已经不知不觉地流露出了这一点”。[270]（但对“这样的方法明显让该领域更迎合主流”这一事实只字未提。）

不过我要说，行为经济学的问题不在于它对常规理论没有什么补充，而在于它走得不够远。我曾在《经济和你想的不一样》一书中指出，经济学家很擅长在自己的模型中加入“本轮”来进行调整，好达到某种效果，而经济行为学中对类似“有限理性”等观点的强调表明，与其说它对主流经济学是一种威胁，倒不如说是相对的微调，往往用来当作理性经济人的遮羞布。它并没有真的质疑经济是由原子化的个体构成的这一前提，也没有质疑帕累托最优的目标，而只是建议，通往均衡的道路可能因为我们的认知偏差变得更加复杂。它只是在一定程度上挑战了主流经济学的基本宗旨，这为它赢得了主流的支持和在很多社会科学领域的重大影响，但同时也限制了其影响。而它认可非理性行为——对大多数非经济学家而言没什么好惊讶的——可谓是“奸诈、煽动性的领地”的学术版，这一事实更加揭示出经济学主流根深蒂固的态度（即行为经济学家称之为“损失规避”和“有效性错觉”），也可以说是其夸张地展示自我包容的意愿。

在维多利亚时期用机械系统来模拟经济可能说得通，但今天则不然，倘若这种方法的奠基人还在世，他们可能就会揣测，为什么现代经济学家不再从物理学较新的领域中汲取灵感。量子认知和量子社会科学的新领域正在揭开新的篇章，按照新的思路，问题的关键不在于人类的逻辑行为，而在于是什么逻辑：经典逻辑还是量子逻辑。

## 量子逻辑

前文说过，量子物理奇怪到超出了人类的理解，这几乎是老生常谈了。货币常常像一个无解之谜，用常规的逻辑很难理解。但是可能问题不在于这些现实，而在于经典逻辑；可能量子物理与人类本质的关系要比我们以为的更深刻。因为有大量证据表明，我们人类跟粒子一样，使用的是另一种基于量子原理的逻辑。

前文讨论过，经典逻辑和量子逻辑之间的根本差别在于前者只允许亚里士多德学派的二元对立之分，而量子逻辑把一个系统看作多状态的叠加，只有在测量时才会固定为一个单一的答案。测量过程因此是一个积极的过程，可能影响结果。例如，经典逻辑的一个基本特性就是测量应当是可交换的，意味着测量的顺序对于答案没有影响。如果我们先测量一个盒子的宽度，然后测量其高度，我们得到的结果和我们反过来测量是一样的。但用量子逻辑，就不再是这种情况了，因为第一次测量改变了系统的状态。

同时，在经典逻辑中，说到理性经济人的固定偏好是可以理解的，但在量子逻辑中这一概念就没有意义了，偏好是用一个随时间变化的概率函数来表示的，对于测量和背景都很敏感。我们通常喜欢在吃饭时喝一点儿红酒，但这并不是一个硬性规定，它是会随着时间改变的，我们可能会根据具体的情况——类似来自同伴或者服务员的一种隐秘的助推，而选择喝白葡萄酒还是红葡萄酒。

就像薛定谔的猫一样，我们因此可以同时处于不止一种状态，至少是直到我们需要做出决定时状态才能确定。可能存在的概念在行为经济学中也得到了认可，就像卡拉·霍夫（Karla Hoff）和约瑟夫·斯蒂格利茨在一篇论文中所写的："我们可以想象，人们生来体内就住着各种演员。想象一个个体——弗雷德，假设他内心住着两个潜在的演员 A 和 B。A 是一个非常诚实的人，而 B 是一个不那么诚实的人。现代行为经济学的一种观点就是可以通过给弗雷德暗示，让他表现得更加诚实或者不那么诚实。我们假设，弗雷德将成为 A 或 B，在任何时候，弗雷德成为 A 要比成为 B 更容易。但是现在弗雷德在一家国际银行工作一段时间之后，其间银行对欺骗客户的行为管理松懈，那么引诱弗雷德举止不轨的刺激就会放大，这就改变了弗雷德这个人。一般而言，在融入一个新的环境一段时间后，一个个体就会变得更加像 B 而不像 A。”[271]

当然，我们人类其实并不仅限于若干“演员”或者偏好设定；而且，更普遍地说，就像阿莫斯·特沃斯基和伊塔马尔·西蒙森在 1993 年的一篇论文中所写的，“越来越多的证据开始支持另外一种观点，即在诱导过程中，偏好不仅是得以反映的，而且是在逐步建构的。这种建构视具体的问题架构、诱导的方法以及选择的背景而定”。[272] 我们因此表现得很像是量子系统中的参与者。当玻尔的同事写道“观察不仅打扰了被测量的东西，它还产生了这样东西”时，他听起来很像是一个物理学界的心理学家。[273]

## 顺序效应

实际上，早在 1978 年，当时行为经济学甚至还算不上一个领域，就有人注意到了其与量子物理的对应关系。在当年的一篇论文中，巴基斯坦物理学家阿斯加尔·卡迪尔提出量子形式论很适合处理以下情况，“消费者行为取决于无数因素，但是在我们提出这件事情之前，消费者对自身的任何偏好浑然不觉”。[274] 把人看作机械的粒子，同时受到效用和负效用两种力的推拉，反倒不如把人看作量子实体，用社会版本的概率波动函数来描述其状态，波动函数坍塌就代表做出了决定。

卡迪尔并没有进一步阐述自己的想法，或者延伸到货币的话题上，他的论文也无人问津。（在我写作本书时，该论文在谷歌学术搜索上仅有两次引用。相比之下，卡尼曼和特沃斯基的开创性论文《预期理论：风险条件下的决策分析》于 1979 年发表，总共有 47 191 次引用。）但是，到了 20 世纪 90 年代，这个想法又在所谓的量子认知领域单独冒了出来，而且近些年来，心理学家和其他量子方法领域的学者对这个观点的兴趣越发浓厚，它不仅可以解释我们与完全理性的各种背离，而且还能大体解释思维过程的本质。认知科学家杰尔姆·布森耶（Jerome Busemeyer）和皮特·布鲁扎（Peter Bruza）认为，“不确定状态的波动本质捕捉的是冲突、歧义、误解以及对不确定性的心理体验；确定状态捕捉的是冲突解决、决策和对确定性的心理体验”。[275] 虽然很多问题都会有直截了当的答案，但也有一些会引发更加复杂的反响，需要在当时构建，所以取决于具体的背景。而且正如粒子的行为会受测量的影响，我们自己的行为也会因为正在被提问而受影响。

例如，想想行为心理学的主要成果之一，也是卡迪尔在自己的论文中曾经提及的顺序效应。卡迪尔写道，一名消费者的选择“取决于诸多因素，其中就包含顺序，可以从顺序中看出他对于各种商品的要求”。同样，民意调查专家和调查编写者一直都很清楚他们所得到的答案取决于问题的措辞，也取决于提问的顺序。对于第一个问题的回复改变了第二个问题的背景，背景包括应答者自己的心理状态。心理学家哈拉尔德·阿特曼斯帕克（Harald Atmanspacher）和哈特曼·罗曼尔（Hartmann Römer）介绍，这种现象十分普遍，以至于在心理学中“不可互换应该是普遍原则”。[276] 因此，这种情况就类似于在量子物理中所遇到的情况，测量一个粒子的位置影响了它的动量，反之亦然。

在 2014 年的一篇论文中，研究人员分析了 70 份美国的调查结果，发现答案的变化表现出一种潜在的对称。[277] 他们所用的一个例子就是 1997 年的一项盖洛普调查，按顺序提问，让被调查者表示他们认为克林顿和戈尔是否可信。如果先提到克林顿，表示他们两人均可信的人数比例是 49%，但如果先说戈尔，则该比例增加到 56%，差了 7%。反过来，如果先提到克林顿，认为他们两个人都不可信的人数比例是 28%，而如果先说戈尔，这个比例则下降到 21%，还是 7% 的差别。所以都可信中的增加比例和都不可信中的降低比例相互平衡。从经典角度考虑结果没有任何意义，但是如果用量子理论的话，结果跟预想的一模一样。在本质上，第一个问题充当了一个测量事件，改变了第二个问题的背景。量子模型预测这种是—是与否—否的对称始终存在，因为它是这个模型的结构特征（见附录）。

该研究的第一作者是来自俄亥俄州立大学的王筝（Zheng Wang，音译）。在文章中，王筝写道：“任何时候出现与经典理论不符的事情时，我们往往把它标榜为‘非理性’，但是从量子认知的角度来看，有些发现不再是非理性的，而是符合量子理论的——且符合人们真实的表现。”[278] 或者，就像《经济学人》所报道的，“现在很清楚的一点是，当我们在面对一项调查时做出某种判断不仅调动了自己的记忆，还取决于我们当时的认知状态（可能是非常不确定的）以及调查开展的背景（可能受到提问的顺序的影响，当然也有别的因素）。换言之，也就是对这些令人惊异的现象的认知，正是这些最早促使物理学家在一个多世纪以前发展出了量子理论”。[279]

## 要再玩儿一次吗

虽然顺序效应很好地阐释了量子方法，但它只是揭示了背景的影响，其实也可以用别的专门的模型进行处理。要更加清楚地阐释量子认知，就涉及在不确定的情况下做决定时发生的干涉，这种干涉效应的例子之一就是 1992 年一个著名的实验，心理学家让调查主体玩一个游戏，他们在游戏中赢 200 美元和输 100 美元的概率相同。[280]玩了一次之后，又给了他们一次玩游戏的机会，如果告诉他们第一次玩的时候他们赢了，那么他们决定要用自己赢的钱下赌注的概率是 69%，可能因为他们认为自己今天手气不错，或者是在用免费的钱玩儿。如果他们知道自己输了，那么要再玩一次的概率就是 59%。但是如果他们不知道结果，那么他们选择再玩一次的概率就是 36%。基于预期效用理论，该理论也是基于经典逻辑，第三种情况的答案就应该是前两次概率的平均值，也就是 64%——跟观察到的数字相差很大。

这种所谓的分离效应，适用于很多情况，比如当一个人试图在很多不确定结果（例如经济）的选项之中进行选择时。可以用行为心理学来解释，第一轮赢了或者输了为再玩一次提供了一个理由——手气好或者渴望赢回损失，而如果结果不是已知的，那么就没有这样的理由了。但是一个更简洁的解决方案就是把这种反应看作一个量子过程。决定再玩一次又跟第一次游戏的结果相互纠缠；而当第一次游戏的结果未知，积极理由（手气好）和消极理由（渴望赢回损失）之间的不确定性提供了一种心理上的干涉图形，影响了决策的过程，很像第一章结尾讨论的水果或蔬菜的冲突。[281] 就像一篇论文中所写的，这种情况“类似于两种波相遇产生的干涉波，一种增加，而另一种降低，所以它们就相互抵消了”。[282]

再举一个例子（这样的例子有很多），行为心理学另一项关键的成果就是偏好反转现象。想想下面这两个游戏，选自特沃斯基和泰勒在 1990 年写的一篇论文，每个游戏都提供了一次获得一笔奖金的机会。[283] A 游戏赢 4 美元的概率是 8/9，而 B 游戏赢 40 美元的概率是 1/9，哪一个更好呢？

A 游戏的预期回报是 3.56 美元（4 美元乘以 8/9），而 B 游戏的预期回报是 4.44 美元（40 美元乘以 1/9）。所以根据预期效用理论，B 游戏的价值更高。但是在实验中，两种游戏的排名其实取决于当时的情况。如果这个人是在自己玩游戏，那么愿意玩 A 游戏的人有 71%，回报可能更低，但是风险也更低，大多数人都厌恶不确定性。另外，如果他们的工作是为其他人比较两个游戏的价值，他们突然就开始施展自己的会计能力，有 67% 的人能够准确说出 B 游戏其实价值更高。

物理学家维亚切斯拉夫·尤卡洛夫（Vyacheslav Yukalov）和迪迪埃·索尔内特（Didier Sornette）把量子决策理论应用到了这样的难题上，并发现通过把效用函数和另外一个描述潜意识偏好，例如风险厌恶的“吸引力”函数互补，再加上两者与不确定的种种结果的量子干涉，是可以解释这个结果的。那么结果就取决于具体的背景，即是玩游戏还是比较价格。正如两位作者所写的，“正是干涉这个说辞的出现才让量子表达的结构要比相关的经典结构更加丰富，也正因如此，我们才能够解释那些经典的决策理论无法解释的心理学现象”。[284]

这种偏好反转在“戒烟”这个博弈中也有所体现。想要戒烟的人，会更看重将来不再抽烟的效用，而非将来还继续抽烟的效用（这也是为什么他们想要戒烟）。但是，如果让他们给“现在就马上戒烟”的效用排名，他们往往更愿意反转偏好，抽出一支烟来，违背了经典逻辑和医生对他们的叮嘱。抽烟者现在可以把自己的无能归罪于量子干涉。（实际上，作家乔纳森·弗兰岑已经这么做了，他在一篇文章中写到了年轻时的自己：“我的思维状态就像是量子波动函数，我可以彻底成为一个烟民，也可以彻底不抽烟，只要我从来不衡量我自己。”[285]）同样的“规划悖论”，有时候是这么叫的，也拓展到了社会对待防止气候变化的态度上；或者对于类似贷款这样的东西的态度，就贷款而言，决定违约让人轻松一时，但代价就是未来不一定要承担什么样的后果。下文会讨论这个问题。

## 囚徒的纠缠

如果我们能注意到新古典经济学的很多发现都是基于固定的偏好、独立的行为人、预期效用和博弈论时，这种认知影响与经济学原则的关联就更为明显。举个例子，不妨想想博弈论中最有名的问题之一：囚徒困境。这个博弈最早是兰德公司在20世纪50年代发明的，这种方法揭示出为何理性人可能会选择不配合，哪怕是在如果配合的话结果对自己会更好的情况下。博弈涉及了一个犯罪团伙中的两名假想成员，他们因为犯罪被捕，分别关在不同的牢房。检察官可以为每一名囚犯减一年刑；如果其中一名囚犯指证另一人有罪，将判处获罪者三年有期徒刑。因此，他给了每个囚犯两种选择：指证另一个人有罪，或保持沉默。检察官告诉罪犯，对他们的处罚如下：

如果两名囚犯都保持沉默，他们两人都获刑一年。

如果他们两人出卖了彼此，两人都获刑两年。

如果只有一人出卖了另一人，他获释，另一个人获刑三年。

那么理性经济人会做何反应呢？根据标准理论，他会让自己的预期效用最大化，或者让自己的预期负效用最小化，就本例而言预期负效用就是获刑。如果他选择出卖另一个人，那么他面临的处罚是要么获释，要么被判刑两年。如果他认为任一结果的概率是同等的，那么他的期待效用就是两者的平均，也就是1。而如果他选择不出卖同伙，那么他的刑罚要么是一年要么是三年，平均的效用就是2。因此他会选择出卖。

很明显，这是一个很有水平的博弈，因为在现实生活中，囚犯可能会问自己，告密者被释放以后要面临什么呢（虽然正是这种抽象理论导致了“先发制人”原则，以及后来的在“冷战”这场著名的博弈中的“相互确保摧毁”原则，不过博弈结束之后发生的事情似乎就无关紧要了）。但结果是它在实验背景下也是行不通的，当博弈对象实际上是在心理学实验室中进行这个博弈时，人们只有一半时间是配合的——说明他们要么不懂逻辑，要么就是在按照量子原理进行。[286]

在经典版本的囚徒困境博弈中，每一个参与者的策略可以用一个单独的字节来表示——例如，0 代表配合，1 代表背叛。在量子版本中，用量子比特代表参与者，彼此可以纠缠到一定程度。这意味着它并没有一个单独的固定策略，更确切地说——就像是一个自旋向上或者自旋向下的光子——每一个参与者都有一个战略的叠加，某种实际状态只是被某个测量事件选择了而已。进一步说，因为状态是纠缠的，意味着它们的决定是相关联的，跟纠缠的光子一样，重点不在于两个参与者可以相互沟通，而是他们是同一系统的组成部分。

在经典框架中，因为博弈定义的方式，这样的纠缠将是不可能的。但是量子版本实际上赋予了这一博弈另一重维度，代表了纠缠的程度。参与者有一半情况选择背叛（作为一个单独的博弈玩，没有接续博弈）而非总是选择背叛这一事实暗示了一种相当高的纠缠度。这没什么好吃惊的，因为大多数实验对象（而且很可能是硬派罪犯）是被类似共同的文化和语言等绑定在一起，某种版本的道德框架，以及普遍的同感和与他人的关联——这种心理活动植根于大脑的右侧前额脑区底部。伊恩·麦克吉尔克里斯提出了一个例外，就是“完全没有同理心的人，类似反社会者，他大脑中的这部分是有问题的”。[287] 如果说经典博弈论是面向反社会者的，量子博弈论就是面向正常人的。

这种纠缠的现象在另一个经典的实验——最后通牒博弈中体现得更加明显。按照博弈规则，向两个实验对象提供一笔奖金，比如 10 美元，但是也给他们一个最后通牒：必须有一个人决定如何分摊这笔钱，另外一个人决定要不要接受这个提议。如果提议被拒绝，所有的钱都要退回来，这样他们两人都输了。经典理论会表示，任何的提议都会被接受，因为无论出价有多低，总好过什么也没有。世界上很多国家都做了这个博弈，而结果是一致的，人们会拒绝数额过低的分配提议，只是为了阻止提议者违背公平原则，获得更多的利润。可接受的数额各不相同，但是多数提议是接近五美元的，典型的可以接受的最低价格是两三美元。就像在第一章中所描述的拍卖一样，存在某个特定的最小值——善意的量子，否则就无法成交。

实验进行时，神经科学家会对实验对象的大脑进行扫描，测试结果表明，当有人接到一个数额很低的报价提议时，比如 2 美元，他大脑中负责推理的那部分就会亮，但是两侧前脑岛也会亮，这部分是跟愤怒和厌恶相关的——他愿意付出代价来表达的情感。同样，可以说这代表了理性行为的某种反直觉的版本，或者是我们的自私的基因的一种聪明的计策，可能因为他认为这在博弈之后产生的概率很小。但是如果是用量子逻辑而非经典逻辑重新进行这个博弈，两个参与者之间任何程度的纠缠都意味着报价人无法再通过给另一个人分零元来“让自己的效用最大化”。[288]人们感觉要公平地进行博弈，实际上这种感觉不仅是人类所独有的，也是动物所共有的：在测试中，狗或者狼会因为完成任务而得到奖励，“如果一个动物在完成一个任务时获得了更多的回报，另一个就彻底罢工了”。[289]

## 违约选择权

为了让这种纠缠“真正”量子化，我们需要展示，人们或者动物，是处于量子态的，大致可以这样定义（不过还是要注意这种解读还有待深入探讨）。[290] 亚历山大·文特在 2015 年的著作《量子思维和社会科学》中提出我们确实就是他所谓的“行走的波函数”，所以“一个正常的人类思维是一种叠加而非确定的状态”。[291] 进一步说，“由于我们一出生就在社会结构中纠缠，人类思维并不是完全可分离的”。[292] 我们后面会继续讨论这些，但是从经济学的角度来说，主要的测试是量子决策模型是不是要比经典决策模型更加现实、更加有用——而且就像前文所看到的，有很多实证表明事实正是如此。

要阐释这些认知效应如何跟某种经济背景下的货币和价值的量子理论融合，假设有一个人从一个典当商人那儿贷款，用一个贵重物品，比如说结婚戒指来做抵押，但是后面迫于金融压力，不得不决定是要接着偿还下一期分期贷款还是干脆违约不还款了。我们可以把借方看作处于一种叠加的量子态，他同时在考虑两种选择，就像图 5 所示（注意我又用了第一章中的光子偏振图，只不过重新标记了坐标轴，描绘出它们的量子关联）。这种状态坍塌到对应的坐标轴就代表了一个决定，这里违约的概率就是水平轴上投影的平方（即特征值 0.35 的平方），也就是约 0.12（12%）。

这比简单的光子版本更复杂的地方在于在特定时间内的违约可能性，用灰线的角度来表示，会受到外部事件，例如失业等的影响，但是也会涉及复杂的行为因素，彼此共振干涉，就像在恶潮汹涌的海上起伏的波浪一样。借方对抵押物的价值的预估很容易受背景的影响，他履行合约的欲望跟信任问题有关，就像量子博弈论中面对的那种，包括对贷方和他自己的信任。人们经常选择抵押感情价值完全对等的物品，因为他们不相信自己会偿还，所以他们想提高赌注。[293] 另一个因素是计划悖论，这次说的是不还钱而不是不抽烟：借方一开始有偿还贷款的意图（戒烟），但迫于压力改变了主意，最终决定出售抵押品并接受未来可能要承担的后果，换来的是不还钱（抽烟）。

就本次贷款而言，典当商人这一形象的状态跟债务人的状态是相反的，因为违约意味着借方省下了要偿还的钱，而贷方则损失这笔钱。当然贷方需要花一段时间才能真正了解违约情况，并且在情况得到解决之前可能会涉及谈判或法律程序（在机械层面上，对光子进行测量、彼此沟通也需要时间，在此期间其他因素也有可能发挥作用），但这并没有改变在借方决定违约的时刻，贷款的状态（相对于其正式的法律地位）已经改变这一事实。

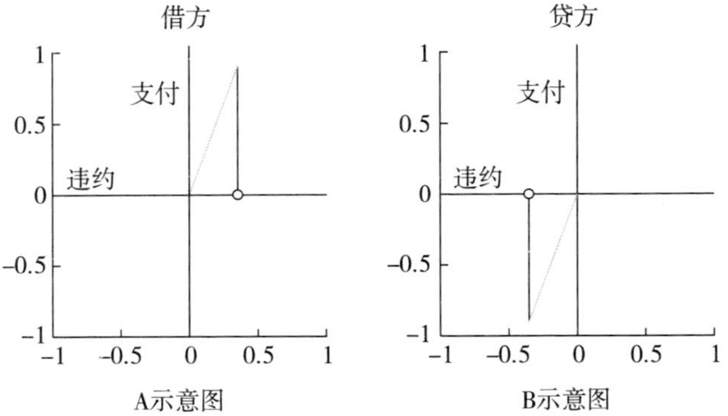


图5　从借方的视角来看贷款的状态（A 示意图）和从贷方的视角来看贷款的状态（B 示意图）。当状态向量（灰线）坍塌到某一条坐标轴时，代表了偿还或者违约（本例中是违约）。这一决定影响了贷款协议的状态，我们视之为一个单独的系统。贷方的状态跟借方的状态是相反的，因为如果借方决定违约，贷方就不会收到还款。

一个贷款协议如此复杂，正是量子经济现象的范例，涉及纠缠、不确定性和重叠的认知效应，正如我们看到的那样，这些用经典理论是无法解释的。[294] 就像在经济学中经常见到的，这些影响归根结底还是源于货币的真实 / 虚拟双重特性，以及数字价格与主观价值，可量化的与不可量化的，抽象的债务与违约的具体后果之间的矛盾。

这个过程的模型虽然明显要比上文考虑的简化过的模型更难根据数据标定，但可以嵌入，例如，基于行为人的量子版本的模型中，每个个体用一个量子实体来代表。就像前文中所讨论的自旋玻璃模型的更通用的版本一样，这会导致对集体的群聚信仰向共同的规范和价值看齐，以及经济状态和行为人个体状态之间的反馈。计算机科学家已经开发出这种基于行为人的量子化模型的原型版本，而据我所知，他们在经济学领域还没有尝试过，不难想象如何用它来有针对性地探索，例如，社会规范和心理因素在大规模抵押贷款违约中的作用，就像在 2007—2008 年金融危机期间所发生的那种。[295]

不过，从数学建模角度出发，可能比具体的方法更加重要的是，量子方法首先注意到了贷款。就像系统思想家约翰・斯特曼（John Sterman）所写的："一个模型最重要的假设不在方程式中，而在方程式之外；不在记录中，而在记录之外；不在电脑屏幕上的各种变量中，而在变量周围的空白区域中。"[296] 就像下一章将讨论的，主流模型一直都把大规模违约这样的事情排除在外，因为在它看来，贷款就像其他金融交易一样，是一种旗鼓相当、相互持平的交换。所以，模型不仅会影响我们如何看待现实，也会影响我们何以不这样看待现实。

还有一个例子，是关于这些各种相互冲突的力量在经济危机期间，如何在国家层面扮演各自的角色，也就是在写作本书期间的委内瑞拉债券，有时也被称为“饥饿债券”，因为政府只能通过限制食品和药品等重要物品的进口来偿还其债权人。因此选择偿还还是违约就涉及人们生活中可以衡量的交易。与此同时，在大街上甚至能看到绝望的人在抵押老照片——“有时，东西没有任何价值。”一个典当商人这样告诉记者——就是为了偿还债务或者买些吃的。[297]

## 为何是量子

总之，似乎行为经济学家研究（或者未研究）的很多认知现象，以及在经济中发挥了关键角色的现象，用量子形式可以很容易解释。亚历山大·文特写道：“认知科学今天的情况似乎有点儿像 20 世纪初的物理学。在这两个领域中，经典理论的严格测试产生了一系列的反常现象，试图用新的经典模型来解释它们的努力最终都只是临时的、片面的，于是可以高度准确预测所有这一切的量子物理出现了。”[298] 那么理性经济人会被其量子版本取代吗?

对量子认知有一种批判似乎有些冒天下之大不韪——但我们还是要勇敢面对，那就是，跟社会科学中的大多数发现一样，它并不是真的在进行可验证的预测，它实际上是在解释已知的东西。这是一个重要的区别。例如，物理界中的弦理论的支持者有时会声称它“预测了重力”——仿佛在弦理论预测重力到来之前从来没有人注意到重力一样，但是实际上这个理论只不过是提供了一种对重力的可能的解释而已。约翰·科克伦对行为经济学的批评就是，它提供了很多解释，但是重要的预测很少。

基于量子认知的数学模型显然在匹配实验数据方面要比经典模型更好，但只是因为它还有其他的选择，例如，纠缠的程度。而预测是对于一种科学理论的传统测试，但是这些在社会科学中是很难恰当予以验证的，众所周知，类似调查结果这样的数据异常多变、嘈杂。[299]但似乎确实（与弦理论不同，其中有无数的参数）量子认知的其他特征非常适合眼前的问题，从它自然地结合了类似干涉和顺序依赖性等效应中就可以看出。相对于行为心理学中使用的模型，对比研究表明量子模型实际上在参数方面非常稳健和简约，它可以提供始终如一的方法而不是对不同效应进行分门别类的处理，这是显著的优势。[300]因此，量子模型的结构特性似乎与我们的认知过程的结构相匹配，认知过程本身就是一种预测，因为它可以在实际生活中进行验证。[301]

对认知科学的一般批评是，它的实验通常涉及在严格控制的条件下遵照明确的规则进行测试或博弈。而现实世界并非如此——相反，我们经常是在几乎不确定结果的情况下做出决策。此外，由于个人的许多决策都受到包括雇主、广告商、国家等在内的社会影响，因此强调个人决策似乎并不合适。因此，这似乎从理论上声称我们在实验室环境下遵循量子逻辑没有什么实际用途。然而，虽然这些因素确实在整体上限制了其在经济建模方面的用途，但它们的确验证了量子方法，它假定未来是不确定的，而非预见未来，假定纠缠而非独立，假定的是背景在塑造我们的认识和决定中的重要性。例如，营销人员和广告商的工作就是扭转我们的思维框架，使我们在购买交易中更有可能做出积极的决定。

另外一点在于，正如行为经济学只是对主流经济学的结果进行微调，所以似乎大多数量子认知的怪象最终都会水落石出。美国芝加哥大学法学院的威廉姆·哈伯德（William Hubbard）写道："在物理界，对应原理让我们知道牛顿力学在根本上就是错的，但在大多数时候，而非任何时候，它非常接近人类社会的规模。行为经济学中的类比就是，新古典经济学在根本上就是错的，但在大多数时候，而非任何时候，它非常接近人类社会的规模。"[302] 根据格里高利·曼昆的教科书，虽然"一个争议激烈的问题是，背离理性对于理解经济现象是不是很重要"，即使这一理性假设是不完全真实的，"也仍然足够接近真实，来建立合理准确的行为模型"。[303] 或者，正如科克伦所言："人们会做很多傻事，但是当你抬高西红柿的价格时，他们就会少买一些西红柿，就好像效用最大化者走进了杂货铺一样。"[304] 但是在一个领域，这种最终归于平衡的原则失灵了，那就是货币，因为正如我们前文所看到的，货币有它自己的量子特性。

虽然讨论理性经济人及其在经济中的角色，不可避免会陷入什么是理性的、什么是不理性的、什么是遗传的等问题中，但有一件事情是很容易评估的，那就是这个领域对于货币这个话题的忽视。同样地，对大多数非经济学家而言，货币这个话题很可能是非常显眼的，但是如果你意识到经济学在传统意义上是从理性经济人这种有利视角来处理这一问题时就很能说得通了——要维持这种表象，唯一的方式就是忽视货币。货币是人类发明中情绪最不稳定的，它与经济是一种自稳的、理性的、机械的体系这一概念不符。在行为心理学这种枯燥的学术研究中不太可能出现的事情就是货币对于人类思维的极大影响，就像货币把抽象数字和具体的所有权两种相互矛盾的影响合二为一一样。斯坦福大学的神经科学家布莱恩·克努森（Brian Knutson）在他的人类行为对照试验中观察到："货币对人的作用无与伦比，裸体和死尸都没有类似的效果。货币让人发狂。食物对狗产生刺激，货币对人产生刺激。"[305] 似乎我们真的非常喜欢自己可以保留的这些数额。

当经济学家被迫要在理性经济人的精确和货币的变化莫测之间做选择时，他们会选择前者（至少是在其模型中）。这在一定程度上说明了为什么货币创造这个基本问题会变成一个禁忌话题；为什么类似贷款违约这样的金融问题不会影响宏观经济模型；以及为什么就像阿克洛夫和席勒所写的，人们对货币的担忧"是很多家庭理财方面的书籍关注的问题，但经济学教科书却从来对此闭口不提"。[306] 实际上，货币是如此隐蔽，以至于讲量子认知的书都很少提及货币，除非是说到它在博弈中相当于一种奖励。[307] 行为经济学（或它的量子表亲）对主流经济学影响甚微，原因就在于其主要作用渠道——货币——被从模型中移除了。相反，正是对于货币的量子特性的强调，有望从量子社会科学的不同分支中形成新经济学的基础。

最后，怀疑论者可能会指出，人类为何应该使用量子逻辑。毕竟，我们不是电子，量子认知的大多数支持者往往避而不谈"思维实际上就像亚原子物质，是基于量子过程"的这种说法，而更愿意将量子概率视为经典概率最简单的扩展（我们又回到亚历山大·文特提出的"自然到底是不是量子"这个问题，见第九章）。可能最好的答案就是，跟量子金融（到目前为止主要是用来复制计量金融的发现，略有不同）一样，量子认知是很重要的，因为它改变了我们思考经济的方式。在一种有效的经济中，并非理性经济人在优化其效用性，而是量子经济人跟其他量子经济人一起参与到“集体舞”中。我们也许无法描述量子过程和认知在大脑中的机械联结，但是也没有一种机械联结表明我们是机械化地表现——而且有很多实证表明我们并不是这样表现的。而如果理性经济人影响了我们的行为，量子经济人可能也因为提供了一种更加人性化的榜样效仿模型而有同样的功效。社会科学和物理科学之间的差异之一就在于社会科学的预测影响了结果，可以变成自验预言——意味着，就像最后一章中所预测的，量子经济学可以改变经济。

行为经济学，因为有“有限的理性”，是理性经济人的一种扰动，是当条件或者表象需要时，可以添加的“本轮”；但是量子认知，因为其不确定性和纠缠，对经济模型中最基本的概念提出了质疑。尤其是，它让我们注意到了我们与最强有力、最持久的助推——货币之间的关系。

## 创造性飞跃

在前文我们看到，货币发挥了测量装置和纠缠装置两种作用。购买交易是让任一交易方的内在、模糊的价值概念坍塌至一个单独的数；借方和贷方之间的贷款协议就像一套纠缠系统，借方是还款还是违约这两种状态的叠加，一个决定马上就会影响贷款对双方而言意味着什么。心理学家使用的很多实验都涉及货币这种奖励或者赌注，这不是偶然，完全是因为它可以有效地激发一个决定，对比不同效果。货币体系，由于其真实和虚拟的二元特性，犹如一台巨大的量子计算机，展示了一套完整的量子效应，类似纠缠、不确定、干涉等，没有一种符合对原子化行为的经典描述。因此，量子框架在理解货币如何影响我们的决定方面有很多优势，不仅关乎投资这样的事情，而且还涉及更广泛的经济问题，类似金融稳定性、贫富差距、气候变化及创新。

就金融稳定性而言，行为经济学已经提供了很多例子，类似从众行为和近期偏差，均倾向于突出金融泡沫的起起伏伏。而量子方法让经济学家也可以考虑其他形式的纠缠，例如，2010 年，一项针对金融危机所开展的研究使用了一个简单的、示意性的量子博弈论模型，最后总结说，这一危机的一个主要的推手就是交易人激进的效用最大化行为，也正是效仿理性经济人的行为，不幸的是，结果却是让经济变得不稳定，而不是更有效（参见本章延伸阅读）。对此的一种解读就是说交易人是通过货币，而非社会因素纠缠的。推荐的措施包括“提供一种价值基础，通过教育措施防止激进行为，通过公众监督以及改变可变薪酬相应条款的法律依据（例如，数百万美元的奖金），强化对经济环境中激进行为的抵制”。[308]

就贫富差距而言，一个基本点在于，在管理经济方面，帕累托最优这一新古典理念并不适用。在这里，我们看到了行为学方法和量子方法之间明显的区别。虽然阿克洛夫和席勒认为帕累托最优的目的跟他们的行为方法是一致的——他们的修正就是把类似均衡中的欺骗也包括在内，从量子视角看，经济学的目的不是找到一种想象的均衡状态——在不损害任何人的利益的情况下，这种均衡将维持不变。当人们彼此纠缠时，这根本就说不通。这一概念远非“将自由市场最优的概念提升为高科技成就”，更多的是歪曲了经济学家的观点和优先级。第九章我们会深入讨论这一点。

我们与地球的关系存在着另外一种量子纠缠——在这里货币发挥了一种确定的作用，以一种非常奇怪的方向扭转了我们的信仰系统的轴线。一直深得民心的艾伯特·戈尔在 2017 年向《卫报》直言：“我们的民主已经被黑客入侵了……我是说，那些能够获得大笔钱财和原生力量的人已经能够颠覆集体决策过程中所有的理由和事实。科赫兄弟是否认气候变化的最大资助者。埃克森美孚声称气候变化已经停止了，但事实并非如此。它向气候拒绝团体捐赠了 25 亿美元。很明显，他们试图削弱我们应对这种生存威胁的能力。”[309] 当然，新古典经济学家说自己“很重视气候科学”，但实际上，这两个领域并不融洽，我们会在第九章中进一步讨论。[310] 金融不稳定性、贫富差距以及环境破坏都不是经常所宣称的“市场失灵”，它们只是货币在表达自我。

最终，从强调静态均衡的新古典经济学的视角来看，一个持续的谜团，就是一种经济如何催生出新的思想和技术。其发展经常被看作对经济的外部冲击，好像它们不知道是从哪里冒出来的，就像是奇怪却影响卓著的天气。或者也可以把它们当作一种达尔文选择过程的机械结果来处理，所以新的想法很像是随机的基因突变，只有对生存有利的基因才会保留下来。主流经济学家因此认为创造力在根本上是外来物，或者是类似机器的，但还是间接地把创新归因为自己，将之描述为市场设计恰当的结果。相比之下，量子视角倾向于强调亚历山大·文特所描述的“个人抵制、战胜结构局限的创造力和自由”，就像一个跨越障碍的电子一样。[311]创造力对经济而言并非外来物，或者是某些盲目的机械过程的结果，没有它，经济就没有活力。创造性飞跃，也就是一个复杂的观点作为一个整体自发地出现在我们脑中，就好像它一直都在那儿，我们只是一直记着，这可能是人类大脑最接近一种量子现象的直接的内心体验。这让人想到一位作曲家，在1963年的一个早上醒来，脑海里回放着一首几乎完整的旋律，他认为自己一定是从别的地方抄来的，但他能想到的唯一的歌词就是重复的短语“炒鸡蛋”。这一部分需要进一步琢磨，这位作曲家（保罗·麦卡特尼）后来把这个词改为“昨日”。[312]

因此，量子认知对于我们看待经济和我们自己的方式有深远的影响。在凯特·拉沃斯2017年的著作《甜甜圈经济学》中，她呼吁经济学家在描绘人类行为时，用一种更为复杂的描述来替代理性经济人：“第一，人类是社会动物，是彼此互惠的，而不是只关注狭隘的自我利益。第二，我们的价值观在不断变化，我们的偏好并非一成不变。第三，我们是相互依存的，而不是彼此孤立的。第四，我们通常是估计，而不是计算。第五，我们并非自然的主宰，而是深深植根于生活的网络中。”[313]正如阿斯加尔·卡迪尔在1978年提出的那样，从数学的角度来勾画这幅图景，最自然、最合适的框架就是量子形式主义。

这并不是说量子经济学家应该推出他们自己的曼哈顿计划版本，并依据人类大脑的比例为全球经济建立一个巨大的量子模型，好与新古典主义的方法竞争。① 但如果经济学家对来自量子物理学的观点，例如不确定性、纠缠和干涉持更开放的态度——经济学家经常被指责为忌妒物理学，但实际上是忌妒维多利亚时期的物理学，我们就不会还是在齐声呼吁摒弃理性经济人的概念（或经济人的没落，就像托马什·塞德拉切克、罗曼·克鲁帕提和我曾经在一本书中所说的那样）。[314] 我们会在下一章中进一步讨论，研究经济特有的这些复杂的纠缠如何让经济行为越来越难以预测。

## 延伸阅读

### 企业人

虽然理性经济人是一个虚拟的角色——的确，什么样的人是完全理性的、客观的，只会为了让自己的效用性最大化而行动？所谓的企业（来自拉丁语 *corporatio*，意为“合而为一”）这一法律实体的行为设计初衷就是要更加接近理性经济人。企业有法律

① 虽然有些神经科学家和经济学家建议了类似的事情，哈佛大学经济学家戴维·莱布森（David Laibson）在 2016 年告诉《纽约客》：“自然科学通过研究逐步缩小的单元持续发展，物理学家一开始是研究星星的，后来他们转向物体、分子、原子、亚原子粒子等。我的感觉就是经济学将要遵循同样的路径，40 年前，主要是研究宏观现象，类似通货膨胀和失业，最近，越来越多地把重点放在了个人决策上。我认为现在应该超越个体，研究那些个人决策过程中输入的东西了。这就是我们在神经经济学中所做的事情。”Cassidy, J. (18 September 2006), ‘Mind Games: What neuroeconomics tells us about money and the brain’, *The New Yorker*.

地位，它的基本特征就是有限责任和利润最大化。有限责任意味着投资者不承担法人的债务或者义务，利润最大化意味着企业在法律上有义务为投资者赚取尽可能多的钱。

19 世纪初，当第一批企业成立时，有限责任的存在是为了激励人们投资有风险的事业。如果像英国东印度公司这样的企业在其殖民主义事业中失败，那么投资者将不负责向债权人偿还债务。在美国，第一批企业是特殊的公共事业，如保险或运河建设。企业地位特殊，寿命有限，通常为 20～50 年。随着企业的蓬勃发展，这一规定逐渐放宽，企业寿命也变为无限长。

1886 年，密歇根州最高法院裁定，企业有权享有“企业人格”的法律地位，这与“真人”的法律地位相似，其权利包括言论自由。（有意思的是，正是在这一年，西红柿获得了蔬菜的合法地位——参见第一章的延伸阅读。）1916 年，当亨利·福特试图优先考虑商业投资而不是股息时，他的股东起诉成功，法院裁定企业的主要目的是让股东的利润最大化。正如米尔顿·弗里德曼在 1962 年所写的那样：“几乎没有什么思想倾向比公司管理层负有社会责任而不是尽力替股东赚钱这种观念更能彻底地摧毁我们自由社会的基础了。”[315]

大型制药公司就是这种方法的缩影，根据新经济思想研究所 2017 年的一项研究，“将价格高昂的药品产生的利润分配给对本公司股票的大规模回购，其唯一目的就是对其股价进行操纵性推动。激励这些回购是基于股票的补偿，是为股票价格‘表现’而奖励高级管理人员，与其他行业不同，制药业聚焦的是科学的政治经济如何关乎生死”。[316] 换言之，企业人，其优先级是在生命之上的。

如今，企业中的许多“投资者”不仅是非常“理性”的而且是目标导向的，因为他们不是真人，他们是没有感情的计算机算法，主导金融证券中大多数交易。不幸的是，许多这样的算法同时运行的净效应似乎并不是全方位的理性，大多数人在不明白怎么回事时只是停工或转售他们持有的股份，这一事实即是明证，而定期困扰市场的闪电崩溃表明，这种情况似乎经常发生。

量子认知表明，思想和市场要比经典逻辑所能呈现得更加丰富。根据全球战略集团 2018 年的一项研究，81% 的美国人“认为公司应采取行动解决社会面临的重大问题”。[317] 这是不是意味着，量子企业把股东、员工、客户、社会、环境等纠缠的需求和欲望合为一体（或是合为一个社会波动函数）的时机已经成熟了呢？

# 第八章　纠缠云

“天气预报说，”奥利弗先生边说边翻报纸，找到了那一段，“风向多变，平均气温适中，间或有雨。”……天上的云时而稀薄，时而浑厚，游移不定，缺乏对称，毫无秩序。它们是遵循自己的法则，还是不遵循任何法则呢？

——弗吉尼亚·伍尔夫

（Virginia Woolf）

《幕间》（1941）

正统就意味着不去思考——无须思考。正统就是无意识。

——乔治·奥威尔

《1984》（1949）

长期以来主流经济学的教条之一就是人们是作为单独的原子在行动——彼此不互动、不交流、不勾结，也不彼此照应。今天，越来越多的人开始认可，人们其实并不是这样行事的——这也没什么好吃惊的，因为原子也不是这样的。确实，粒子彼此纠缠，测量其中一个马上就可以知道另一个的信息，哪怕另一个粒子是在宇宙的另一端。很明显，爱因斯坦的速度限制——没有任何东西，包括信息，可以比光速还快——也不再适用了。同样的效应也出现在经济中，人们被类似货币和合约这样的事情纠缠在一起。我们眼中的经济，也从一群惰性的原子变为一个复杂的系统，在这个系统中，哪怕观察者都是彼此纠缠的，这种改变对于我们如何塑造这个系统有深远的影响——并且说明了为什么它比天气还难以预测。

可能最基本的物理准则就是所谓的守恒原则，即有些可测量的数量在互动时是维持不变的。例证之一就是质量守恒，在《自然哲学的数学原理》一书中，牛顿认为，虽然一种物质可能变成另一种，但整个闭合系统中的质量总和是恒定的（爱因斯坦后来进一步发展了这一准则，证明能量是另一种形式的质量）。牛顿同时也表明动量（质量乘以速度）守恒是他的运动定律的结果。另外一个在某些实验中倾向于恒定的数量，就是莱布尼茨所谓的“活力”，后来更名为动能，例如一个小球滚下斜坡时的机械能。把一个小球重新放回高处需要另一种能量，称之为功。

还有一种更为神秘的能量形式就是存储在热量中的热能。根据 19 世纪初发展起来的热动能理论，这跟原子随意碰撞过程中的平均热动能有关。当加热时，原子快速移动，彼此碰撞，正因如此，原子在受热时会膨胀。在 1824 年的著作《关于火的动力》中，法国军事工程师萨迪·卡诺——有时也被誉为“热力学之父”——推导出了一个方程式，能够计算出蒸汽机可以有效地把多少热转变为功（对军队来说这是一个很重要的问题，因为军队非常依赖蒸汽机)。他发现，对一台没有浪费任何能量的完美机器而言，它的效率取决于输入（或者热源）和输出（或者散热）之间的温差，对一台蒸汽引擎而言，输入和输出分别对应火和外面的空气。

最后，1847 年，德国内科医生、物理学家赫尔曼·亥姆霍兹提出：力学、热、电、磁、光都是一种能量的不同方面，始终是守恒的。[318] 正是这一原则让马克斯·普朗克后来推断出能量是以量子的形式释放出来的。亥姆霍兹是受到了自己对人类肌肉把食物转变为功这一研究的启发。所以当新古典经济学家决定把自己的人类行为理论建立在当时的物理学基础之上时，在效用和能量形式之间画等号似乎再自然不过了。这种经济是一个巨大的热动力系统，可以把功转变为效用。

## 麦克斯韦妖

热力学中稍微有点儿令人费解的一点，同时也一直是备受争议的一点，就是热力学第二定律，认为熵总是在增加。熵是无序或随机性的量度。例如，你把一杯热咖啡留在房间里，一开始的时候，房间－咖啡这一系统很有秩序，因为热量集中在杯中，但是一段时间后，热量逐渐传导，咖啡的温度跟房间中其他地方的温度趋同。物理学的其他定律一般都是不可知的，无论你是向前还是向后推演运行这些定律，一样不可知，但是这一条定律似乎给时间设定了一个方向，因为它不会朝着另一个方向发展：咖啡不会通过吸收房间中的热量让自己的温度升高。

这一定律很让人费解，至少从还原主义者的视角看是这样的，因为它是一个统计的结果，只有对原子总和才适用，对单独的原子就不适用了。顺序的观点似乎有些主观了，因为它不像长度，是一个基本的数量。1867 年，詹姆斯·克拉克·麦克斯韦阐释了这种歧义，当时他提出了一个悖论，也就是后来的麦克斯韦妖。假设一个容器中有两个隔间，每一个隔间装着同样温度的同种气体，有一个假想的妖坐在两个容器交界的地方，当他看到左边隔间中一个快速移动的原子时，他打开一扇小窗户让原子通过，来到右边的隔间。反过来，右边隔间中缓慢移动的原子被选择性地放入左边来。一段时间后，左边（动作慢的那一组）的隔间就会变冷，而右边（动作快的那一组）的隔间就会变热。这样就可能从这种温差中吸收能量，这似乎违背了能量守恒。

1929 年，物理学家拉奥·西拉德给出了一个解释——四年之后他又进一步开始构想连锁核反应，妖实际上是通过控制信息做了某种功。1982 年，物理学家查尔斯·贝内特（Charles Bennett）解释得更加清楚，他指出：妖，就像所有的信息工作者一样，最终会用完自己的记忆存储空间，所以他将不得不删除记忆——这是一个消耗能量的过程（预计每比特至少 2.9 zJ）。因此妖仅仅是通过思考就比自己擦除记忆创造出了更多的熵。这一结果表明信息和热力学在某种程度上是基本关联的。

最近，两个领域之间的关联因为一个新的物理领域——量子热力学的引入而更为紧密。[319] 在经典热力学中，也就是经济学家所模仿的那种，把粒子看作惰性原子，只有通过彼此碰撞才能互动。而它的量子版本，则认为粒子是量子实体，在互动时彼此纠缠。例如，当两个电子“相撞”，它们的波动函数不是向不同方向倾斜，而是合并成了一个更大的波动函数，能够同时描绘两者。可以这样理解，将这种情况视为一种信息互换：电子是在存储对彼此的了解。

随着时间的推移，互动继续，粒子变得越发纠缠，整个系统中的信息累积，产生了一种均衡的效果。根据量子热力学，这才是熵总是随着时间增加的真正原因。物理学家桑杜·波佩斯库（Sandu Popescu）表示，咖啡杯会变冷，是因为它所包含的信息“泄露了”，通过纠缠的过程“散布在整个环境中”。[320] 虽然这种纠缠可以给系统带来均衡，但这并不是唯一的可能。生命系统的特征之一就是它已经找到了在内部降低熵的方法，而且——就像麦克斯韦妖一样——在混乱中创造秩序。同时，它们并不是作为一种稳定的均衡状态存在的，称之为远未达到均衡可能更合适。

量子纠缠在生物系统中的作用尚不明确，它涉及很多神秘的现象，包括光合作用、鸟类导航，甚至 DNA 的化学组成、适应性突变等。[321] 但是说到纠缠（至少是货币类的纠缠）在其中作用明显的生命系统，经济就是一例。

## 跳得太远

正如经典热力学认为物质是由无生命的惰性原子组成的，新古典经济学是基于这样的观点：经济是由自私的理性效用最大化者通过在市场中彼此碰撞进行互动组成的。当然，在个体之间存在不同程度的差异，但是一般认为，当考虑到大批人时，这些差异基本可以忽略不计，因此只关注平均数也能说得通。例如，宏观经济学模型一般通过一个或若干个代表性消费者和生产者来为国家或行业建模，类似温度或者熵这样的热力学概念只对原子集合才说得通，也是一样的道理。系统是线性的，所以我们可以只是简单地把全部人口看作整体，然后进行平均，这种假设让经济学家可以声称，他们的模型是建立在稳定的微观基础之上的。[322]

这种方法早期的一个例子来自英国经济学家大卫·李嘉图，他在 1817 年用这种方法来展示，对于一个国家而言，集中在本国相对其他国家存在比较优势的领域是行得通的。如果一个国家很擅长生产某一种产品，那么它应该集中发展这个方面，因为其他国家对过剩产品总会有需求，只要价格适当。李嘉图用一个很简单的例子来解释自己的理论：两个国家，交易两种产品——葡萄酒和布。他是这样展示的，两个国家如果只是集中生产它能以更低价格生产的产品（对英国而言是布，对葡萄牙而言是葡萄酒）上，其余从另一个国家进口，那么每一个国家都会受益，结果就是“享受总和”的净增。

虽然李嘉图的简化分析忽略了很多复杂因素——约瑟夫·熊彼特后来把“李嘉图缺陷派”定义为，只选择能够得到期待结果的假设，但它为经济学中的演绎逻辑设置了新的标准，而且启发了未来，从卡尔·马克思到保罗·萨缪尔森的思考者，萨缪尔森称之为社会科学中唯一的“既真实又不平凡”的主张。[323] 正如经济学家莱因哈德·舒马赫（Reinhard Schumacher）写的，它是世界贸易组织等机构长期推动的贸易自由化的“智力基石”，其对经济学家的影响也体现在民意调查始终显示“对行业之间的自由贸易压倒性的学术支持”这一事实中。[324] 但是正如前人指出的，它也存在问题。

其中一个问题就是李嘉图假定的是直接的物物交换，所以在国家之间没有劳动力或者资金的流动，“资本不在所有者的直接控制之下所产生的想象的或实际的不安全感、每个人不愿离开故土的自然倾向、将自己已有的习惯置身于异国政府和新法律之下的不情愿，这种种因素都阻碍资本的外流”。[325] 所以，任何贸易逆差都将通过调整本土价格予以扭转——如果英国喝了太多的葡萄牙生产的酒，那么黄金就会流入葡萄牙，根据货币的数量理论，将会抬升当地的物价，让产品的竞争力下降。换言之，李嘉图认为劳动力和资本是在内部移动的，所以工人和工厂可以很随意地从加工布料转变为生产葡萄酒。

实际上，就像大多数的宏观经济模型一样，该分析包含了另一重思维跳跃，或者花招，可以看作一种未成熟的波动函数坍塌。虽然货币不是作为一个积极的物质出现的，但它却是作为一个度量标准；该模型认为布料或者葡萄酒产业的价值可以随时坍塌成一定价值的黄金，然后可以到处搅动，找到自己的平衡。所以真正对比的是获得黄金的两种间接方式——要么是生产葡萄酒并用酒来换黄金，要么是生产布并用布来换黄金。虽然重组一家工厂，让它从以卖布为生转变为以卖酒为生在原理上听起来没问题，但是在现实生活中会遇到障碍，因为背景很重要。

确实，有很多实证表明在现实中事情并不是按照李嘉图所描绘的图景发展的，当美国工厂的工人看到他们的工作因为海外的竞争泡汤时，他们并没有接受再培训改行当金融科技咨询师，而是投票给唐纳德·特朗普。资本家非常乐意投资别的国家，尤其是当相比本国，他国的劳动力更便宜、限制更少时。贸易逆差并不是通过调整价格奇迹般地得以平衡，而是可以一直存在（英国就是一例）。而在行业实现专业化生产是类似加纳这样的贫穷国家或者不稳定国家的特色——在这里，能源、贵金属以及可可占出口的 81%——或者是委内瑞拉，仅石油一项就占总出口的 73%，而在德国或者日本这样富裕而且稳定的国家就不是这种情况。

实际上，结果表明，相对优势这个理论的方向反了。2014 年，出现了一篇名为《经济复杂性图册——绘制通向繁荣之路》的论文，文中数据源于 128 个国家实际的国际贸易数据，以里卡多·豪斯曼（Ricardo Hausma）为首的一群哈佛大学的数据科学家在论文中总结说，繁荣与专业化关系不大，反而与“个体的知识多样性和他们通过复杂的互动网络结合、利用这种知识的能力”[326] 关系更密切。尤其是，创新需要面对各种各样的想法，并非做经常所做之事。就像任何生命系统一样，重要的是结构处理能量和信息的能力。

不幸的是，传统的模型并没有完全体现这样的效果，因为它们面对的是总体，忽略复杂性，将经济看作一个均衡系统，并将经济错综复杂的结构压缩至统一的单一维度。这种方法的典型例子就是宏观经济学的主力——动态随机一般均衡，这个名字很容易让人误解，因为就像奥威尔式的新语表达，这些词的使用方式很特殊，跟对它正常的解读没什么关系。[327]“动态”仅仅指一个均衡模型在适应外部冲击过程中随时间不断变化——而非内在的变化。“随机”（意味着随意决定）指的是随机干扰，类似油价冲击或者技术发展，均视为外部影响；但是，这些通常被视为是各态历经的，意味着它们都是稳定分布，所以可以根据以前的经验估计，而且是线性的，小冲击的影响较小，而两倍大的冲击可以产生翻倍的影响。[328]“一般”这个词意味着模型应该包括所有市场，但是忽视了类似衍生品或者其他形式的金融纠缠等因素（下文会讨论例外情况）。[329]

这些模型假定供求关系促使价格达到一个均衡点。在这一点上，消费者让自己的效用最大化，公司让其盈利最大化，市场出清了。通常是用一个或者至少若干个代表来为消费者和公司建模的，类似高收入和低收入个体，就像可供消费的产品一样。的确会出现货币变动，但它们是被动的而非主动的，例如，某一中央货币权威机构为了应对通货膨胀设定了产出相关的利率，就可以用这个模型来帮助决策，比较某一种政策变化前后会出现的两种结果。整体的图景跟计量金融中使用的有效市场模型是一样的，也就是稳定均衡会被独立、随机的浮动所打扰。

这些模型显然比李嘉图的初稿更复杂，有些版本也考虑了一定程度的多样性、有限理性或其他机械“摩擦”。尽管如下文进一步讨论的，这些改进是以加入额外的参数和复杂性为代价的，并未对整体行为有太大改变。然而，从量子经济学的角度来看，这些模型需要的远非调整或一些新增的“本轮”，因为基本的假设就是大错特错的。尤其是，不可能对人进行累加或者平均，仿佛他们是独立的惰性原子，因为人是与自我（即他们自己的想法、习惯和感情）纠缠的，与所见的人纠缠，与社会常态纠缠，与法律合约纠缠，等等。人和企业不是单独的、脱离肉身的东西，而是相关联的有机整体的组成部分。根据亚当·斯密对大头针工厂的观察，其中的工人层层分工、机械作业，对比女权主义学者卡伦·巴拉德对面向加尔各答黄麻工厂开展的一项社会学研究所做的评论，我们可以从中了解到一些信息：“工人、机器、管理者是纠缠的现象，彼此关联的，他们共享的不仅仅是周围的空气；他们互相成就了彼此。”[330]但也许最有效的纠缠装置就是货币，但它的复杂性，至少在斯密和李嘉图等古典经济学家的时代，是不在分析范围的。

## 有限与无限

第三章中讨论过，货币的创造过程涉及两方——发行者和持有者双方的纠缠，古代的铸币是用为国王所有、由国王加盖印记的黄金做成的，因此使用铸币的过程就让王权跟持有者相互纠缠（正因如此，才会以纳税的形式收回铸币）。中世纪的符木由两部分组成，价值相等但方向相反，它让干的持有者和箔的持有者相互纠缠。通过银行贷款产生的现代法币则让抵押人与银行相互纠缠。欧元的使用让葡萄牙这样的国家与其他欧元区相互纠缠，而且一般情况下，货币总是伴随着债务，从而把借方和贷方联系在一起。

虽然债务跟货币一样古老，但是它从来没有像今天这样庞大。2017 年全球的债务约为 217 万亿美元，相比过去 10 年，增加了 50 多万亿美元。[331] 正如信用卡债务让个人消费者能过上自己原本担负不起的生活，但至少在一段时间内，这样的债务也让全球经济呈现出一派欣欣向荣、增长强劲的表象，短期内刺激 GDP，同时一直往后推迟清算的日子。因为害怕搅了这样一场好剧，中央银行用量化宽松（创造货币来购买资产）和超低的利率来逃避问题，把它留给未来的一代人。跟在量子物理中一样，纠缠在时间上既可以往前，也可以往后。

因为主流经济学家把货币看作一种惰性芯片，根据传统的观点，本·伯南克在其《大萧条》一书中总结道，债务型通货紧缩“不过是利益从一群人（债务人）到另一群人（债权人）的再分配”。[332]或者就像保罗·克鲁格曼在2012年所解释的，“这样想想，当债务增加时，并不是经济整体借了更多钱。而恰恰相反，没有耐心的人——这群人不知道缘于何故希望早点儿花钱而不是晚点儿花——所以就从更有耐心的人那里借钱”。[333]在这种线性的货币观中，债务和贷款总量很容易就抵销了，所以就可以忽略不计。[334]但是哪怕是从数字的角度看，债务擦除了，纠缠还在。就葡萄牙的例子而言，它的债务在欧元区危机期间成为一个很大的问题，以至于跟希腊一样，它要冒着被欧盟驱逐的风险。[335]

正如全球债务近几十年来不断膨胀一样，金融体系的自我纠缠程度也越发超出边界。1980年，全球贸易和全球金融几乎相等。但是从那时起，前者一直保持稳定，而后者增长了大约9倍。正如英格兰银行的安德鲁·霍尔丹（Andrew Haldane）在2014年的演讲中所说的，“今天，跨境资本存量几乎比人类历史上任何时候都要大。我们已经达到了新的高水位”。[336]就金融而言，我们都是李嘉图式的自由贸易者。

全球金融的演变，以及越发纠缠的程度，在某些领域导致一种聚合形式。例如，债券收益率和股票价格在不同国家之间的关联日益紧密，因为投资经理越发地将世界经济视为一个单一的体系。[337]但是网络的一个共同特征在于随着越发一体化，也让它们更加容易受到类似全球扩散等因素的影响。当这些因素通过整个网络连接时，冲击不会消散，反而会扩大。[338]通过类似债务抵押债券和信用违约掉期这样的复杂衍生品在2007—2008年金融危机期间的角色就可以看出来。

债务抵押债券，是把类似抵押贷款这样的贷款合并为风险水平已校准的产品，卖给投资者，而信用违约掉期则是为违约提供保险。在当时的监管者看来，这些工具可以集中风险并且消除风险，如同为世界经济绑上了一个飞快的李嘉图式的新式散热器来为经济降温。正如国际货币基金组织在 2006 年 1 月所说的："银行通过将信用风险分散给更广泛和更多样化的投资者，而不是将这些风险保留在自己的资产负债表中，有助于增加银行体系乃至整个金融体系的应变能力。"[339] 本・伯南克在同年 5 月响应了国际货币基金组织，他提出："因为金融风险分散到了那些愿意并且也能够承担它们的人身上，经济和金融体系的应变能力增加了。"[340] 这种情况在危机期间发生了突变，这些机构突然发现，通过一个复杂的关联体系，世界另一侧的企业破产造成的影响波及它们。英国当时对葡萄牙出口最多的不再是像布这样的商品，而是突然变成了毒性更强的东西——金融危机传染病。

2010 年，"宽客"保罗・维尔莫特预计当时存在的所有的金融衍生品的名义值是 1 200 万亿美元（也就是 1 200 000 000 000 000 美元）。其中最流行的就是利率互换，一般都涉及固定利率收入流同可变利率收入流之间的互换，这些经常用来预测利率的变化，是一种高度杠杆化的方法。名义值在这里意味着潜在资产（例如，收入流的来源），所以利害攸关的部分并不大，除非出现最坏的情况，例如违约；但是庞大的规模违背了任何一种逻辑，因为它几乎是世界 GDP 的 20 倍。[341] 有点儿像你所有的邻居在为你的房屋买火灾保险时都选择了同一家公司，对于这家公司来说这当然是好事，但如果你的房屋真的被烧了，可就不是什么好事了。而且，衍生品跟保险公司不同，它们缺乏监管，经常在柜台上交易，而且也不会总是出现在资产负债表上，所以对监管者而言要想追踪系统风险是很难的。[342]

衍生品因此就形成了一个纠缠云，笼罩在通常的金融网络之上，像一个带电的大气风暴系统，增加了另一重的复杂性。它们并没有限制损失，而是让损失变成了潜在的、无上限的。早在2000年，维尔莫特就提醒说用来计算衍生品的价值和预计风险的模型是有问题的，“很明显如果世界想要避免由数学家导致的市场崩溃，我们迫切需要反思……模型中的潜在假设，例如正态分布的重要性、风险消除、可测量的关联等都是错的”。[343] 传统的宏观经济模型更过分，完全忽视了这些衍生品，哪怕就数量而言，这些衍生品是经济的最大特色。[344] 那么如何用这些模型来预测或者理解金融风暴呢？算是给本章接下来的讨论透个题，我们会通过对比在经济学中使用的模型和在另一领域中使用的模型来回答这些问题，另一领域其实更加直接地依赖热力学、气象学。

## 风暴

经济学经常被比作气象学，有时候甚至会根据气象学来为自己建模。威廉·斯坦利·杰文斯在1871年写道，经济学将会“成为一门在许多方面像纯物理学一样精确的科学，例如，精确到像气象学在未来很长一段时间有可能达到的程度”。[345] 气候模型是这样工作的，把大气层划分为一个3D网格，根据运动定律和热力学定律来追踪其流动。第一个计算机化的天气预报出现在20世纪50年代，是由似乎无所不在的约翰·冯·诺依曼率领的一支团队进行的，当时他意识到用来模拟核武器的数学技术同样可以用来预测天气——甚至可以把天气变为一种武器（倒不是投炸弹，而是引发干旱）。

他们最早的天气预报仅仅是预报 24 小时以内的天气，那台 ENIAC 计算机进行了长达 24 个小时的计算。后来运行时间很快就缩短了，预测精度也随之提高。如何实现准确预测，更不要说控制天气的能力，这还是让人摸不透。20 世纪 60 年代，数学家、混沌理论的先驱埃德·洛伦茨（Ed Lorenz）建议说天气系统对任何微小的扰动都非常敏感——所谓的蝴蝶效应——让精准预测变成了不可能。虽然他的理论一开始没有什么影响，但到 20 世纪 90 年代，这一理论开始流行起来，当时预报中心采用了蒙特卡洛分析法，在所谓的集合预报中从随意扰动的起点出发进行模拟。一项研究中提到，这种方法背后的动机同样可以“追溯到曼哈顿计划，以及最终的量子力学”。[346]

在理论上，集合预报提供了一个中央预报，也提出了不确定性这一观点。但是，就像20世纪90年代我在进行博士课题研究、探索非线性系统的不可预测性时所发现的，这种方法忽视了预测失误背后一个更加明显但是在计算过程中不太容易追踪到的助推因素，也就是“很难为天气建模”这样一个事实。尤其是，类似云的形成和消散这样的特征是复杂的涌现现象，通过方程式也只能得到近似值。云，也就是普遍意义的水蒸发，是天气重要的特征，这就是很难进行天气预报的主要原因。[347] 其他技术，类似机器学习，可以在天气数据中寻找规律，但收效甚微。[348]

经济模型采用了跟天气模型一样的机械方法，唯一的差别就是前者认为经济存在一个稳定均衡，但不时也会受到随机的外部冲击打扰——不是来自蝴蝶，而是来自类似新技术、劳动力的生产力、风险意识和货币政策等因素。经济学家甚至使用类似气象学家的语言，如流动性、货币、资金流和萧条。他们的任务之一也是进行预测——“预测”是罗伯特·菲茨罗伊（Robert FitzRoy）最早在1854年设立英国气象办公室时引入的一个词——并对风暴给予充分的预警。正如欧洲中央银行的维托尔·康斯坦西奥（Vítor Constâncio）所写的，一个有用的经济模型“必须合理匹配数据，而且能产生有效的经济预测”。[349] 英格兰银行表示：“英格兰银行的预测，或者在更大层面上，中央银行的预测，对于决策有关键的推动作用。”[350] 正如彭博社所言：“预测对中央银行的可信度而言是一个关键性的问题，因为它构成了货币政策相关决策的基础，影响了现实经济活动中的公司和家庭。”[351]

诚然——危机之后，很多经济学家都指出（见本章延伸阅读）——预测在经济学中的核心地位要比它在类似气象学这样的领域中的地位低（至少是就关注点，而非其影响而言是这样），没有人指望经济学家能预测到一场危机发生的准确时机，就像我们也不会让医生预测病人心脏病发病的准确时间一样。但是即使大多数经济学家并没有参与预测（大多数气象学家也没有参与预测），科学方法仍旧依赖预测来区分各执一词的各种理论，重大的预测失误需要引起额外的注意，因为它们提供了少有的机会来判断一种方法或者一套假设到底是不是根本上就有问题。正如约翰·梅纳德·凯恩斯在1923年所说的，对经济学家而言，忽视短期危机是行不通的，“经济学家给自己布置的是一个太简单、近乎无用的任务，倘若碰上狂风暴雨，他们只能告诉我们，当暴风雨过后，海洋又将恢复平静”。[352] 而且经济学家确实一直都在进行预测，也有实实在在的影响。当本·伯南克告诉国会，因为类似复杂衍生品等工具，“经济和金融体系的应变能力增加了”——而不是正面临保罗·维尔莫特提醒的“数学家导致的市场崩溃”时，他其实就是在基于自我对市场运作的认识进行预测，这种预测也影响法规制定者如何看待市场。同样，早在 2006 年 6 月，伯南克言辞恳切地论断“次贷领域的问题似乎不太可能会渗透到更宽泛的经济体系或者金融体系中”（此话是在迈克尔·赫德森提供了“即将到来的房地产崩盘图解”之后）也是一种预测。[353] 在更大层面上，“市场是自稳的”这一新古典信仰即是一种预测，因为它排除了串联事件——对一个领域的扰动传播至整个系统，导致事态发展失控，最终演变成一场全球危机。而且经济学家同时也在定期发布对类似通货膨胀或者增长等变量的具体预测，这些预测为个人、企业及政府释放了经济形势相关的信号。

当然，据说量子物理学家尼尔斯·玻尔曾表示：“很难做预测，尤其是预测未来。”例证之一就是 2007—2008 年的金融危机，英格兰银行的安德鲁·霍尔丹在 2017 年将之描述为“迈克尔·菲什时刻”［指的是 BBC（英国广播公司）天气预报员的预报，就在 1987 年的大风暴即将到来时，菲什预报说“没有飓风”］。[354] 霍尔丹表示，预报失误开启了英国气象局（UK Met Office）的一场技术革命，经济学家也可以效仿。但是天气预报依赖的是全球开发的数据收集系统和模型，不仅仅是英国的，而预报能力的改善跟具体的风暴关系不大，反倒与运行速度更快的电脑的关系更大（我们的手机也更加先进了）。气象学家突然在 20 世纪 90 年代拥护混沌理论的原因是，就像有效市场假说一样，它对于类似 1987 年这样的预报错误给出了一个完美的托词。不过，说到为自己的预报失误找借口，天气预报员到底还是太业余——而如果确有一个领域是他们可以向经济学家学习的话，那正是这个领域。

## 开始虚构

伊丽莎白女王在 2008 年 11 月访问伦敦政经学院时，问了东道主一个很有名的问题："为什么没有人预见到它（金融危机）的到来呢？"（经济学家怕是已经烦透了听别人提起这件事。[355] 但是，这个问题从来也没有因为公众热心询问而得以妥善解决。它在本质上是历史遗留问题，促使人们呼吁在主流经济学之外寻找替代方案。从后面的讨论中可以看出，过去几年提供的答案可谓不言自明。）女王最终在第二年 7 月收到了伦敦政经学院的回复，总结说"未能预测到危机的发生时间、范围和严重程度，并及时阻止，虽然有很多原因，但主要是一群非常聪明的人被自己的集体想象所蒙蔽，让他们无法理解系统所面临的风险，无论是国家还是国际层面"。[356]

那么问题又来了，为什么没有人预见到危机呢？不妨想想在 2007 年 12 月召开的美国联邦公开市场委员会政策制定会议上的讨论，后来认定经济衰退在当时就已经开始了。"整体而言，"会议的文字记录稿是这样写的，"不得不说，我们的预测确实还是在描摹一种非常喜人的形势：尽管面临各种金融动荡，但经济避免了衰退，虽然粮食和能源价格急剧上涨，美元汇率下降，我们还是成功地控制住了通货膨胀。所以当我有一天收到通知，说董事会已经批准对包括我自己在内的高层中的某些成员进行更频繁的药检时，我还安慰自己说，这不是针对我个人的。”[357]

实际上，预测并没有什么特殊之处，它只是在反映一种共识。当月，经济合作与发展组织预测说英国房产市场发展放缓“不太可能导致经济衰退”。[358] 而在国际货币基金组织的一项研究中，经济学家表示，2008 年，预言家达成的一致意见就是：77 个国家中无一认为来年会面临经济衰退（其中 49 个国家都遭遇了经济衰退）。[359] 这不是“迈克尔·菲什时刻”，而是在天气预报员前往接受药检的途中，还在坚持抗议，已经开始并且正在摧毁房屋的暴风雨并非真正的风暴。他们的模型不是帮助经济学家看透未来，而是防止他们注意到发生的事情。

在 2008 年的证词中，艾伦·格林斯潘告诉国会，之所以会出现预测失误，是因为“输入风险管理模型的只有最近 20 年的数据，而最近 20 年是经济繁荣时期”。[360] 这就像一个天气预报员说他们并没有预见到即将到来的风暴，因为长期以来都是晴天。对比史蒂夫·马丁（Steve Martin）在《L.A. 故事》（*L.A. Story*）中饰演的“滑稽可笑的天气预报员”哈里斯·K. 特勒马西（Harris K. Telemacher），他对于晴好天气的预测总是一样的——“所以我提前录好了天气预报，一些水手信以为真，结果船沉了，了不起！”[361] 诺贝尔经济学奖得主罗伯特·卢卡斯为天气预报出错提供了一个很有新意的理由，2009 年，他在《经济学人》上发表的一篇文章中写道：“模拟计算不是保证不会发生危机，而是预测在危机不发生的情况下预计会出现什么。”[362] 这就像是一名天气预报员说他们的预报显然是基于没有风暴。（一个有附加条件的预报是这样的，“如果 X，那么 Y，其他条件不变”。参见第四章中对这一条的讨论。这种用法反映出标准模型把危机看作由随机的外部冲击引发的。）

2010 年，在美国众议院的一次听证会上，这次会议是探讨“鉴于眼前的经济危机，现代宏观经济发展的前景和限制”，来自明尼阿波利斯联邦储备银行的 V.V. 沙里（V.V. Chari）在证词中为传统模型极力辩解——我们会看到，这番争辩似乎也并不过时。沙里表示：“所有有趣的政策性问题都会涉及对人们如何在不同时间做决定以及如何处理不确定性的理解。所有的问题都必须面对政策对整个经济所产生的影响。所以任何有趣的模型都必须是动态随机一般均衡模型。从这个角度看，没有其他更好的模型了……唯一可选的模型就是建模者并没有明说人们是如何做决定的这种模型。凭什么我们要选择模糊而非清晰？”[363]（确实，似乎经常如此，仅仅通过把他们的模型称为动态、随机和一般的，动态随机一般均衡模型的建模者就把其他方法都排除了——就像天气预报员宣称，他们的全球气候模型虽然没有能预测到风暴，却是“城中唯一的游戏”无可奈何的唯一选择，因为任何模型必须是全球的，而且要包含气候。[364]）

对于这些模型为什么“不能预测不久前的金融危机”，并且说得更确切一些，“未能揭露出危机发生前那段时间里经济面临什么样的风险”，沙里给出了三个原因。第一个原因就是格林斯潘的托词，模型是参考历史上某一段时期设计的，其间美国的经济波动相对较小。第二个原因是，“我们不重视理论文献对政府救援的负面影响的分析，因为理解这些影响意味着经济行为人要比我们现在所想的更加有理性、有远见”。换言之，理性经济人还不够理性。

第三个原因就是缺乏资金。沙里给出了一个类似的解决方案："毕竟，当艾滋病侵袭时，我们并没有因此把医学研究工作的重任委托给针灸医师。在墨西哥湾的石油泄漏事件之后，我们难道应该停止使用油压的数学模型吗？让这种现代宏观经济学建模方式充分发挥它所蕴藏的力量，最佳方式是向其中投入更多资源，而不是寻求业内边缘化且捉摸不定的空想。"（量子方法很可能立即就出局了。）最后，他发出真挚的恳请，投入"更多的资源"到这一"严重资金不足"的研究项目中——哪怕这种均衡模型在应用数学发展史上是运行时间最长、资金最充裕却最不成功的国际建模尝试。[365]

2011 年，约翰·科克伦写道："说我们没有看到危机的到来有些可笑，但是有效市场假说的核心经验预测正是没有人能说清楚市场的走向。"（还是在强调变化是因为随机的冲击。）2013 年的诺贝尔奖得主尤金·法马也表示同意，认为自己的理论"在这个过程中的表现可圈可点"。（诺贝尔得奖天气预报员说："说我们没有预料到风暴有些可笑，但是至少'我们无法预测天气'的预测是完全正确的。"）2015 年，在一次名为"经济学天才"的活动中，获奖者保罗·克鲁格曼表示，"我和其他人一样，都对危机的到来备感震惊"。而少数几个的确预测到危机的人"还预言了另外五个即将到来的危机，但是并没有发生，所以他们的预测也并不准"，而且，"总有一些东西是你无法把控的"。[366]（天气天才指责其他成功的天气预报员总是在预测风暴即将到来。）

在 2015 年的一次重新思考经济学的辩论中，荷兰经济学家彼得·戈蒂埃（Pieter Gautier）告诉学生："我们都知道很难预测一场危机，我们可以说当一场危机发生时我们能做什么，例如确保有足够的流动资产，同时，我们知道该如何防止危机发生，例如确保银行有足够的股本。不幸的是，我们总是不听经济学家的话。”[367] 而真正不幸的是，我们太听经济学家的话了。例如，金融机构为复杂的衍生品定价时使用的所有风险模型均是基于标准的经济学理论，包括有效市场假说。这才是问题所在。

## 延伸阅读

### 我们为什么没有预料到风暴：更多针对未能预料到危机的优秀借口

作为一个应用数学家，我的工作包括提供预测，而且我知道进行精准预测非常难（甚至我就这个话题写过一本书）。[368] 但是当预测错得离谱时，这种经历往往会提供一些有用信息，可以用于更新并完善你的预测模型。这可能是一个很艰难的过程，尤其是因为它包括要改变你对现实的思考模式；但是在经济学中，这个过程似乎花了特别长的时间，从近年来提供的各种解释和借口中就可以看出来。

- 澳大利亚储备银行行长格伦·史蒂文斯（Glenn Stevens）2008 年表示：“我认识的人里没有一个预测到这些事件的发生过程，这足以引起我们的反思，进行真正有用的预测到底有多难。”[369]
- 本·伯南克在 2009 年的就职演讲中说道：“就像天气预报员一样，经济预报员必须要面对一个极其复杂的系统，这一系统会面临随机的冲击，对此我们的数据和理解将始终是不完善的……数学家讨论过蝴蝶效应，也就是说，在一个足够复杂的系统中，很小一个起因——巴西的一只蝴蝶扇动翅膀，可能会产生与之不相称的、极其大范围的影响——太平洋上的一场台风。”[370]

- 诺贝尔奖得主汤姆·萨金特（Tom Sargent）在2010年接受采访时表示：“说金融危机让当代宏观经济学家大吃一惊，这是不对的。”[371]（大部分非当代的经济学家都已辞世，更不要说吃惊了。）
- 美联储2010年的报告中指出：动态随机一般均衡模型“极其不擅长预测，但是别的方法也好不到哪里去”。[372]（在危机发生前却很少有人提到这一点的，这就有些滑稽了。[373]）
- 英格兰银行的苏伊特·卡帕迪亚（Sujit Kapadia）在2012年伊丽莎白女王访问期间回复她说：“人们以为市场是高效的，以为监管是没有必要的……他们没有意识到两者之间已经高度互联。”[374]
- 尼克·麦克弗森（Nick Macpherson，又名The Lord Macpherson of Earl's Court，伯爵法院的爵士），英国财政部前官员，在2016年坦言：“我感觉自己跟很多人一样……没能看到危机的到来，没有能看出风险的累积。这是一次重大的集体智慧失误。”[375]
- 2017年，维多利亚大学的克里斯托弗·奥尔德（Christopher Auld）在《泰晤士高等教育》（*Times Higher Education*）上发表文章称：“经济学家并没有声称能够对像宏观经济这样庞杂的体系的未来进行无条件的预测。”而且，贬低这一领域无异于“失败的‘天气’预报，这种批评不仅仅是在误导人，而且还反智慧，是很危险的”。[376]

· 在2017年《展望》(*Prospect*)杂志的一篇文章中，英国六位知名经济学家回应了“作家、学生甚至其他学科的某些社会科学家”(没有提到数学家、物理学家、“宽客”等)对经济学家这一职业不仅“危险”(但是难道有比错误的经济模型更危险的吗?)，而且“无知”的业内抨击，“跟大多数经济学家一样，我们并没有尝试预测下一场金融危机或者类似事件的准确日期。我们不是占星学家，也不是市场之神选中的牧师，我们分析的是数据，千兆千兆的数据”。[377] (从危机开始，经济学家就开始有意拉开自己同宏观经济预测和风险分析的距离，强调说他们也把自己的理论应用到了很多别的事情上。①)

· 安德鲁·霍尔丹，英格兰银行的首席经济师，在2017年表示：“迈克尔·菲什站出来说：‘有人给我打电话了，未来没有飓风，但是西班牙会有风。’这跟中央银行在危机前发生的那种报告很像，未来没有飓风，但是次贷方面可能风很大。”(迈克尔·菲什回答说，他的预测“要比英格兰银行的”更准。[378])

· 保罗·克鲁格曼，直接回应了“女王的问题”——总结了本章当中的某些部分——也是2018年“重建宏观经济

① 推特上甚至有一个话题“#经济学家到底在干啥”，不过“#你有一个工作”这个话题可能更合适。Smith, N. (2018), ‘OK, here is a thread for econ critics’. Retrieved from Twitter: https://twitter.com/Noahpinion/status/9500 79662121615361。

理论项目”的一部分；“我的回答似乎没有让人满意，但是我相信它是真的：在大多数情况下已经发生的一切再次证明了老生常谈的‘很难进行预测’，尤其是关于未来的预测。外面的世界很复杂，而一个人能够追踪潜在威胁的能力是有限的……比如说，就好像拥有有限资源的气象专家把那些资源集中在曾经有助于追踪之前几场风暴的地方，导致偶然的预报失误，因为风暴可能来自始料未及的方向……我的基本论点就是，几乎所有宏观经济学，甚至是咸水学派（克鲁格曼所在的学派），未能预测到 2008 年的危机，这一点跟 1987 年气象局的那种失误类似，是观测本身的失败而不是概念的根本性失败。无论是金融危机还是紧随其后的经济大衰退都不至于引起对基本概念的反思”。[379]（那么什么才值得引起这样的反思呢？）

## 如释重负

就像上文所揭示的，许多主流经济学家一直都在为他们的预测失误这一壮举找借口，但也不是所有人都这样乐观。乔治·阿克洛夫和罗伯特·席勒在 2015 年的《钓愚：操纵与欺骗的经济学》中写道：“极少数经济学家确实预见到了将会发生什么，这是非常了不起的。在谷歌学术搜索引擎上，我们可以搜索到 225 万条关于金融和经济的文章及图书的信息。这并不是说经济学家如此之多，就如同一群随机敲打键盘的猴子，通过无限反复尝试后总会有那么一只（几只）随机打出了一本《哈姆雷特》。但是现有的这些经济学家已经足以提供大量论文来告诉我们美国国家金融服务公司、华盛顿互惠银行、印地麦克银行（IndyMac）、雷曼兄弟等许多公司，为什么会在短时间内迅速崩溃倒闭。我们应当知道，这些企业在住房抵押贷款债券以及信用违约掉期方面是非常脆弱的。当时我们也应该预见到未来欧元的脆弱点所在。”[380] 两位作者把这归罪于经济学家的“思维框架”，把市场看作在本质上就是有效的，把反常归罪于外部性，忽视了“由于竞争市场本身的性质所导致的欺骗和诡计，利益动机带来的不仅是经济繁荣，同时也有另一面”。（席勒是个例外，他在 2005 年指出美国房价市场是一场泡沫。[381]）确实，这指出了新古典模型中一个基本的矛盾，一方面认为人们是理想的效用优化者，另一方面，又认为他们总是会尊重合约，所以不存在银行方面的系统欺诈，或者房主方面的“叮当邮件”——寄还自己家门的钥匙，不再偿还房贷。

2016 年 7 月，纳拉亚纳·柯薛拉柯塔（Narayana Kocherlakota）——跟沙里一样，曾经是明尼阿波利斯联邦储备银行的行长——在一篇报告中指出：“我们根本就没有稳定的、成功的宏观经济学理论。”[382] 几个月后，保罗·罗默，现在是世界银行的首席经济师，发了一篇名为“宏观经济学的麻烦”的论文，他在文中把这个领域描述为“伪科学”，因为所用的模型充满了令人难以置信的假设和参数，都是编造出来好给出一个看似合理的答案，所有的变化都归罪于外部冲击（沙里是这样回应的，“先烧毁大厦，说我们接下来会弄清楚要在这个地基上盖什么，听起来就不像是建设性开展工作的方式”，虽然它也将是一个开始）。[383]

最后，大概是在金融危机开始10年之后，在2017年5月的一次演讲中，欧洲中央银行的葡萄牙经济学家维托尔·康斯坦西奥告诉自己的听众："在流行的宏观模型中，金融这部分是缺席的，因为认为金融对于真正的经济活动无直接作用。在这些模型框架中，宏观经济波动大多数源于技术或生产力冲击，或是来自货币政策意想不到的措施。大多数时候经济应该是能自我纠偏，并且快速朝着稳定态发展。任何行为人都不违约是可能的，因此，过多的债务不可能成为什么问题。就像很多人所写的，对于任何一个债务人，都有一个债权人，所以债务在宏观层面是一件不存在的事情。这忽视了一个事实，银行是在自己的资本比率限制内通过增加信贷"无中生有"地创造货币。"[384]（天气预报员：一开始不应该把话说得太满，这样才能显出后见之明。）造成这种疏忽的原因之一就是，第五章中讨论过，一直到2014年中央银行才阐明了私有银行这种无中生有创造货币的能力。

康斯坦西奥的评论指出了真正的问题，不是主流经济学家未能预测到某些反常的风暴的"发生时间、范围和严重程度"（伦敦政经学院所言）——人们从来都没有要求经济学家掌握任何一种标准的预测技能，也没有人要求有一个确定的期限，而是他们不可能预测到危机，抑或者对危机发出预警，哪怕是在理论上。更可怕的是，模型直接助推了危机的发展，因为它营造出一种安全的错觉，让金融领域开发风险越来越高的产品。有效市场假说在危机期间表现欠佳，除非你把造就了危机这一点算作它的功劳。

因为模型不能理解危机的起因，它们在危机之后建议随后的应对之策方面就毫无用处。[385]这种失败的主要原因十分简单，并非因为忽略类似欺骗和诡计（阿克洛夫和席勒）或缺乏足够的数据、理性、资金（沙里），而是因为这些模型漏掉了货币（当然，货币乃是欺骗和诡计的主要起因）。只有这样做才能让主流经济学家维持原来的假象：独立的理性消费者和产品，加上设定好的供需曲线，通过类似物物交换的方式，促使经济达到稳定均衡。沙里嘲笑我们在出现漏油情况时，应该“停止使用类似于油压的数学模型”这种想法，但是未曾提及经济学中问题的关键，货币——大卫·休谟口中的贸易润滑油，让－巴蒂斯特·萨伊所谓的“机器润滑油”。[386] 因此，不可能推断出房地产泡沫带来了源源不断的货币，而货币又造就了源源不断的房地产泡沫，等等，复杂衍生品等手段只是在掩盖风险而已。

通过把危机解读为随机的冲击，模型同时也消除了因为未能预防危机而产生的任何失责之感。迪恩·贝克（Dean Baker）表示［他在 2005 年与戴维·罗斯尼克（David Rosnick）合著的一篇论文中发出了很有预见性的提醒：对经济学家而言，意识不到房地产泡沫将会是“严重过失”[387]］，对本次危机的一个粗略但是保守的估计是，它给每一个美国人造成了大约 2.7 万美元的损失——更不要说类似精神健康和年轻人失业这样的社会影响，那么“如果经济学家搞砸，是不是该略微追究一下他们的责任？”[388] 很多人都失业了，但是经济学家似乎幸免于难。令人震惊的是，在美国，他们的工资甚至“在 2009 年衰退年期间达到了历史新高”，就像柯薛拉柯塔在 2016 年所说的，“这一点可能有助于解释宏观经济研究中为什么没有出现范式转移”。[389]

## 嘘，货币

实际上，虽然“除了少数永恒的市场悲观者，没有人预见到危机的到来”这个故事在主流经济学家中很流行，但是现实是很多人确实对危机的到来发出了预警——包括贝克和罗斯尼克，威廉姆·怀特，安·佩蒂弗（Ann Pettifor），史蒂夫·基恩，迈克尔·赫德森，保罗·维尔莫特，纳西姆·尼古拉斯·塔勒布，努里尔·鲁比尼（Nouriel Roubini），罗伯特·席勒，以及在《大空头》（*The Big Short*）中出现的那些交易者，这里仅列出来一些比较知名的人。他们确实做到了，不是像克鲁格曼所声称的总是在预测灾难，或者是赶巧了，而是因为关注债务、金融以及银行体系的作用。[390] 考虑到这些实际上都是在主流经济学家的模型中所缺失的，那么问题来了，为什么专家在证词当中不愿意提这一缺憾呢？为什么中央银行的银行家一直等到几年之后在会议中发言时才觉得可以就此事发表评论了呢？而且，为什么，就像约瑟夫·斯蒂格利茨在 2017 年提到的，动态随机一般均衡模型和其根本假设不仅还在使用，而且“已经变成了一种教条，人们几乎没有什么动机去质疑它们，特别是在同行评议的出版物中”。[391] 要找到答案，我们需要采用一种量子方法，了解背景，找到纠缠，考虑观察者的影响——就本例而言，经济学家这一观察者对于正在被研究的系统产生的影响。

罗伯特·卢卡斯提供了一个线索，他写道：“理论模型的建立是我们思考世界的方式，但是这个过程包括忽略一些证据或者可替代的理论——把它们撇在一旁。这样做其实很难——毕竟事实是无可否认的，而有时候我的潜意识就会为我带出来那个抽象思维：我就是看不到某些数据或者某些可替代的理论。”[392] 他说，其他人“将会看到盲点……保留好的，改正不好的”。这似乎是对建模过程的合理描述，但是在这种情况下，盲点是很明显的，却没有人予以纠正。或者更准确地说，没有一个内行人予以纠正，为什么会这样呢？

前面讨论量子认知时提到，我们的决定会受到背景的影响，包括我们的思维框架，无论是有意还是无意，而且正如阿克洛夫和席勒所指出的，经济学家把经济看作一个理性的、有效的系统，他们的思维框架会受这种观点的影响。[393] 可以从美学的角度出发理解这一点，我在别的地方也提到，这种思维方式在科学中发挥了异常重要的作用。[394] 整体来看，科学长时间以来都受机器美学的主导，漂亮的模型要能够展示对称性、统一性以及稳定性等经典特质——如果实际执行过程中做不到，那么至少在概念上要做到这一点。早期的例子就是希腊人的宇宙模型，也就是认为天体是包裹在一个精美的、对称的水晶球体系内（虽然这个模型要行得通，必须要加入“本轮”才行）。在经济学中，我们有新古典经济学，其模型也是完全理性的、对称的（同样也是只有在增加“本轮”以后，这个模型才能行得通）。货币——因为其复杂、多面、非线性以及容易变形的特质——并不适合这种干净利落的设想。

保罗·克鲁格曼在 2009 年的评价特别准确：“经济学专业会走偏，是因为经济学家这个群体冠冕堂皇地打着数学的旗号，误把美当成了真。”[395]（约翰·科克伦在一篇期刊论文中对于这种疏忽做了回应，把克鲁格曼比作“一个不相信艾滋病的人，一个创世论者，一个死活不相信大陆会漂移的木头脑袋”。[396] 说到科学的审美，毕达哥拉斯学派的好坏之分可谓无所不在——见第九章的延伸阅读。）但是虽然审美对我们看待世界的方式有很大影响，它并不能完全解释为什么在这么久以后，官方渠道才向大众公布这些经济模型背后的真相。而且这同时指出了一种更加世俗的纠缠形式：经济学界和金融领域之间的纠缠，这些人是很乐意把货币——因此也包括他们自己——撇得一干二净。毕竟，假如你是银行家，你更青睐哪种诠释：危机是由银行造成的，还是——官方的版本——危机是由效率和理性造成的？

正如经济学家巴里·艾肯格林在 2009 年指出的那样，“在经济学学术界中，学者在潜意识里更愿意接受他们更‘成功’的同僚对某一学科所持的论点，而货币，在本例中就是，通过演讲和咨询所赚取的收入构成了‘成功’的公约数”。[397] 查尔斯·弗格森的纪录片《监守自盗》强调了这一问题，这部片子发现在危机期间，私人资金对行业的影响发挥了关键作用。正如他在 2010 年所写的，“如今，如果你看到一位著名的经济学教授在国会做证，或者写了一篇文章，那么他很有可能拿了在辩论中利害攸关的那部分人的钱。大多数时候，这些教授并不会透露这些利益冲突，而且，大多数时候他们所在的大学都对此视而不见”。[398] 2012 年《剑桥经济学杂志》的一项研究总结说，“在对类似金融股监管这样的问题发表公开声明时，经济学家几乎从来不会透露自己的金融关联”，并且指出“可能这些关联有助于解释为什么对即将到来的金融危机发出预警的主流经济学家少之又少”。[399] 2016 年，哲学家艾伦·杰伊·莱维诺维茨（Alan Jay Levinovitz）在研究这个话题时发现，“我采访过的每一位经济学家都认为，利益冲突对其所在领域的科研诚信来说是非常棘手的问题”。[400]

这就像是天气预报员未能预测到风暴，因为这样会对节目的赞助商不利。（经济学家经常要么似乎真的没有意识到其工作中还有职业道德这回事，预报也是其本职工作；要么就是理所当然地以为自己的做法无可指摘。[401]）

因此 V.V. 沙里居然提出严重的资金不足是经济学家未能就危机发出预警的主要祸首之一，这实在是很讽刺。事实是，动态随机一般均衡模型就是在浪费钱。因此，“宽客”们进行预测时根本不用它。金融公司在背后资助经济学家，这些经济学家的思维框架恰恰就对这些金融工作视而不见，这一事实本身就存在显著的对称性。这个问题不一定是赤裸裸的腐败——影响可能是有意识的，也可能是无意识的，但更多的是制造了某种背景和信仰。当斯坦福大学的阿纳·阿德马蒂（Anat Admati）与学界和决策者坐在一起讨论金融业在危机中的作用时，她发现“许多人不愿参与，这令人深感不安，我意识到我们碰触到了银行业中的痛处…… 我感觉就像遇到了某种宗教，人们愿意相信某些事情是真的”。[402]

这种选择性失明被经济学教科书进一步强化，教科书影响的不仅是学生的观点，更是未来的经济学家、决策者、经济学记者及公众的观点。我们会看到，货币的基本特点是，它是私人银行在发行贷款过程中产生的，但很多人不理解这一点。收取贷款利息是一笔利润可观的生意，因此，银行才能主导全世界的股票市场，银行的大楼才能在各大城市林立。但是，正如诺贝特·哈灵在 2014 年所观察的，“在所有的教科书中，完全没有提到跟金钱相关的益处”，在他看来，这一点“指出为了维护强大的利益集团而强加的禁忌”。[403]

货币不是一种外来物，它是完全内在的。而忽视货币、信贷以及该模型中价值一千万亿美元的衍生品，可跟天气预报中的疏忽不一样——这是在忽视现实。经济学家没有看到危机到来，真正的原因在于他们忽视了它纠缠、量子的特质。量子经济学所传达的信息很明确：承认货币的地位，无论是在模型中，还是在业内的地位。因为跟量子系统一样，背景很重要。经济学家远非隔岸观火的观察者，而是在整个过程中都深度参与的。

## 一个新故事

根据沙里的证词："宏观经济学中有一句非常实用的格言：'假如你的故事很有趣、很连贯，一定可以用动态随机一般均衡模型来讲述。假如不能，那这个故事就不连贯'。"就像天气预报员所说的，是的，他们确实没有预见到风暴，但是他们的做法很有意义、很连贯。不过，沙里有一点说对了，首先需要提供这样一个故事，因为有了故事，我们的信息就有了框架和背景。① 正如英国经济与社会研究委员会在2017年的评论，虽然"决策者

① 正如知名作家和故事咨询师安迪·古德曼（Andy Goodman）所言："我们每个人来来往往时，脑海中对世界运转的认识犹如许许多多的故事。无论我们遇到什么，无论我们面对什么样的现实，无论我们碰到什么数据，我们都会通过这些故事过滤。如果数据与我们的故事相符，我们就会让这些数据通过；如果不符，我们就把数据拒之门外。所以，如果你想要跟别人分享他们没有的信息，先要让他们脑中有允许这个数据通过的故事。" Goodman, A. (26 September 2016), 'If You' re Going to Change the World, You Better Bring Your Stories: An Interview with Andy Goodman' . Retrieved from Frank: http://frank.jou.ufl.edu/2016/09/change-stories/。

一直在用新的措施以一种即兴的方式进行实验”，但似乎“主流的知识变化一直都显得很缓慢”（这也就是为什么他们引入了非经济学家的观点）。[404] 很多经济学家不能直面自己在危机中的角色或者不能从中走出来的原因就是，它与他们向自己和其他人讲述的经济运行的故事不符。[405] 所以有没有可能提出另一种方法——另一个故事——能够结合“人们如何在不同时间做决定，如何处理不确定性”的理解，同时也考虑到了“对整个经济的影响”，就像沙里所言的？

对经济学家而言，动态随机一般均衡模型的主要魅力就在于它们是基于个人行为的微观基础建立的，这就赋予了它们一种李嘉图式的严谨。不过，正如前文所见，这些基础采用了一种简化的、机械的世界观，跟真正的人类行为极其复杂的纠缠几乎不相干。而模型必须排除货币这种作用力本身也在所难免，因为货币是不理性的、纠缠的、不稳定的，等等。因此，这些模型其实是在试图不触及经济最基本的特征——涉及货币的交易——的情况下模拟经济。

当然，我们可以通过增加简化的金融领域来修正动态随机一般均衡模型；沙里在自己的证词中也提到，有些模型的确是在尝试研究他本人以及其他经济学家所谓的让调整缓慢恢复到均衡态的“金融摩擦”的影响（奇怪，货币通常都被看作润滑剂）。[406] 早期的尝试包括伯南克、格特勒（Gertler）和吉尔克里斯特（Gilchrist）所建的一个模型，解释了借款成本与借款人的净资产成反比这一事实。[407] 但是，虽然这涉及信贷分配中的变化，却未曾触及银行创造信贷的问题，即通过房贷产生的新货币，而信贷分配的加入只是“对模型经济如何应对冲击产生了些许量化影响”，一篇论文这样写道。[408] 2015 年，英格兰银行的一篇文章中提出，没有包含货币创造的模型遇到了问题，“从技术层面看，银行可以快速、不连续地增强购买力，因为这个过程并没有涉及实体产品，而只是通过同时扩大银行资产负债表的两边创造了货币”。[409] 换言之——跟类似信贷违约或破产等情况类似——它是一个开关的过程，而非一个平滑的机械过程，对使用传统工具的模型而言，就像划过一道闪电一样容易。

动态随机一般均衡模型从一开始就把变化看作平滑的、连贯的，而非突然的、量子化的——就像阿尔弗雷德·马歇尔的墓志铭所强调的，自然界没有飞跃，金融纠缠的复杂性意味着那些围绕持续性和稳定性的假设不再适用了。例如，“摩擦”这个类比，指的就是来自物理学的观点，即牛顿运动定律，用到类似于抛射物的抛物线上时，一旦考虑摩擦力，就会得到不一样的答案。因此可以用迭代的方式来完善模型，首先是解决无摩擦的情况，然后如果要求更精确，可以加入摩擦力。但是行动“迅速而不连续”的金融是完全不一样的东西（除非你把撞上砖墙算作摩擦力）。物理学家不能通过为牛顿模型增加一些装饰就解决了量子效应，对经济学而言，也是如此。

虽然我们因此需要把货币和债务纳入我们的经济模型，但是仅仅把金融领域一个已经失去效力的模型套用到现在的模型上，同时假定系统是稳定的（经济学家一直以来都很擅长这样走走过场来缓和批评）是不够的。[410] 相反，模型要基于这样的事实：货币交易是万事的核心，所以对类似理性、固定偏好、效用最大化的行为、均衡等的假设都行不通了，甚至都算不上近似。这场危机中最明显的特征就是任何东西都不是固定的，也不存在均衡——而有的时候，之所以会有均衡感，更多是因为体制的影响，或者是社会或政治的力量作祟，而不是市场自身的均衡。是政府通过一大笔纾困资金拯救了市场（如美国《2008年经济稳定紧急法案》），而不是市场拯救了政府。

近年来，建模者也在尝试通过类似增加代表性行为人的数量等方法来让模型更加复杂。但是任何一种还原主义模型都有一个问题，也就是我在2007年的《阿波罗之箭》中讲到预测的科学时所指出的：这些模型越发复杂，无法通过数据准确推断价值的未知参数的数量多到要爆炸。[411] 因此，基于合理的预测原理的简单模型在预测方面往往要比复杂的模型更好，这显然有些自相矛盾。[412] 约瑟夫·斯蒂格利茨在2017年也指出，建模者要增加越来越多的特色，这种"托勒密式的尝试"把模型变成"无非是曲线拟合过程中的一次练习"。[413] 在动态随机一般均衡模型中加入金融领域尤其具有挑战，因为它引入了非线性。[414]

这样看的话，我们在经济学中所面临的不确定性，跟生物等领域中习以为常的不确定性并无太大不同。可能问题在于，因为货币是基于数字，我们已经习惯了经济就是一种可以预测、机械的、无生命的系统这种观点。1933年，在物理学家保罗·迪拉克的诺贝尔获奖感言中，他说道："在我看来，原子的神秘行为所带来的难题，和当今世界所面临的经济矛盾之间有惊人的相似之处。两者都向我们揭示出，大量事实都是可以用数字表达的，我们必须发现其中隐含的原理。"[415] 但是，正如我们看到的，虽然在物理学和经济学之间必然存在相似之处，数字自身只是说明了故事的一个侧面。

幸运的是，我们还有很多数学工具可以解决这些问题，而且这些工具已经存在一段时间了。但是要成功运用这些工具，经济学家首先要做的，就是别再把精力浪费在编造借口和让模型更加复杂化上。相反，我们要掉转方向，不再把经济看作一个机械系统，而是把它看作一个有生命的、可以自我支配的复杂的量子系统。

## 负熵

在物理学家埃尔温·薛定谔 1944 年的著作《生命是什么》一书中，他提出有机体就是靠“负熵”为生的。[416] 就像麦克斯韦妖一样，我们都是信息工作者，通过控制环境中的秩序（负熵）获取能量。薛定谔并不知道这一信息是如何编码的，也不知道信息保存在哪里，但是他相信这些过程都发生在量子世界和经典世界的交界处。他的想法启发了弗朗西斯·克里克和詹姆斯·沃森，两人后来一起研究出了基因信息是如何存储在 DNA 中的。我们并没有让信息外泄到我们的环境中，而是将之包裹得严严实实，然后传给了我们的后代。均衡就是死亡。

但是基因并非唯一的信息存储装置——我们还有语言、社会机构，当然，还有金融体系。这样看的话，货币就表现出了活跃的生物分子的一面，它的量子互动正是经济活动的核心。在为货币流建模时，我们应该摒弃为分析维多利亚时期的蒸汽机而设计的线性方法，采用为分析生命系统而改良过的方法，例如网络理论、复杂理论及第六章讨论的非线性变化。（虽然后者最早的应用，是由詹姆斯·克拉克·麦克斯韦应用于维多利亚时期的蒸汽机上，蒸汽机自身是不存在任何非线性不稳定性的。）

人类基因工程的主要发现就是通常只有把基因和蛋白质看作互联网络中的组成部分时才能真正理解其功能。因此，分析这种网络就有助于发现哪种基因或相关的蛋白质与类似癌症这样的病变有关。类似的技术也曾经用于分析经济的权力结构，用前文讨论的股份所有权或者那种跨界流来表示；也曾用于认识哪些特性让系统对扰动的抵抗力更强或者更弱。[417]

复杂理论的相关领域主要关注涌现性特征显著的系统，只有这些系统各部分的知识是无法对整体系统进行预测的，哪怕在理论上也做不到，因此还原法不适用。第四章中讨论过，在经济学中，复杂研究这一活跃的领域涉及基于行为人的模型，把个人或者公司当作单独的行为人，然后允许他们通过模拟交易彼此互动。这些模型是按照离散的时间步长运行的，所以可以轻松应对第七章中提到的类似瞬时货币创造或者贷款违约这样的事情，这些模型至少是在理论上可以扩展的，将量子决策考虑在内。[418]

不过，预测一个系统的第一步是要正确地看待它，复杂理论的另一个用途就是让数据可视化，方便理解数据。哈佛大学的“经济复杂性图集”工程其中一部分工作就是提出基于复杂性的指标，通过这些指标，可以量化经济中嵌入的产出性知识的可及性。有两个主要的指标，普遍性和多样性。前者是生产某一产品的国家的数量，所以就像熵的度量（一个产品的普遍性越高，它就越一般，订单也就越少），而多样性是指一个国家生产的产品的数量。第三个指标，接近性，描述的是产品之间的相似性。研究人员发现普遍性和多样性让我们看到一个经济体的整体复杂程度，而一个产品与其他产品的接近性则有助于解释一个国家开发这一产品的可能性。在李嘉图假定的两个国家、两种产品的例子中，多样性会很低，普遍性则会很高，接近性近乎为零（制衣厂是不可能轻易适应造酒的）。

物理学家马修·克里斯特利（Matthieu Cristelli）所率领的团队，提出了一种相关的方法，使用他们所谓的“适应性”这一指标，代表出口值的总和，根据复杂性进行加权，以此测量经济系统中嵌入的“信息内容”。[419] 他们随后绘制出图表，揭示出不同国家的适应性和 GDP 如何随时间改变。这项研究发现“国家变化呈现出各种各样的演变类型”。适应性水平很低的发展中国家展现出混乱的动态，基本无规律可循；但是一旦一个国家摆脱了动荡不安的低适应性的体制，就会进入平滑的体制，就可以通过把它与其他国家的进度做比较来预测它的发展路径。例如，如果对某一种适应性而言，GDP 是相对较低的，那么就可以预计应该是要增加了。这种体制分析最早用于在混乱的非线性系统中，经济学家不能只是依赖传统分析使用的简化工具，例如，关注整体的教育或者投资水平，而是“必须面对非常接近动态系统（例如，大气、气候、风、海洋动态及天气预报等）的预测难题等问题”。

这种方法的使用还伴随着越来越复杂的数据分析工具。英格兰银行的安德鲁·霍尔丹甚至曾经呼吁建立“国际化的金融监督系统”，包括实时跟踪全球资金流动，与“全球天气系统和全球互联网流量监测如出一辙。居中的是一张全球资金流动地图，标注出各种溢出效应和相互联系”。[420] 更加复杂的是，货币容易隐藏。美国国家经济研究局统计，世界大约 10% 的财富是藏在离岸避税天堂的，大多掌控在超级富豪的手里。[421] 而虽然外商直接投资“一般都被看作代表了‘真正的’经济体内的长期投资”。

但就像经济地理学家丹尼尔·哈勃里（Daniel Haberly）和达留什·武伊齐克（Dariusz Wójcik）所写的，“公司和富人出于税收等目的创建的离岸空壳公司网，构成了 30% ~50% 的全球外商直接投资”。[422]

## 十字路口

正如第一章中提到的，这一系统在某种程度上是基于量子原理这一事实，并不意味着它可以或者应该用量子方法建模——确实，量子物理的一个重要教训在于我们在更大层面观察到的大多数特性并不能还原至量子原理，因为它们是涌现现象（其整体可能要比各部分的总和还多）。小范围的量子物理还没有与大范围的相对论实现和解，但是它们在各自的领域是行得通的。量子经济学的主要贡献在于让人们注意到了货币的作用——因为其纠缠的本质、对背景敏感的特性，不得不采用量子方法。因为忽视这一点，把经济看作是一个稳定的、自我纠正的系统，经济学家创造了一种恰恰相反的经济。

与此同时，经济不同于天气，还因为它不仅是一个复杂的系统，而且是一个复杂的量子系统，有些量子特性在更大层面不言自明。我们会在下一章中进一步讨论，行为人是纠缠的这一事实意味着他们可以表现出量子系统独有的集体变化和行为模式。虽然标准的复杂模型可以解释行为人的各种涌现特征，但在量子系统中，集体行为反过来又改变了行为人。近些年出现了很多研究中心，研究物理学中复杂的量子系统的突然变化——量子热力学就是遵循这种方法的一个例子，而且有些方法可能在经济学中也会很有用。

“最后”，国际清算银行的前首席经济师史蒂芬·切凯蒂（Stephen Cecchetti）表示，“一个经济模型只能被相对的模型打败”。[423] 但是主流经济学模型都是被其他东西——量子现实打败的。如果我们重视世界经济的量子涌现性（即量子交易中涌现的那些特性，但是又无法还原为量子交易），我们没有理由认为自己应该能够用任何一套方程式完全模拟出世界经济。预见到危机的人是因为注意到了重要的东西，不是因为构建了一个更加复杂的模型。所以我们不应该像 V.V. 沙里所要求的，开发一个统一的单一模型，模拟“对整个经济的影响”，反倒应该采用更加灵活的方法，也就是把模型看作是针对某些难题的补丁。[424] 要摒弃集体思维，即每个人——更确切地说，是每个有势力、有影响的人——都认可某一正确的模型，无论它有什么错，我们如果能采用多种方法的话，效果反倒会更好。对物理学来说也是同样的道理，正如物理学家奈杰尔·戈登费尔德（Nigel Goldenfeld）和利奥·P. 卡达诺夫（Leo P. Kadanoff）在 1999 年所写的，“时至今日，物理学家寻找的是在任何时候、任何地点都为真的基础定律，但是每一个复杂的系统都是不同的。显然，对复杂性而言是不存在普遍定律的。相反，一个人必须根据他的认识和理解，从一个系统中吸取‘教训’，再用到另一个系统中。可能物理学研究将会变得更像是人类体验”。[425] 量子化的宏观经济学方法将结合形形色色的技术，包括基于复杂性的数据挖掘、基于行为人的模拟（量子或者其他）、非线性动态模型、无模型分析，每一种都是探索经济易变的量子本质、寻找风暴表征的不同方法。（可以借我自己在预测抗癌药物效果的工作经历做一个类比，我们为一个生长的肿瘤建立了基于行为人与非线性混合动态模型，同时结合了实证化的数据驱动方法和文献研究。[426]）

这种多元化方法的弊端之一就是不同的工具可能给出不同的结果。“鼓励多样性的危险之一”，牛津大学的经济学家西蒙·雷恩－刘易斯（Simon Wren-Lewis）在2018年解释道，“就是你让政客更容易挑选自己喜欢的建议，因为几乎可以肯定，一定会有一个学派能够从政治家角度出发给出‘正确’的答案。如果你对比一下医学，这一点显而易见。不喜欢疫苗接种这个观点？那就从反对疫苗接种的医学院选一个专家出来。”[427]这也是一个很有意思的类比选择（虽然也很常见——见下一章的延伸阅读），因为主流经济学正是那些认为没有必要给金融体系“接种疫苗”，预防危机的人。当然，比多样性更严重的问题在于重新赢得大众的信任。2017年，舆观在英国做了一项调查，即哪些专家在谈论自己本领域的专业时是可以信任的。结果显示，信任医生的人占82%，信任天气预报员的人占51%，而信任经济学家的只有25%。[428]但是它也指出了一个事实，就是主流经济学或至少是对政策有影响的部分主流经济学，文化太过于单一，对于重新创造自我兴趣索然，虽然有很多众所周知的类似项目可以做。似乎当说到自己的领域时，经济学家对于竞争的益处和新观点的兴趣很快就瓦解了。

一项2017年的最近进展调查，作者是动态随机一般均衡模型建模人劳伦斯·J. 克里斯蒂亚诺（Lawrence J. Christiano）、马丁·S. 艾兴鲍姆（Martin S. Eichenbaum）和马赛厄斯·特拉蓬特（Mathias Trabandt），调查一开始就是以重申沙里“城中唯一的游戏”的声明：“不喜欢动态随机一般均衡模型的人都是半吊子，说白了，他们并不重视政策分析。”[429]他们解释说，“把金融摩擦和异质性纳入动态随机一般均衡模型中”这项事业已经取得了重大进展，最后总结说：“我们知道，动态随机一般均衡模型对于宏观经济学家将如何思考集结现象和政策始终仍旧至关重要，在一个充满了相互竞争的经济力量的世界中，根本就没有其他可信的政策分析。”

根据彭博社一篇名为“真的很难修复宏观经济学”的文章，经济学家诺厄·史密斯（Noah Smith）在2017年一次顶尖的研讨会上汇报了对宏观经济学的重新思考，本次研讨会由彼得森国际经济研究所举办，“过去几年来，”史密斯写道，“宏观经济学家一直急于把金融领域硬塞进他们的标准模型。当然，这样的危险一直都在，经济大衰退促使宏观经济学家把太多精力放在金融上。”[430]但是，“真正的巨变”在于对待衰退的方法，“多数当代经济理论所持的观点就是，经济衰退是随机的，并非压力随着时间累积所致。而且他们认为衰退是短暂的，是可以自行消失的。如果这样的假设是错误的，那么过去几十年来，宏观经济期刊中所写的大多数理论——大多数我们发表这番言论时正在写的理论——到底有没有用都让人怀疑”。史密斯认为，“几十年来，经济学家早已经知道经济衰退可能不是随机的、短暂的，但是这种观点始终徘徊在主流边缘，一个很重要的原因就是数学便捷——把经济衰退看作暴风雨，自行来、自行去，这种模型从数学的角度看，处理起来要容易得多”。更加复杂的地方在于经济“几乎是一套确定无疑的混乱系统，几十年来研究人员早就知道很难处理或者预测不稳定的经济。过去，经济学家只是简单地忽视这种不确定的可能性，选择关注只有一种可能的长期结果的模型”。

往积极的方面看，更好的微观经济数据将会导致更加精确的微观基础，也因此会有“更加真实的模型”。

这听起来就像天气预报员在会上宣布他们答应不再用掷硬币的方式预测“不请自来”的暴风雨，虽然对于数据的强调以及认识到不稳定性，都是令人振奋的，但是这番言论听起来好像我们可以预计下一个动态随机一般均衡模型将是一个“复杂且艰涩”的产物，伴随一个“硬塞进去”的金融领域、“更难的数学”（或者就像保罗·罗默口中的“数学滥用”），以及额外新增的混乱行为（至少对于天气预报失误来说是个不错的借口）。[431] 换言之，是同样的机械化的天气预报方法的延续，但是不再那么依赖历史悠久的经验主义，将预测与现实进行反复对比来改进，而且还跟原来一样，仍旧不怎么依赖类似生物学等领域。

2018 年，《牛津经济政策评论》的一篇总结成果的文章“重建宏观经济学”承认“基准模型……不够好，对 2008 年出现的危机没有给出任何预警。而且对于理解下一步该怎么做毫无帮助。虽然有这些失败之处，眼前还看不到任何新的范式”。相反，应该这样更新基本的动态随机一般均衡模型：“（i）加入金融摩擦，而不是认为金融媒介是完全零成本的；（ii）放松理性预期的要求；（iii）引入多种多样的行为人；（iv）用更合适的微观基础巩固模型和以上三个新增项。”[432] 最后一点，作者补充道，“在自然科学中似乎有一个类比，化学的‘微观基础’是利用量子物理中的解释”，对于化学家来说这算是一则新闻——对涌现性来说就算了。[433]（这一评论，从字面意思看，似乎暗示了继续推进的唯一合逻辑的方式就是基于量子行为人的行为，为全球经济建立一个微观模型。不幸的是，对还原主义力量的这种信仰是新古典经济学的特征，而非量子经济学的特征。）

同时，就像我们在前言中提到的，物理学家和对冲基金经理让－菲利普·布绍在 2008 年呼吁“科学革命”，让经济学回归，他在 10 年前告诉《金融时报》：“在金融危机之后，我们很多人希望经济学的业内人士最终能意识到他们的模型并不能反映经济真正的运作方式，他们要尽快改变自己的错误方法。那种假说是错的……中央银行使用的框架模型并没有任何大的变化，还是认为可以用能够获得所有信息、具有远见卓识的单独的行为人来代表经济。这是一个高度复杂化的交互系统，其中的反馈回路可能触发危机，绝不能就这样近乎野蛮地进行过度简化。”[434] 他总结说：“如果我们不能向新的经济建模方法敞开怀抱（类似基于行为人的模型），我们就会跟从前一样，完全意识不到下一场危机的来临。”

从预测的角度来看，天气和经济之间最显著的不同就在于后者是由我们创造的，我们在一定程度上可以直接控制它。经济衰退并非经济学家喜欢描述的那样，是一场出其不意的随机风暴。我们是参与其中的，是可以采取措施积极预防经济衰退的。在金融层面上，经济学家跟自己正在研究的系统也是相互纠缠的。从这个角度看，把经济学比作天气预报不太公平，此言不虚。经济学家的任务更加重大，而且更像是工程师或者医生的角色——不是准确预测什么时候系统会崩溃，而是应该对风险提出预警，加入特色设计来避免失败，在问题出现时知道如何处理，同时警惕利益冲突、违背伦理和其他形式的玩忽职守。正是因为它在这些方面的失败，而非在任何某一预测方面的失败，才会有这么多人都在呼吁经济学中真正的全新范式，而不是在旧版本的基础上进行改良。危险不在于多样性（医生也并不总是意见统一），而在于基于错误的观点形成单一的文化。[435] 宏观经济预测可能只是经济学较小的一部分，但是它预测失误，分析错误，在真实世界造成巨大的影响，这些只是最显而易见、最让人忧心的病症，更深层的问题在于基本的假设，影响了主流经济学的其他分支。经济学家不应当是忙着拓展其理论的应用范围，并把这跟真正的广泛、多样混为一谈，而应该集中力量把重要的事情做对。

今天的经济学所需要的思维转变，虽然技术难度不大，但对于正统的挑战不亚于一个世纪以前经典物理与量子现实相互碰撞时所面临的挑战。也许我的看法有些片面，但沃尔夫冈·明肖（Wolfgang Munchau）在 2015 年的《金融时报》中说的没错，“主流经济学家花了一生的时间来开发他们的动态随机一般均衡模型，他们不想轻易放手，而是要继续对自己的模型修修补补凑合用……想要挑战成功，可能要从学科外入手”。[436] 有时，纠缠可能会妨碍进步——但是至少这些模型不再是“城中唯一的游戏”。在下一章，我们将会考虑与更庞大的有机系统的纠缠，经济学家和天气预报员都对这个系统很感兴趣，它就是——地球。

# 第九章　测量经济

思维过程和量子系统是类似的，因为对两者进行分析时，不能过多地对其中各不相同的元素进行分析，因为每一元素“内在”的特质就是它并非独立于其他元素之外、单独存在的特性，而恰恰因为它跟其他元素的关系才出现的特性。

——戴维·玻姆《量子理论》

（*Quantum Theory*）（1951）

无论是亚原子量子系统还是货币类量子系统，量子系统的一个特性，是系统会受测量的影响。另一个特性是背景很重要，因为没有一种测量是单独进行的。本章将把这些原则应用到整个经济中，测量经济的“健康情况”所使用的最重要的度量标准就是国内生产总值，或称 GDP。政治家和经济学家都在强调要让这个数字最大化——但是这样做会造成经济扭曲，持续鼓励增加 GDP 的活动，哪怕这些活动是有害的或没有必要的。同时，主流经济学对经济活动的整体背景还有一点儿盲区，例如环境。为了让经济重新与它自身和世界取得平衡，第一步就是更新我们对经济学所采用的维多利亚时期的机械方法。

1967 年，知名作家兼记者亚瑟·库斯勒（Arthur Koestler）提出了“子整体”（holon）这个词来描述“自我调整的开放系统，可以展示出整体的自主特性和部分的从属特性”。[437] 他把有机体和社会看作由半自主的“子整体”——细胞、器官、身体、家庭、部落、国家等按照一定的层次组成，各部分始终都在通过合作或者竞争不断互动。在每一层次，整体和部分之间都存在着二分。每一个“子整体”，“作为一个类自主的整体，都有双重倾向，保留并维持自己的个体性；作为一个更大的（现有的或者正在发展的）整体的组成部分发挥作用”。就人类而言，正是因为这种一体化的倾向，才有了“灵活的改良、即兴以及创意之举，从而触发了新的行为形式”。相反，类似癌症这样的疾病，代表了这种整体平衡的崩塌。[438] 库斯勒把“子整体”的原子化 / 全息化的双重本质称为两面性现象（Janus phenomenon）——雅努斯（Janus）是一位有两张脸的神，很可能是代表了太阳和月亮，是很多罗马铸币上的装饰。

“子整体”这个概念在第二年——确切地说，是在 1968 年的圣诞夜，当阿波罗八号的飞行员绕月飞行时，又被赋予了新的意义。月球本身是有点儿令人失望的；其中一名宇航员比尔·安诺斯（Bill Anders）坦言，它“真的跟我想象得差很远，一点儿意思也没有。看起来沧桑极了”。[439] 这场大秀的明星——宇航员眼中的，也是数亿看电视的观众眼中的明星就是地球，这是第一次有人从外面看见了整个星球——这个子整体。宇航员，在他们脆弱的太空舱内，似乎为自己能有幸一睹它宝蓝色的海洋、绿色和棕色的大陆以及纷乱的白云而深受感动。洛弗尔（Lovell）在回家以后告诉观众："广袤的孤独感令人生畏，它让你意识到你在地球上所拥有的一切。"他们并没有发现新世界，而是重新发现了我们原来的世界。

宇航员弗雷德·霍伊尔（Fred Hoyle）曾经预言："一旦从地球以外的角度拍下她的照片——地球纯粹的孤立变得一清二楚——人类就会产生全新的想法。"[440]确实，从安诺斯拍摄的那一张名为"地出"的照片中可以看到，地球，从一侧看只有一部分是亮的，正从月球上升起来——这就颠覆了它们两者通常的关系，摄影师盖伦·罗韦尔（Galen Rowell）认为这张照片是"最具影响力的环境类的照片"。[441]这样的图像开启了全新的环境运动：詹姆斯·拉伍洛克（James Lovelock）的盖亚理论就在第二年得以正式命名，该理论提出，这个星球就像一个生命体一样调整着自己的状态；1970年4月22日，第一个世界地球日设立；1971年，绿色和平组织创立。

这一时期，科学和数学中引入了很多新方法，研究生命系统的领域，类似复杂理论、网络理论、非线性动态等开始成为流行的研究领域，其影响力也随着可以进行复杂模拟的高速计算机的开发日益提高。一直以来在科学中占据主导地位的机械范式面临各种替代想法的挑战，这些新想法认为，整体可能不仅仅是各组成部分的总和。

前文提到，金融的发展一直与数学的发展保持一致，在古美索不达米亚，货币恰巧与数学同时诞生。在古典时期，它碰上了古希腊的算术和几何。在中世纪，则赶上了开始使用负数描述信贷这样的创新；在金本位时代，则是适逢"理性力学"出现；而在现代，从20世纪90年代开始，随着金本位的崩溃，以及法币的兴起，我们也看到了类似复杂理论和混沌理论等新的数学方法的出现（主流之前一直是持排斥态度的，直到最近才予以接纳）。

不过，也可以这样说，这些发展的灵感——甚至是在登月计划之后的环境意识的觉醒——实际上都可以继续往前追溯，回溯到20世纪初的量子革命。实际上，登月计划以及那些行星的自拍照，背后的资金援助都源于美国与苏联对抗的“冷战”，美国为了争取对导弹技术的主导权，导弹技术都是一步步从核计划发展而来的。在一个人人畏惧核武器从天而降的时代，派人登月的象征意义十分深远。这不是关乎月球、地球，而是关乎原子。

但是总体来说，物质层面的量子革命所取得的成就跟登月计划对地球的意义一样重大，它揭示出，地球看起来就像生命体一样，甚至也许能支配自我。而且它也表明，哪怕是对明显分离的粒子而言，也只能将之看作一个更大的整体的组成部分来理解。量子观点，在被晾在一边100年之后，终于在今天当作社会科学的应用，原因之一可能是——生活在互联网时代——我们可能已经更加能够接受自己是一个互联的、纠缠的生命系统的组成部分这一观点。

## 会思考的电子

机械论科学最基本的特点就是，它认为所有的东西似乎都是无生命的。毕竟，一台设备是没有意愿或者意志力的，所以它不会理解类似时间或者意识这样的东西。在牛顿力学中，时间仅仅是方程式当中一个参数，自身是没有任何意义的。意识也一样被忽略，要么就是被解释为机械力的副产品。（原因之一：你不能测量它，“我”有多大？有多重？）

1913 年，美国心理学家约翰 · B. 华生（John B. Watson）写道：“心理学，就像行为学家所看到的，是自然科学一个纯客观、实验的分支，就像化学和物理这类科学一样，它几乎不需要内省……在心理学意义上，它可以完全不考虑意识。”[442] 而当考虑意识时，通常会把它看作一种幻觉，很可能是以机械的方式发展演变的，因为它提供了一种生存优势。[443] 今天许多计算机科学家相信计算机最终会变得足够复杂精密，能够自己产生幻觉，而且还会有意识。但是在类似电脑这种遵循程序指令的东西和生命之间似乎存在本质的区别：计算机可以告诉你时间，精确程度令人震惊——但它自己能够感觉到时间的流逝吗？

量子革命之所以令人如此不安——至少对科学家而言是这样的——因为它似乎把时间和意识放到了科学的中心。毕竟，波动函数坍塌的关键在于它是不可逆的。一旦一个粒子被测量过，那就是被测量过了。你根本无法让时间倒流，让这个过程反转，重新恢复原来的系统，就像你把买了的东西还给商店要求退款一样。而根据哥本哈根诠释，波动函数的坍塌是由观察引起的。这就是为什么薛定谔的猫的命运取决于是否有人在看（爱因斯坦对这个结论嗤之以鼻，嘲笑道，照这么说的话，月亮岂不是只有在我们看它时才存在了）。

大多数物理学家都更愿意忽视这些问题，把焦点放在数学上，但是就像物理学家弗里曼 · 戴森 1975 年在自己的著作《宇宙波澜》中所写的，与意识的关联可能会更加深入，因为思考这个行为本身就是一种波动函数坍塌："我忍不住要想，我们意识到自己的大脑，其实跟原子物理中所谓的'观察'的这个过程有关。也就是说，我认为，我们的意识不仅是伴随大脑中的化学变化发生的被动的附带现象，而且还是一个积极的行为人，迫使分子复合物在一种量子态和另一种量子态之间做出选择。换言之，思维原本就存在于每一个电子中，人类的意识跟在量子态之间做出选择（电子的选择我们称之为'偶然'）这两个过程只是程度各异，而不存在本质上的差别。"[444]

库斯勒的朋友，物理学家戴维·玻姆，同样也提出"表现积极是大脑最典型的特色，而且我们发现，电子有类似思维这样的东西"。[445] 当然，亚原子粒子可能携带有意识的痕迹这种观点——所谓的泛心论——是大多数机械思维科学家比较排斥的。但是，就像亚历山大·温特所提到的，考虑到思维和物质是通过量子理论相关联的，"谁又能说，当一个波动函数坍塌成一个粒子时，没有涉及像思考这样的事情呢？"[446]

反过来，很多科学家相信我们自己的思考这一实实在在的举动涉及量子过程。例如，物理学家罗格·彭罗斯认为这些发生在所谓的微导管这种脑神经内狭小的结构中，可能是很小的、隔离的，所以可以用可控的方式维持量子震动。[447] 物理学家马修·费舍尔（Matthew Fisher）提出了另一种理论：具有纠缠自旋量子数的磷核，有了特定配置以后，可能具备了充当量子比特版的大脑的能力。（在《人类货币史》中，克鲁帕提和我指出了存储能量的ATP分子和货币之间的相似性，前者包含了一串磷酸盐基团。）

同时，怀疑论者已经指出，在精心控制的实验室条件下，维持量子退相干（即预防波动函数提前坍塌）已经够难了，更不要说在大脑里面了。神经哲学家帕特里夏·丘奇兰德（Patricia Churchland）表示，“突触中的仙尘”对于解释人类认知很有用。[448]但是似乎也有一种更深层的不安在作祟。根据科普作家菲利普·鲍尔（Phillip Ball）的观察，“物理学家经常连在同一个句子中提到‘量子’和‘意识’这样的词都会觉得尴尬”。[449]甚至那些从事量子认知或者量子金融的人，也羞于提起这个观点，要鼓足勇气，才敢于指出他们的理论并非基于量子意识。

怀疑主义近些年来不知怎么渗透到了量子生物的发展中，而且，正如前文提到的，还理直气壮地描绘了很多生命形式利用量子物理的例子。意识至今已经难倒了各种机械解释。如果产生意识的过程在宏观的社会层面是量子，而且在微观层面也是量子，那么至少是在美学意义上，说这一过程在大脑的中间态也是量子的——也就是，从始至终都是量子的，此时，这种观点会更加能说得通。文特认为，社会结构——包括市场经济——最好是借用物理的术语“共同的心理状态的叠加——社会波动函数”来描述。[450]（我们可能不知道这样一个社会波动函数是由什么“构成”的，但是我们也不知道量子波动函数是由什么“构成”的。）这样看的话，货币并非只是让模糊的价值概念坍塌。同时也让我们脑中一个“真正”的量子波动函数坍塌，让社会中一个“真正”的波动函数坍塌。这样的话，波动函数对一个电子、一个人甚至一个星球而言，也没有那么大的区别了。

## 普遍性和多样性

当然，宇宙并不在乎我们的美感，至少从经济学家的角度出发，没有必要努力把社会现象还原为亚原子量子过程的结果，仿佛这会让它们更真实或更实在，因为在第二章中讨论过，可以把货币看作一个量子系统。① 人类思维跟货币一样具有双重特性，货币一定会以某种有趣的方式与之共鸣，尤其在出现干涉效应时，它在本质上是心理层面的，是由于原子数字价格和主观价值之间的不和谐而出现的；但是主张价格是一种不确定的测量过程的结果，或者说一个人可以利用量子形式主义为一个特定的系统推断出对应的数学模型，并非因为能够展示出这些东西最终还原为大脑内部的量子互动，或者别的东西。真正重要的是涌现的行为，最好就从它本身所在的层面看，正如诺贝尔物理学奖得主罗伯特·劳克林所言："物理定律就是集体行为的法则，是更为基本的行为法则的必然结果（虽然这一点并非必要），它使我们对有限环境下的情形有一定的语言能力。在此范围之外，它失去作用，让位给另一些法则，后者在等级链上也许是其子代，也许是其前辈。"[451] 正如量子效应可以作为物理体系的涌现性出现，涌现的社会特性可能有时候最好用量子形式主义表达。

库斯勒的"子整体"和量子物理之间的另一重关联，在某种程度上启发了他的方法，就是量子形式主义直接压缩了整体与部分的观点和普遍性与多样性之间的矛盾。第一章中讨论过"子整体"在物理界的一个例子，就是所谓的光量子这样的超粒子，它是由金属棒中的低能量光波激发的集体活跃的原子组成的。同样，一个光量子似乎可以单独存在，但是在现实中，它的波动函

① 这似乎把这种方法跟那些在量子金融或者量子社会科学中经常采用的方法区分开了，后者要么是把量子物理看作一种比喻，要么是认为社会现象可以在一定程度上还原成量子物理。

数是纠缠的，是与其他粒子及整体的周围环境共享的。背景很重要，所以就有了不同层级之间的反馈。因此整体和部分——或者系统波动函数和它单独的粒子——就是共同涌现的现象。而且，量子互动的复杂性，无论是在微观层面上还是宏观层面上，极大地扩大了可能出现的各种结构的空间。在计算机上，可以直接生成基于行为人的常规市场模型，说明它跟真正的市场一样有涌现性。但是在量子版本中，有另外一种层面的反馈，市场行为改变了行为人的特质，就好像生活在市场经济下的我们被改变了一样。[452]

例如，美国心理学家保罗·皮夫（Paul Piff）揭示出，财富如何能影响人们的态度和行为，增强他们的自我权利意识，减少其对他人的同理心。[453] 反过来，贫穷和稀缺这样现实的压力和心理压力会削弱人的心理承受能力。正如行为经济学家塞德希尔·穆来纳森（Sendhil Mullainathan）所言："如果明天我让你变穷，你的举止表现很可能会跟我们一想到穷人就会想到的表现一样。"[454] 最不能忍受贫穷的人往往会变成瘾君子，这是有原因的。（经济学自诩是围绕稀缺的科学，哪怕它的理性行为模型在稀缺的情况下是最不适用的。）确实，根据高盛公司的一则报道，金融危机很可能加剧了美国当前的阿片类药物危机。[455] 因此我们的社会背景，例如生活在一个贫富不均的社会中，对我们的影响就跟共同的波动函数对一个电子的行为所产生的影响一样。

而让人不解的是，虽然量子物理学经常被描述为离奇的、反直觉的，但它似乎跟社会关系有很多共同之处。人们喜欢参与集体活动——从示威到暴乱，再到狂欢晚会，原因之一就是他们享受这种感觉——不仅加入其中，而且成为人群当中的一员，因为这样一来，他们的自我就消失了。这种效果类似粒子的某些集体量子行为，一般是技术当中经常用到的。超导性就是一例，物理学家罗伯特·劳克林称之为“电子在超导体内有一种手挽着手如巨人般行动的趋势”。[456] 另外一个例子就是等离子体，是一种带电的气体，就像戴维·玻恩所写的：“整个系统共同移动，不是一群无组织的人，反而像是一种芭蕾舞……更像是一个生命各部分有组织的统一，而非把一个机器的各部件拼凑在一起获得的那种统一。”[457]

这种对量子现象的描述跟社会学家唐纳德·麦肯齐（Donald MacKenzie）和泰勒·斯皮尔斯（Taylor Spears）的描述类似，虽然他们两位是在谈论计量金融这个行业：“可能在为投行中的衍生品建模时，总会涉及让受访者记忆深刻的‘芭蕾’，也就是需要工资高的‘宽客’，不仅是为了看清世界，更是为了保证行动一致。可能‘宽客’实际上就是一名舞者，而舞蹈只有在所有舞者都配合的情况下才会成功。”[458] 还是要重申一下，集体行为和个体，舞蹈和舞者，子整体和其组成部分，彼此之间是有反馈的。

不过，虽然货币有两面性，它还是有自己青睐的方向，历史学家费尔南·布罗代尔在描写货币向中世纪的渗透时写道：“它究竟带来了什么呢？主要粮食的价格急剧变化；无法厘清的关系，人们无法认清自我、他的风俗、他古老的价值。他的工作变成了一个商品，他自己变成了一个‘东西’。”[459] 就机械层面的实物而言，货币可能不算“东西”，但是它有办法激发出世界类似粒子的一面。

## 测量误差

到目前为止，我们一直都在关注金融交易中“多少”这个问题，那么也该问问这种在个体层面，或者在宏观经济层面，类似量子的行为，如何触及经济的最高层面，而且还触及世界这一整个系统的最高层面。

我们已经看到，货币是一种测量方法——让模糊的价值概念坍塌，产生一个单独的数字。因此，货币的涌现效应之一就是为世界的价值赋予一个数字。可能这方面最好的例子就是经济学家一直依赖 GDP 这样的度量标准。GDP 是指一个国家为所有最终产出的产品和服务所花费的量的总和。（像车这样的最终成品包括间接的产品，即零部件，是没有单独包含在内的。把这些加起来可不容易——联合国国民核算体系描述该过程的一个手册多达 600 多页。[460]）类似油、水这样的自然资源不算，除非把它们开采出来，用于某一经济交易中。类似污染这样的“负外部性”也不算，在家里的各种免费劳动，例如做饭、照顾小孩儿等，也都不算。

20 世纪 30 年代，西蒙·库兹涅茨开创了 GDP 这种方法来测量大萧条的影响，他想把用于类似投机买卖、广告及武器装备上的花销排除在外，因为它们对民生并没有什么贡献，但是这种细微的区别很快就被摒弃了。实际上，在“冷战”时期，美国的经济增长成为军事优势增长的一种替代指标，生活质量则是作为一个新增的次要福利。1953 年，在刊登在《外交事务》上的一篇文章中，经济学家 P.D. 怀尔斯（P.D. Wiles）写道：“在长期的‘冷战’中，增长速度是最重要的，因为最终，增长最多的国家变成了最强大的国家，它占尽了所有的经济优势，无论是军事实力，在世界市场上的主导地位，还是更高的生活水平。”[461]

因为 GDP 是基于被测量的交易，它具有逻辑连贯和审美一致的优点。如果你相信有效市场的奇迹，并认为经济是一台优化效用的理性机器，那么额外的益处就是，这样一来，给经济估值的工作就落到了市场上。但许多人指出，GDP 对“多少”这个问题的回答很有误导性。例如，近年来加拿大的 GDP 表现很抢眼，但如果减去资源枯竭所造成的影响，那么这种表面的增长就会消失。国际可持续发展研究所 2016 年的一篇报告总结了加拿大 1980—2013 年的发展，报告指出：“考虑到通货膨胀和人口增长，在此期间，每年的综合财富增速是 0.19%。”这听起来可不怎么可观。[462]

为了弥补上述和其他缺失的因素，曾经提出许多 GDP 的替代方案。其中一种方案就是真实发展指标，该指标也考虑了社会不平等和犯罪率等问题，并且显然在 1978 年达到了它的全球峰值。[463] 但是这些指标的问题在于，它们包括并非基于交易的估计，并且因为货币是一种测量方法，这意味着必须编造这些数字。GDP 不包括仍埋在地下的自然资源，原因是它们还没有出售，所以没有价格。污染也不算，因为——碳排放之类的人工市场除外——通常不会买卖污染（虽然清理污染是计算在内的，因此增加了 GDP）。同样，不用付钱的劳动力也不在考虑范围，因为不用付钱，所以就没有对它进行测量。

跟量子系统一样，测量过程也影响了被测量的系统。测量任何产生数值财富的活动，忽视或者低估类似资源消耗或污染这样的难题，使用 GDP 这样做的同时，其实就是在偏袒损害环境的经济活动。毕竟，如果想要增加 GDP，还有比从地下挖掘财富，以尽可能低价的方式倾倒处理污染更好的方法吗？（这种商业模式从历史的角度解释了我出生的城市多伦多为何那么多金，它是全球重要的采矿中心。[464]）

不过，正如弗雷德里克·索迪指出的，所有的人类活动，包括经济，都要遵循更大的一套法则，可能是热力学法则、量子法则或者其他。[465] 可以把经济看作从有序、有用的、低熵的源头获取能源（例如存储在植物中的太阳能），又把能源作为无序、无用、高熵的废物倾倒。一直以来，经济学家都把类似污染这样的东西当作“外部性”来建模，但是这个词的选择出卖了他们的机械思维模式，有助于解释为什么环境危机显露时，主流的干涉甚少。新古典经济学家习惯于把异端经济学家跟气候变化否定者相提并论（见本章延伸阅读），但这可能反映出他们长期以来对这个话题存在的焦虑，从前的现状可不是这样的。例如，弥尔顿·弗里德曼写道，“生态价值可以在市场中找到自己的自然空间，就像其他的消费者需求一样”，从而就把环境可持续性跟一台新的面包机放在了同一层面。[466]

当经济学家真的参与气候辩论时，他们典型的做法就是从成本—效益的角度出发来探讨问题，也就是，减少排放的效用——基于气候模型的估算——是与贯彻所需政策的代价，类似产出损失，相平衡的。气候变化的影响——类似极端天气、洪水、森林火灾、物种灭绝、人口大规模流离失所、人类生命损失——都是可以用某种方式累加至一个单独的美元价值，代表我们对此的所有平均满意度。正如澳大利亚学者克利韦·汉密尔顿（Clive Hamilton）所说的，这幅画面就是指经济学家作为“经济学界的终极技术官僚，把自己的手放在全球的恒温器上，检查自己建模的结果，鼓捣着旋钮，反复检查，进一步调整，这一切都是为了把地球上的大气层调到迎合大多数地球人的最优状态”。[467] 不过，这个方法有一些问题。

其中一个就是，正如汉密尔顿所观察到的，气候“更像是一头野兽，而不是像恒温器那样可以控制”。另外一个问题，我在别的地方也写到过，就是这种模型的预测能力——既包括模型对不可预测的经济的预测，也包括对不可预测的气候的预测——几乎是零，而同时，可以对这种模型进行调整，得到任何你想要的答案。[468] 考虑到经济学家一直以来对宣布利益冲突，例如，与采矿公司或者石油公司的利益冲突都畏畏缩缩，问题就尤其严重了。①

但是根本问题在于这种求和的方法跟贸易政策这样的东西一样无用。气候－经济体系并非水盆，会用一种平稳而且连续的方式调整自我，适应政策的改进。相反，它是一个复杂的、关联的系统，其中一个地方的变化可以对其他地方产生突然、巨大的影响。而且我们也不可能给气候定价，或者让它坍塌至美元价值，因为很明显，它是不对外出售的。

---

① 就像澳洲研究所的首席经济师理查德·丹尼斯（Richard Denniss）在 2016 年跟 CBC（加拿大广播公司）所说：“经济学家总是假装是毫不偏袒的，他们总是假装是为了维护什么东西而提出他们知识分子的公信力，而如果他们仅仅想要当一个推销员，那么他们应该承认这一点。他们应该跟新闻记者全盘交代，他们应该跟政客全部交代，他们应该跟公务员全部交代，说，看吧，我在这儿就是代表某些人，我的观点是不相干的，我所提出的这些观点就是为了帮助我的客户达到自己的目的。” Kennedy, P. (5 January 2016), ‘It’s The Economists, Stupid’ (CBC). Retrieved from: http://www.cbc.ca/radio/ideas/it-s-the-economists-stupid-1.3219471。

## 经济学的悲剧

可能环境危机的主要推手——当然，是模型当中未包含的——就是我们基于债务的货币体系。前文讨论过，因为大多数货币供给都是通过私人银行放贷创造出来的，我们使用的绝大部分的货币其实是代表了某些人的债务。债务是有利息的，所以如果经济停止增长，货币供给逐渐减少，那么要偿还债务将是不可能的。要保持同步，意味着经济必须永远增长，最终将突破自然的极限。

其中一个解决方案就是改变我们的货币体系，朝着类似于全储备银行这样的方向发展，也就是私有银行有多少储蓄，就只能往外贷多少。[469] 几年来，因为不同的原因，它受到多位经济学家，包括大卫·李嘉图、弗里德里克·索迪、欧文·费雪、米尔顿·弗里德曼、赫尔曼·戴利（Herman Daly），以及金融时报的马丁·沃尔夫（Martin Wolf）等的大力支持，这种方法可能会带来的益处包括减税，缩小贫富差距，因为铸币税和利息支付的工作将由政府负责，而非收入可观的金融行业。虽然这个系统有自己的弊端——例如，有些人担心，它会导致贷款活动落入无监管的影子机构之手。19 世纪以后，没有一个国家采用该体系，这一事实更多地暴露出银行这一领域的权力，而非这种想法所存在的任何不足。

另一个解决方案就是创造并培养一些领域，能把货币彻底剔除，重申共享的公有资源这样的老观念。例如，在中世纪的英格兰，很多土地都是单独划分出来当作集体管理的公有地，用作饲养动物、收集柴火等。当封建系统随着货币的广泛使用而崩塌，佃户逐渐被驱逐出公有地，这是圈地运动这一私有化进程当中的一环。这种做法传播到了苏格兰、爱尔兰和殖民地。今天，富有的对冲基金和国家政府继续接管世界各地剩余的可耕种土地，这个过程称作全球土地掠夺。[470]

公有资源这个观点很显然跟经济学是不太相符的，因为经济的重点就是通过销售东西来为东西赋予相应的数值。这个观点似乎还有一个基本错误，因为就像亚里士多德所提出的："对大多数人而言，大家最不在乎的就是公有的东西。每一个人主要都是在为自己打算，几乎根本不会考虑到公共利益；只会考虑他自己的个人利益。"[471]1968 年，生态学家加勒特·哈丁（Garrett Hardin）在一篇名为"公地灾难"的文章中也提出了同样的观点，文中描述了一则选自《圣经》的寓言故事。[472]很多牧民都可以使用公共牧场的一块地，对每一个牧民而言，理性的自我利益决定了他们应该尽可能多地利用这块土地，但是如果他们都这样做的话，那么结果就是过度放牧，最终将无人能受益。一个来自真实世界中的例子就是类似 1992 年加拿大新斯科舍省大浅滩的渔业崩溃，根据经济学家罗纳德·科尔曼（Ronald Colman）和汉斯·梅辛杰（Hans Messinger）的观察，"纽芬兰和新斯科舍省一直都在从最大的渔获中受益，一直到亚特兰大的鱼糜股票崩盘"。[473]

然而，与此同时，全世界也有来自林业、渔业、灌溉系统、草地等领域的大量证据说明公有资源是可以成功进行可持续管理的，因为用户并不是独立的原子，而是想要发展共同的原则和常态的彼此纠缠的社会人。政治科学家埃莉诺·奥斯特罗姆就是因为在这个领域取得成果而获得了诺贝尔经济学奖——在本书写作期间，她是唯一一名获此殊荣的女性。

今天，共享的公有资源的力量在数字领域尤其明显。电脑、智能手机以及互联网的很多驱动软件都是在通用许可证协议下开发的。该协议并不是要确立独家使用权，而是宣布，数字层面上资源必须是公用的。开源的在线杂志在学术界还效仿了这一法律架构，对于类似维基百科这样的东西实行所谓的创作共用许可证——必须承认，这对百科全书的出版社而言，不是什么好事，但是整体来看，算不上悲剧。跟历史上其他的公有资源一样，数字公用必须不断抵制类似脸书这样的数字巨头圈地。脸书一直都在尝试把用户圈在自己的货币化的平台上。

把共享资源看作是公有的，这条原则也同样用在了对类似气候系统这些东西的管理上。毕竟，我们都在呼吸同样的空气，你不可能给空气定价。正如奥斯特罗姆所强调的，人们不用经济学家来告诉我们如何管理公有的东西，因为几百年来人们自己就是这样以身作则的。[474] 实际上，经济学家的干预经常更有可能破坏而不是增强可持续性。[475] 气候系统之所以不同，只是因为它是全球范围的，当然这让它成为一个令人畏惧的难题，要解决这个难题，涉及各级政府、行业以及社会，但是对这个问题，经济学家应该充当的角色是支持者而非领导者。

因此，针对环境问题的量子经济学的方法简单得令人难以置信——它不知道自己在讨论什么（因为环境并不是基于货币，而经济学家要了解经济本身就已经够麻烦了），但是它也可以与其他知道自己在讨论什么的领域一起合作。这可能看起来是一个比较极端的方法，考虑到经济改革者通常都是在说扩大经济学的范围，以便能更好地解释自然系统的价值和变化。但是，批评者也在呼吁，经济学应该更加谦卑一点，而且从实证的角度来说，近几十年来，类似环境经济学这样的领域，其发展对于减缓环境破坏作用甚小。哲学家迈克尔·桑德尔（Michael Sandel）表示，“随着市场进入一直以来由非市场规律所支配的生活领域，市场不会碰触或者污染其中交换的产品这一理念变得越发令人难以置信”。[476] 这番话对经济学同样适用，它试图通过引入代理版本来弥补自然在市场机制方面的匮乏。通过为自然赋予一个数值，它是在用另一种方式让其贬值。而通过用它自己抽象的数学模型来表达问题，它实际上是在隐藏自己的假设——或者更确切地说，是让这些假设对门外汉而言更加晦涩难懂——而非澄清这些假设。

货币不是一个自然的系统，它是人类的发明，在本质上让我们跟自然系统起了冲突。这样看的话，一个生态经济学家，就是指同时理解生态学和经济学的人，而且还能认识到虽然两者有些共同之处，却不是一回事。实际上，类似这样的东西似乎正是表面类似的环境经济学和生态经济学两个领域的区别所在——例如，生态经济学家赫尔曼·戴利提出，我们应该限制实际的开采量，把开采权卖给出价最高的竞标人，通过这样的方式来控制资源的使用，而面对同样的问题，环境经济学家则会选择用成本利益分析、征税等方式来处理。[477]

因为经济学的许多方面都会以这样那样的方式影响环境，经济学家当然就必须要学会让经济能够在有限的条件下运作。但是我们不应该指望经济学家会自行优化地球的健康，就像我们也不能指望他们来管理我们的个人健康。我们应该限制经济学的领地，而不是让它进一步扩张。

## 货币面纱

当我们换个角度看时，一个类似的估值问题就出现了，在这些经济活动中，我们到底在买什么？根据新古典经济学，经济是由理性行为人组成的，他们进行交易是为了让个人的效用最大化。因为效用是加成的、线性的，因此净效应就是，让整体的效用也实现了最大化。

这一学科的奠基人直接把效用和一种愉悦的能量联系在了一起——就像弗朗西斯·埃奇沃思在1881年的《数学心理学》中所说的，“一种享乐主义的磁场”。[478] 更现代的教科书把效用定义为“消费者从消费某些产品或者服务的过程中所得到的满意或者健康”［拉甘（Ragan）和利普西］或“一个人获得的幸福或满意的程度”（曼昆）。[479] 效用和幸福之间的关系导致了这样的假说：经济增长让人幸福。[480] 有时候这种假说是很直白的。例如，奥利维尔·布兰查德（Olivier Blanchard）在教科书中坦言，“经济学家理所当然地认为，人均更高产意味着更高的效用和更多的幸福”。但是更多时候，在用于决策的经济模型中，这种关系很隐晦。[481]

鉴于经济增长和幸福的关系是主流经济思想的一项基本原则——或者正如一本书所说的，“经济学就是谈幸福”——人们可能以为这一论断背后有很多实证证据。[482] 但是实际上，社会财富和幸福感水平之间的关系是很脆弱的，最贫穷的国家除外。[483] 在美国这样的富裕国家，在20世纪60年代，幸福感似乎达到了峰值，日本在20世纪50年代是全世界最贫穷的国家之一，但在几十年后发展成为最富裕的国家之一，而日本人的幸福感没有显著的变化。[484]

相反，似乎更为重要的，至少是就经济要素而言，是社会地位或社会等级。基于货币的社会，其副作用之一就是它让我们很容易在线性层面比较自己和他人。2010 年，英国研究人员开展的一项调查发现："影响生活满意度的是收入排名，而不是收入本身。"[485] 其中一名作者，华威大学心理学系的克里斯·博伊斯（Chris Boyce）总结说："就因为你发现朋友一年挣两百万英镑，导致一年挣一百万英镑似乎都不足以让你感到幸福。"[486] 或者就像 1907 年的一篇论文中所说的，通常都认为这话出自约翰·斯图尔特·穆勒之口，但未必真是他，"人们不想变富，只想比别人更富"。[487]

实际上，贫富差距似乎还能影响人们的身心健康。2014 年的一篇基于英国数据的研究总结说："也许能够解释金钱对人类健康影响的是社会地位，而非物质条件。"[488] 这跟 1991 年英国面向公务员开展的一项著名的研究不谋而合，后者揭示出，心脏病最明显的预兆就是工作地位。很明显，因为地位低的员工要承受更多的压力，所以会有更多的心脏问题。[489] 从纯机械的角度看，这些发现很难理解：为什么一个惰性的、理性的、独立的经济行为人会在乎另外一个经济行为人做什么？但是当我们把经济看作一个纠缠的系统时，也就是说，人们会对彼此产生直接影响，就完全能够说得通了。

金融纠缠是不对称的，因为它编码的是权力关系——债权人对债务人的权力是受到法律支持的。纵观历史，这一特性意味着，债务是人们沦为奴隶或者苦役的主要原因。但与之相反的是，在历史学家卡尔·温纳林德（Carl Wennerlind）笔下，英国卷入19世纪的奴隶贸易意味着“在伦敦的市区、非洲海岸的奴隶市集，和新西班牙的殖民城镇之间所形成的一种更为紧密的思维关联。这种复杂的时空压缩把价值从未来转换到了现在，从商业领域转换到了公共财政，从大西洋转换到了伦敦市”。[490] 甚至在今天，奴隶劳动在很多公司的全球供应链上仍在发挥作用（在英国预计高达11%），哪怕它在大多数消费者脑中分量已经没有那么重了。[491] 最明显的就是大多数经济依赖负债累累的“工资奴隶”的努力，他们挣的钱只够偿还自己的债务、勉强维持自己的开销。不幸的是，似乎我们越发纠缠的经济，还有另一个副作用：进一步拉大贫富差距。

## 货币之箭

虽然全球贫穷人口近些年来一直呈下降趋势，很多国家的贫富差距却在急剧增加。从2017年乐施会的声明，8个人掌握着全世界一半人口的财富（从2010年的388人减少到了现在的8人）中可见一斑。[492] 这就好像这次你不再是往房间中放一个咖啡杯，而是把一小部分最富有的人放在世界的中心，他们的财富不会慢慢耗散，或者惠及普通民众，只会越来越多，就仿佛时间在倒流。

很多著作中都写到了这种日渐拉大的贫富差距，包括类似托马斯·皮凯蒂这样的非新古典的经济学家，而且最近包括经济合作与发展组织和国际货币基金组织在内的一些组织也开始写到这个问题，它在很多国家已经成为重要的政治议题。[493] 但是主流经济学家整体上对类似财富或者收入分配这样的话题所发表的言论少得惊人。确切地说，就像丹尼·罗德里克在2016年提出的，他们“一直在极力减少人们对分配问题的担忧”。[494] 世界银行的前首席经济学家布兰科·米拉诺维奇（Branko Milanovic）表示，一直到几年前，“贫富差距这个词甚至在政治上都是不可接受的，因为它仿佛代表了某种野蛮的东西”。[495]

虽然罗德里克称这种情况是“奇怪的”，但它实际上纳入了经济模型。分配问题被看作对这种模型的一种曲解，因为，我们前文看到，经济模型是基于平均人的概念，完全忽视了金融纠缠——也忽视了整个金融体系。[496] 有些经济学家对此态度旗帜鲜明。莱昂内尔·罗宾斯在20世纪30年代写道，因为无法测量和对比不同人的主观效用，公平分配问题“跟科学的经济学假说毫无关系”（不确定他既然对分配问题兴趣寥寥，如何又给出了经济学是围绕稀缺性的科学这一著名定义的）。[497]2004年，罗伯特·卢卡斯写道：“在所有对合理的经济学有害的趋势中，最能迷惑人的，在我看来也是最有毒的，就是把焦点放在分配问题上。”[498] 当然，如果你相信市场是有效的，那贫富差距只是在反映能力的高低。CEO——收入不均中的代表人物——的工资就是一例。正如格利高里·曼昆在2013年的一篇论文中所写的，“给CEO开很高的工资，最自然的解释就是一个好的CEO真的价值极高”。[499]（他们当中有些人必定才智超群。）

同时，在解释其他人为什么收入低时，DNA的共同发现者之一詹姆斯·沃森在2003年表示：“收入差距越来越大，这可能在某种程度上反映出，有些人要比其他人更加强壮、健康。有些人，无论你让他接受多少学校教育，也从来不能真的让他达到必要的有效智力水平。”[500]2013年，当时的伦敦市长鲍里斯·约翰逊在自己的演讲中提醒支持持有对冲基金的各位听众："无论你们是怎么看待IQ（智商）测试的结果，它一定是围绕平等的一个话题，我们人类当中有多达16%的人IQ低于85，还有2%的人IQ超过130。"[501]（这些数字只是反映了对于IQ打分系统的定义，设计的初衷即是大致遵循正态分布，平均值是100，标准偏差为15。贫富差距的波动肯定比这大得多。）

这种观点源于19世纪的社会达尔文主义者，他们把生存比作丛林法则。[502]但是，哪怕是没有基因或IQ这一番描述，从主流经济学的袖手旁观也可以看出他们的立场。他们认为经济学家不应该干涉有序的分配，试图让经济显得不那么不公，因为市场——至少是它的理想形式——在这种事情上，是比经济学家更优秀的裁判。假如人们是单独的原子，对自己的决定负责，那么他们就应该对自己的经济宿命负责。甚至还有人表示，经济模型对所有个体等而视之，这反映了这一领域主张人人平等、国际化的世界观。[503]

然而，这似乎是在假装甘之如饴，经济学家一直以来很少注意到分配问题，真正的原因是分配问题破坏了还原论方法核心的对称条件。经济模型把经济看作一种不温不火的热力洗浴，有了这些工具，经济学家即使有心，也不能为类似极端的贫富差距这样的东西建模。

这倒并不是说所有的经济学家在政治上都右倾，只是他们基于对称的理论并不擅长处理贫富差距问题。[504]与此同时，因为忽视或者低估货币和债务的重要性，主流经济学助推债务和贫富差距问题的出现——因为只有直面问题，并且重视问题，我们才能真正解决问题。而迪恩·贝克认为："正是迫于巨大的压力，才会有这些支持现状（例如，对富人进行重新分配）的努力——绝不质疑权威，而且还复杂得毫无意义。结果就是，学科当中大部分工作都是无用功，只不过是让现有的权力机构合法化。”[505] 例如，贝克指出，自由贸易协定关注的是让劳动力和资本流动，同时又在限制类似知识产权和专业执照等，限制类似医疗等受保护领域内的竞争。[506] 与此同时还忽视了金融领域，而实际上它高得离谱的薪酬结构，以及放大资产泡沫的倾向，本身就是贫富差距的主要祸端。

## 追求幸福

如果幸福真的是经济学的目标，那么经济学家恰恰应该优化分配，而不是优化经济增长。虽然如此，经济学家大多数的精力还是放在后者，对前者知之甚少。而从更深的层面看，经济学到底应不应该关心幸福呢？

2000 年时，罗伯特·帕特南在自己的著作《独自打保龄》（*Bowling Alone*）中写道：“通过对生活幸福相关因素长达半个世纪的研究，不仅在美国，也是在全世界进行的研究，唯一一个共同的发现就是，透过一个人社交的宽度和深度最能看出他是否幸福。”[507] 而且，幸福也可以催生幸福，就像由于利息，钱能生钱一样，不同之处在于幸福是可以分享的。这是 2008 年美国的一项调查发现的，该调查对 4 700 个人连续跟踪了 20 年，发现有一个幸福的朋友或者邻居可以增强你的幸福感，大概是增加了 9%。这项研究的一名合伙人，政治科学家詹姆斯·福勒（James Fowler）总结说：“追求幸福并不是个人单独的目标，我们是相互关联的，我们的欢乐也一样。”[508] 无论我们接不接受，我们隶属更大的组织。财富并非一切。

正如只是观察一个量子的状态就改变了它，似乎“追求幸福”实际上会让我们不那么幸福。社会心理学家布罗克·巴斯蒂安（Brock Bastian）表示，澳大利亚的一项研究表明：“在鼓励幸福的国家，抑郁率反而更高，感觉幸福并不是美满生活的副产品，感觉幸福本身就成了一个目标。社交媒体上到处都是热情洋溢的笑脸，幸福大师在极力推荐最新的情绪快疗产品，这些更强化了这样的信息：我们应该努力让自己做到时时刻刻斗志昂扬，避免消极情绪。”[509]

幸福的确会受到类似贫富差距等经济因素的影响，一部分原因在于我们生活在一个基于数字的经济体系中，鼓励我们根据类似工资、房价或者净价值等衡量指标来比较自己和他人。换言之，经济学并不是像经济学家所宣扬的，让我们快乐，而是很可能恰恰相反。经济学不应该假装自己知道如何通往真正的幸福，而是应该致力于处理自己实际上可以处理的难题，比如让经济机会更加公平。例如，如果经济模型想要用“每一个市民必须要能够挣工资”这一限制条件替代帕累托最优，那么类似全民基本收入这样的政策，它也是目前很多国家在热烈讨论、测试的政策，肯定会更容易接受。[510] 如果最高增长目标的上限是环保论者和系统经济学家所提出的限制，我们也许会更幸福，也许不会，但是我们会为孩子创造一个更美好的未来。

虽然量子经济学可能在幸福方面没什么好说的，但它对一个相关的问题还是有发言权的，那就是感觉生活有了意义、有了目标。这跟幸福有关，但又不完全是一回事——艺术家为自己的艺术受累，父母为孩子受累，等等。在主流经济学讲述的故事中，我们是效用优化机器，所以一份工作只不过是一种挣钱买东西的途径，似乎是没有什么意义的。量子方法通过在方程式中加入意识，让我们把经济看作一个创造的过程、可参与的过程，但最重要的是，一个有意义的过程。

## 边界问题

西方科学工程在漫长的发展历程中，虽然在很多方面都取得了成功，但是本质上还包含了通过基于数字的还原主义机制逐渐侵蚀我们的思想这一过程。这一点在新古典经济学中体现得最为明显，它给自己设定的目标就是理性地优化幸福，但似乎有点儿过了，以至于在其计算中完全漏掉了货币，因为货币不符合这种叙述。但是如果我们退几步，站得更远一些，再回过头来看当今的经济——就像阿波罗号的宇航员回过头来看地球一样——我们会看到它根本没有优化效用，而是在牺牲环境和人类幸福，以此维持严重扭曲的现状。经济学家把货币当作一种惰性的交换媒介，但是它似乎成为一种有毒物质，导致了亚瑟·库斯勒所谓的“子整体的一体化趋势”的崩塌。作为一种共同的货币，它本应让我们团结，但却让我们分崩离析。

虽然建立一个量子经济学模型，基于物理学的合理原则，把人类经济和地球系统结合，听起来像是一个能收获不少资助的学术方案，但是就像上文所认为的，为复杂系统建立的大模型最终都有太多的敏感参数和互锁的反馈回路，你可以让它随意为己所用。更简单的方法就是接受并相信量子经济学的结论，其中一个结论就是，价值是一个模糊的社会概念，只有通过交易测量时才会坍塌至一个单独的数字。因此，价格测量就是经济的涌现特征，在本质上是不确定的，但同样重要的是，它们只是价格测量。它们也许对我们有意义，但就其自身而言，它们对于这个星球是没有任何实际意义的。尤其是，虽然价格在一定程度上受到稀缺性的影响，但它们也比不上对稀缺性的测量。油价在几个月间飙升或者暴跌并不是地下还剩多少油的衡量指标。

因此，为了重新整合经济，我们可以借鉴自己大脑的结构。正如伊恩·麦克吉尔克里斯所说的，大脑左半球假装是擅长处理类似效用——它是泰然自若的乐观这样的东西，但是实际上，它主要的才干是把所有东西都还原成合乎逻辑的信息，类似数字和字母。相较之下，“右半球的特长是结合整体和背景理解含义”。[511] 麦克吉尔克里斯提出，如果左半球主导的话，就会把世界看作“相对机械、几乎没有关联的‘各部分’的集合；是相对抽象，脱离肉体的；不太能理解同类的感受；过于直白；道德上很功利；对现实的看法过于自信，对问题缺乏洞察力——神经心理学所提供的证据就是，这些都是左半球世界相对于右半球表现出的特征”。[512] 左半球会把自己看作“但凡是它认为非自愿的情况下，它都只是被动的受害者”（可能是随机的外部冲击）。而且，当然，将会强调“数字，左半球对此很熟悉，极其擅长操纵数字”，和“‘可测量性’，换言之，坚持定量，而非定性”。[513]

这已经是现实了——正是所谓的主流经济学。1936 年，经济学家弗里德里希·哈耶克反问道：“存在于不同思维的零星知识的混合，怎样才能造成这样的结果，即如果人们蓄意要造成这种结果，则需要指导知识，但这些知识不可能由单个人所拥有。”[514]他在市场定价系统中找到了自己的答案（他的仰慕者玛格丽特·撒切尔也一样），他视之为一种超级大脑。正如马特·里德利（Matt Ridley）所写的：“我们生活在一个用丰富的技术和文化奇迹所装饰的世界中，因为我们让思维互联，形成一个集体大脑。正是交流和专业化分工让我们能够这样做。这就是哈耶克的伟大发现。”[515]然而，这种基于数字的“集体大脑”只有左半球在起作用——也让它自己相信经济中的多维信息可以通过某些方式压缩至一个单独的数字，即价格。（应该指出，哈耶克是在信息理论出现之前写下的这些东西，他的见解可能因此受限。）

所以，要让这一系统重归平衡，我们不必非要经济学家放弃数字，或者去上艺术学校，又或者，好好体会一下自己的感受（虽然如果他们读了更多的小说，可能会有所帮助，因为小说可以反映很多人类的行为）。[516]经济学讲的是一种特定的基于货币的社会体制，也就是所谓的市场经济。对于人类与环境之间的能量流动，它无话可说——它的货币单位跟物理的单位不相容（长期以来，对经济学的一个批评就是，它们很少注意到类似单位这样的东西），它对于幸福这一“心理能量”能说的甚至更少，经济学可以从类似生态学或心理学或热力学中学到很多东西，类似真正进步指标（简称 GPI）这样的工具可以提供有用的指标；但是加里·贝克尔的声明“经济学的方法是一种可以适用所有人类行为的全面方法”可谓大错特错。

相反，我们需要一个社交版本的胼胝体——拉丁语中意为“坚韧的身体”——才能让经济还原主义找对位置，并防止癫痫发作和其他故障。特别是生态学家和环保论者应该为经济活动创造牢固的边界条件，例如生态系统可以接纳多少污染或其他破坏——因为对他们来说，就像对地球而言，货币真的是笼罩着一层面纱。至于成为幸福大师，经济学家想都不该想。

长期以来，对新古典经济学的一个主要批评是它不包括诸如环境或社会福祉这种精确的度量标准之类的东西，通常的解决方案就是经济学需要开疆扩土。然而，这种方法在实践中不太行得通，因为它没有考虑到货币体系的自然偏见。因此，经济学应该收缩，而不是扩张。毕竟，如果经济学家无法预测金融崩溃，那么他们也不适合就环境危机或社会临界点等问题提供建议。

当然，这并不是说经济学家在做出预测或设计经济政策时应该忽视环境或社会因素和制约因素，而是他们的计算应始终在识别那些输入以后进行，这不是一回事（见本章延伸阅读）。在最后一章中，我们将说明，承认量子经济强大、纠缠和不稳定的特质，并为之设定边界，有助于经济体系恢复到健康状态。

## 延伸阅读

### 跟银行家一起喝咖啡

美国物理学家罗伯特·米利肯（Robert Millikan）花了 10 年时间，想要检验并驳斥爱因斯坦的光电效应量子理论。他没有发现这个理论的任何错误，但坚持认为“这一方程式所依据的物理理论是完全站不住脚的”。[517] 古典经济学家对于量子观点的抵制甚至比物理学家更坚定。[518]2015 年，经济学教授彼得·戈蒂埃与两名荷兰裔的学生约里斯·蒂耶勒曼（Joris Tieleman）和洛伦索·弗朗科（Lorenzo Fränkel）在辩论经济学教育多元化需求的过程中，展现了反对任何形式的变革可以使用的标准论据。[519]

戈蒂埃的表述跟 V.V. 沙里的证词一致，“有一种主流方法，大约 98% 的经济学家都采用这种方法。与主流分离的这群人，异端经济学家……实际上是一个想摆脱主流的纪律、秩序约束的群体……在其他学科中你也看到了类似的情况；在生物学领域，是智能设计，在气候科学方面，是气候怀疑论者”。维多利亚大学的克里斯托弗·奥尔德在 2013 年同样写道：“每一个涉及政治或宗教意识形态的主流科学都吸引了相当比例的否认者：反疫苗人群和主流医学，转基因生物恐惧症和遗传学家，创造论者和生物学家，全球变暖否认者和气候学家。经济学也不例外。”[520] 剑桥经济学家蓬图斯·伦达尔（Pontus Rendahl）在 2016 年向英国《金融时报》坦言，呼吁经济学多元化，“其论点跟美国那些认为‘自然选择只是一种理论’的创造论者的论点一模一样”。2017 年，伦敦大学的迈克尔·本-加德（Michael Ben-Gad）嘲笑希望“从新古典经济学中解放出来”的学生群体其实是在自以为是地坚持内在逻辑、数学严谨和量化，“……尽管如此，我们并没有在大学教授占星术或创造论，虽然在一部分学生当中，这些可能比物理学更受欢迎”。[521]

当其中一名学生（蒂耶勒曼）观察到权力、文化和环境等话题在很大程度上被排除在分析之外时，戈蒂埃回答说：“我认为你把经济学看得太狭隘了，但实际上它并非如此。文化是包括在内的。”戈蒂埃认为，“新古典经济学将经济与地球分而视之”的想法是“完全不正确的”（尽管主流经济学家一直面对这样的批评，连气候科学家也提出了这样的批评）。[522] 另一方面，“你必须从这些噪声中提取出所有这些不相干的问题。这正是模型的用途所在”。

当蒂耶勒曼提出对于实地考察工作缺乏重视时——没有一位经济学家“想到要去伦敦城‘世贸中心遗址’，跟银行家谈一谈”，戈蒂埃最后同意，这是被有意排除在外的。[523]“对我而言，去问银行家我们必须要怎么做似乎不是很明智……你想要的是做实地考察，跟银行家一起喝咖啡……我们相信你并不会从这些谈话中学到什么，你可能只是学会了建立假设，但是最终你希望看看实实在在的数据。”就像罗伯特·卢卡斯在《23位诺贝尔经济学奖得主的瑰丽人生》中所提出的：“经济理论只是数学分析，其他一切都是图片和闲谈。”[524]

正统和非正统经济学家之间的辩论往往看起来在本质上几乎是宗教性的，因此无法解决。但量子方法的一个优点在于它的文化中为数学和非数学思想，以及它们之间的相互作用也留有一席之地。[525]例如，没错，模型需要很简单才能做到有效，而且在本质上涉及某种数学分析；但是那样的话，争论就变成了哪些是你可以忽视的，结论会有多可信，这些并不总是能根据逻辑原则推断出来的。发现简单和复杂之间的平衡才是数学建模和预测的艺术的关键。[526]我认为（而且我怀疑有些新古典经济学家可能也会同意）经济学并不应该“包含”文化或环境——相反，它应该是在与那些东西协商——但是应该包含货币。

所以，虽然量子经济学可能在根本上跟古典方法的主要原则不兼容，但经济学家还是应该继续跟银行家——也跟彼此——一起喝咖啡。当然，量子经济学家也可以为世界经济建立一个极其复杂的量子模型，只有受过适当训练的人才能理解，把任何预测失误归咎于量子不确定性，并且开始书写他们自己的“瑰丽人生”。但是正如本书所认为的，那是错误的方向。

# 第十章　我们经济学

爱财是万恶之源。

——《圣经》

（詹姆斯国王钦定版）

金钱是万善之本。

——安·兰德

《阿特拉斯耸耸肩》（1957）

善恶同体。

——赫拉克利特

量子物理学刚出现时，共同的反对之声就是它似乎赋予了亚原子粒子一定程度的支配权，好像它可以自行选择自己要做什么似的。1924 年，阿尔伯特·爱因斯坦在写给马克斯·玻恩的一封信中写道："我无法接受这种想法，一个被辐射的电子竟然可以按照自己的意愿进行选择，不仅仅是选择它跃迁的时刻，还有它跃迁的方向。”但奇怪的是，对人类似乎也存在同样的偏见。长期以来，经济学家为经济建模时一直把经济当作一种机械设备，人们在经济活动中表现得就像无生命的齿轮。从中可以看出，道德已不在讨论话题之列。本书最后一章将总结受量子物理学见解启发而产生的新经济学的论点。

20 世纪 60 年代末，美国等西方国家正在经历一场反叛文化革命，这场革命的发起者包括嬉皮士、女性主义者、环保主义者，反核团体以及创立《全球概览》的斯图尔特·布兰德（Stewart Brand）和宣扬迷幻药好处的蒂莫西·利里（Timothy Leary）等颇有远见的各界人士。在某种程度上，这场运动针对的是大量耗费美国人生命和财富的“冷战”和越南战争，但它似乎也昭示着，现代生活的机器审美即将被取代。令大多数物理学家感到恐惧的是，从 20 世纪 70 年代开始，新时代文化逐渐将量子物理学的思想与弗里乔夫·卡普拉（Fritjof Capra）的《物理学之“道”》和加里·祖卡夫（Gary Zukav）的《物理之舞》等著作结合起来。[527]（量子经济学的观点也让一些物理学家晕头转向，至少是一直持续到他们明白量子经济学到底是什么。[528]）

然而，并不是每个人都被幸福的集体主义这种想法所吸引，或是着了嬉皮士的道选择入世或出离。俄裔美籍作家阿丽莎·济诺维耶美娜·罗森鲍姆（Alisa Zinov’yevna Rosenbaum）就是一个例子——可能大众更熟悉她的笔名安·兰德。她的第一本书，半自传式的《生而为人》，并没有引发世界性的关注。可能是因为这个书名不够好，然后她写了一本名为《一个人》的小说［最初的暂定名是《自我》(*Ego*)］——比自拍杆的出现早了约 75

年——颂扬个性的概念：“我和‘我们’这个怪兽绝交了，我和农奴制、掠夺、悲惨、虚假和羞耻这些词语绝交了。此刻，我看着神的脸庞，我把这位神举到地球之上。有史以来，人类一直在寻找这位神，他将给人类带来快乐、和平与自豪。这位神，这个词语——‘我’。”[529]

兰德的第一本畅销书《源泉》于 1943 年出版，这本书讲的一个名为霍华德·洛克的天才建筑师的故事。完成本书之后，紧接着就是 1957 年出版的《阿特拉斯耸耸肩》，讲的是一个名叫约翰·高尔特的企业巨头，困在一个反乌托邦的未来，彼时集体主义取得了胜利。她的书先是沉寂了一段时间，随后才流行起来，卖出几百万册，影响甚广，尤其是在美国和英国的保守主义运动期间。

兰德的书可以归结为她所谓的“理性的利己的道德观”，她把这变成了所谓的客观主义哲学。[530] 这种哲学声称：现实是独立于意识的客观存在，一个人可以通过使用归纳的逻辑获得这种客观现实的相关知识；生活的目的是追求个人的幸福；尊重个人权利至关重要；自由资本主义是实现这些目标的唯一途径。她在 1961 年写道：“摆在我们面前的选择也是一目了然的：要么是一种理性的利己主义的新型道德，其必然结果就是自由、正义、进步及人在这个世界上的幸福；要么就是那种原始的利他主义道德，其必然结果是奴役、暴力、不变的恐怖和牺牲的熔炉。”[531]

兰德的仰慕者组成了一个小圈子，她戏称为“兰德集团”。这里面包括比她小好几岁的情人纳塔涅尔·布卢门撒尔（Nathaniel Blumenthal），他无私地把自己的姓改为布兰登，因为这样就可以把兰德的名字包含在里面了。[532] 他随后连续写了大概

20 本关于心理学的书，其中有 10 本书名中都包含“自我”。集团中另外一个比较年轻的成员就是艾伦·格林斯潘，他后来写道：“安·兰德成了我生活中一股稳定的力量……我的才智一直都十分有限，直到我遇见了她……我们都认可数学和严谨的重要性。”[533] 根据 1999 年《时代》上的一则简介，“格林斯潘在兰德公寓度过了许多漫漫长夜，通过她的文章和书信，他在客观主义中找到了一种感觉，即市场传达的是关于人类本质最深刻的道理，因此，市场最终一定是对的”。言外之意就是“试图否认全球市场的力量，最终一定会是徒劳的”。[534] 格林斯潘对于理性利己主义的坚定信仰在 2007—2008 年危机之后成为一个热议话题，他在国会做证时表示“我们一些人有这样一种理念，贷款机构会出于自身利益而保护股东的权益。现在有这种想法的人，尤其是我本人，面对危机的产生震惊不已”。[535]（这种“我之过失”并没有持续很长时间，他很快就又回归到了为他所谓的“全球‘看不见的手’”据理力争的状态。[536]）

兰德如今还时常被新闻界提起是因为她一直都深受领导人的欢迎，无论是政界还是商界的领导人。唐纳德·特朗普说自己不怎么爱看书，但还是会抽时间看《源泉》，“这是一本有关商业、美、人生、内心情感的书，里面几乎谈到了……一切”。他在接受《今日美国》时这样评价此书。同时，前国务卿雷克斯·蒂勒森曾经把《阿特拉斯耸耸肩》列为自己最喜欢的书。[537] 前白宫新闻发言人保罗·瑞安表示：“它给了我很多启发，所以在我们办公室，我要求所有的实习生和我的员工都必须读这本书。”[538] 显然，读兰德的书可以打开统治世界的大门（不过，假如一个组织内同时有多个仰慕者时的确会出问题）。难怪她的书每年的销量可以达到几十万册，在金融危机之后，销量还翻了三倍。[539]

兰德似乎尤其受技术 CEO 的欢迎，《名利场》杂志中一则对硅谷领导人的采访总结说，兰德“可能是这一行业里最具影响力的人物”。[540] 苹果公司的联合创始人史蒂夫·沃兹尼亚克表示，史蒂夫·乔布斯称《阿特拉斯耸耸肩》是自己的“人生指南”。兰德在许多计量金融从业者当中也同样很受追捧，至少传闻如此。亿万身价的“宽客”罗伯特·梅塞（Robert Mercer），曾经资助特朗普的竞选，据说其哲学思想与兰德的客观主义伦理观很接近。他的一名前同事告诉《纽约客》杂志：“鲍勃（罗伯特昵称）相信人类唯一的内在价值就是能挣多少钱。猫有价值，他说，是因为它给人带去了愉悦。但是如果一个人接受福利救济，那他的价值就是负的。如果他比一名在校老师多挣一千倍，那么他的价值就比在校老师高一千倍。”[541]（兰德并非唯一的选择。当 14 岁的埃隆·马斯克面对“存在危机”的困扰时，他转向了道格拉斯·亚当斯的《银河系漫游指南》，从中获得了启蒙，似乎还真的有用。[542]）

实际上，兰德对尼采所谓的“阿波罗式的个体化原则”的歌颂只是不断发展的社会原子主义这一长期趋势的最新发展阶段罢了，它已经有几百年的发展历史。[543] 回到 19 世纪初，才刚刚开始使用类似“自我”和“爱自己”等词的现代意义，而“原子”是科学家的专属词。200 年以后的 1995 年，一篇调查表明大多数美国人认为其他人（不包括自己）“越来越原子化（而且）自私了”。[544] 我们不仅认同理性经济人，而且认同（其实不然）启发了理性经济人的古典派的原子。经常有人说原子物理并没有扩大到人类的层面，但是它的观点确实已经扩大到了这一层面了。

之所以会产生这种影响，一部分原因可能是货币的作用被放大了。行为经济学家的很多研究都表明：让人们思考货币会让他们表现得更加自私。[545] 但是这种影响在西方文化中似乎特别强烈，哲学家和地理学家段义孚（Yi-fu Tuan）表示："跟其他文化相比，西方文化鼓励强烈的自我意识，过于相信权力和个人价值……这种孤立的、批判性的和以自我为中心的个人就是一种文化人造物。我们可能对它的历史感到惊讶。我们知道，儿童不会去感受和思考，没有接受过教育和囿于传统的人也不会，早期的欧洲人同样也不会。"[546]

对自我的强调似乎尤其奇怪，因为人的显著的独特性正在于我们在同感、利他主义和发展社会规范等方面的天分，这种独特性——远非兰德所想象的"不变的恐怖和牺牲的熔炉"——"让我们参与人类所特有的大范围的合作"，《心理学前沿》杂志中的一篇文章这样写道。[547] 这种文化错位背后的原因不言自明，即受到了一种经济理论的主导，这种理论高度重视单个的原子化行为人的力量，认为部分高于整体。正如约瑟夫·斯蒂格利茨所提出的，行为经济学表明："将个体嵌入自私的文化中（这被认为是常态）会导致该方向的行为发生变化。"[548] 而说到自私文化，新古典经济学可谓无人能及。

然而，兰德的客观主义和主流经济学都存在一个根本性的缺陷，它们只有在应用于古典对象物体而非量子对象时才说得通，但因为我们恰恰生活在量子宇宙中，那这就成了一个问题。例如，根据经济学中一贯在使用的博弈论，假设每个人都很理性地行动以优化自己的效用——他们的目标就是要赢。这与量子博弈论形成了鲜明的对比，正如亚历山大·文特所指出的那样，战略具有“不可简化的集体性，因此参与者至少部分处于‘我们模式’，而不仅仅是‘我模式’”。[549] 如果你和失败者纠缠在一起，那么胜利似乎没那么吸引人了。换句话说，集体主义不仅仅是一种嬉皮式的生活方式选择——更是我们的本性，而忽略它就会引发问题。

## 量子客观主义

个人主义的问题之一就是并不总是很清楚“我”这个词的分界线应该在哪儿。在生物学中，生命的基本单位通常并不是人，而是细胞。例如，如果你认可戴维·多伊奇所提出的，生命是由 DNA 组成的，那么每一个细胞都携带着似乎可以构成一个个体的整套 DNA 的副本。但是，如果你是一个由自私的基因构成的人，那么你可能想进一步深入，到单个的基因这一层面，根据这一理论，单个基因组合人体只是为了实现自我繁殖。无论是哪种情况，一个人开始把很多东西当作超级有机体来看待。打个比方，人体其实依赖的是内脏、皮肤以及其他部位内的大型微生物群落，没有这些微生物群落我们就不能活，如果你能从这个角度看问题的话，就很容易理解这一点了。

当然，大多数生物学家不会说细胞是有意识的——但是就像我们在前文所看到的，意识真的不是机械科学的特征。而如果你可以深入基因的层面，那为什么不能换个方向呢？人是社会的一分子，我们跟其他物种一起，构成了所生活的地球这个“子整体”的一部分。正如詹姆斯·拉伍洛克所指出的，地球跟有机生命体有很多相似特征，例如，在某种程度上，它也是在积极维持大气和海洋中的条件，让其适合生命存活。[550]

总的来说，我们的自我感觉与彼此的关系密不可分，当我们与其他人打交道时，我们并没有被他们弹回来，再现时依然如故；我们会彼此吸引，而且我们因此成为不同的人（虽然我们不会像布兰登那样更名，以便包含另一个人的名字）。就像在量子系统中，粒子是纠缠的，因此实际上是共享了其波动函数，说到个人时，让其脱离背景，这是没有意义的，对国家或社会而言也一样（虽然我们不会像兰德那样改名字，好让自己听起来更像是美国人）。笛卡尔写道，“思想和身体之间有一个显著的不同，因为身体在本质上常常是可以分割的，而思想则是完全不可分割的”。[551]他用这个来解释自己为什么相信思想和身体是分开的、相互独立的实体。但是当我们建立关系时，我们的意识一直是统一的，但并不是没有改变；反过来说，就像量子物理所揭示出的，原子可以彼此结合形成一个连贯的整体。思想或身体，统一性 / 多样性之分就随着量子实体一起坍塌了。[552]

新古典经济学在 19 世纪刚刚确立时，它的创始人并没有打算宣传无拘无束的个性何等重要，相反，他们研究的动力似乎是真正改善人们的生活条件。即使在今天，虽然经济学专业普遍都跟保守政治有关联，但很多经济学家在接受调查时都称自己是政治温和派。[553]不过，与此同时，经济模型的逻辑是有办法扩大其影响力的。途径之一就是宣传这样的观点，通过“看不见的手”等，优化个人效用会自动带来更多的好处。而另外一种途径就是从这个领域中彻底抹去道德。正如米尔顿·弗里德曼在 1953 年所写的，经济学“在原则上独立于任何特定的道德出发点或规范的判断……‘它’是，或者说可以是，一种‘客观的’科学，这一点就跟任何一种物理科学一模一样”。[554]（虽然他自己也未能免俗，还是在评判，说兰德是“一个完全让人无法忍受、教条主义的人，做了大量的工作”。[555]）新古典经济学家也许是从亚里士多德那里借用了货币创造的故事，但是他们撇去了亚里士多德在他所谓的“自然”使用货币交换和类似高利贷这样的“不自然”使用两者之间所划定的道德分界线。[556]效用理论不区分用途的好坏，而 GDP 并不在乎生产的是什么。

因此，主流经济学在寻找科学的客观性的出现这一过程中，为兰德的客观主义繁荣做了充分的准备（见本章延伸阅读）。一方面，它对于限制集体的力量——类似联盟、政府、金融或环境监管等所带来的益处给出了显而易见的科学解释——让支持兰德笔下的霍华德·洛克和约翰·高尔特的人很受挫。另一方面，它抑制了与之抗衡的非数字的伦理论证。因此经济学成就了兰德主义，虽然大多数主流经济学家并不接受这一点。（当然，类似追寻终身职位、避免对错误的问责以及接受金融领域的哺育，这些听起来完全不像是兰德会盘算的事情。）

不过，如果说量子经济学有一套核心原则，那就是不可能采用这种独立的、客观的视角来看待经济。我们是彼此纠缠的，也是跟整个经济纠缠的，我们对于价值的主观判断既限定了经济，也受经济的影响。量子“我”有它独立、局部的“粒子的一面”，但是也有离散和纠缠的“波的一面”——从某种现实意义上来看，我们不仅受到彼此关系的影响，实际上也是由这种关系构成的，尤其是当货币介入时。这种量子客观主义——姑且这么叫它吧——可能听起来有一些神秘，但是它其实是兰德派客观主义更加现实的版本：现实有量子特性，是有赖于意识的；我们不能通过使用推导逻辑来获得关于这种现实的知识；生活的目的不仅仅是追求个人的幸福；个人是纠缠的。就像我们在前文已经看到的，它对于经济学领域有很多实际性的启示。

## 延伸阅读

### 在做什么饭

据说希腊哲学家德谟克利特提出的原子理论其实是受了烘焙的启发。我们怎么能闻出烤箱中在烤什么呢？答案必然是面包的粒子——原子——从烤箱中逃逸了出来。主观的感官，类似味觉和嗅觉，无非是我们身体的原子和环境原子在相互作用："甜是因社会约定而存在的，苦也是因社会约定而存在的；色彩同样是因社会约定而存在的；但是其实只有原子和虚无的空间是单独存在的。"[557]

另外一种原子化的理论是在大约200年后由勒奈·笛卡尔提出的，那是1619年的冬天，他作为一名法国士兵被派驻到一个德国的小镇，晚上实际上是蜷缩在炉灶旁的，过程中产生了很多幻象，于是才有了解析几何以及很多别的东西，还有他那句名言"我思故我在"。他是一个会思考的原子。

人处于宇宙中心，这种信仰的一个结果就是，感觉其他人可能未必是真的。正如笛卡尔后来在自己的《第一哲学沉思集》中写道："如果我往窗外看去，并且看见人们穿过广场，正如我刚才碰巧所做的那样，通常我会说我看见了这些人本身……可是，除了可以看见遮盖住一些'机器人'的帽子和外套，难道我还看见了别的什么？”[558][艾伦·格林斯潘年轻时就对逻辑实证主义有类似的兴趣——就像（纳塔涅尔·布兰登）所写的：“在他20来岁时，他坐在我的公寓中，说他不能很确定自己到底是不是存在。”[559]]

最后，物理学的量子革命始于另外一个基于烤箱的实验，当马克斯·普朗克分析从烤箱中逸出的光时，发现光是按照连续的量发出的。最终的结论就是宇宙并不是像德谟克利特所说的整整齐齐地分割为原子和虚无，相反，“虚无”的量子版本孕育着潜在的物质形式，而原子并不像看起来那样稳固。

这些观点花了很长时间才出现，但是现在已经成功进入社会科学，量子社会科学所持的观点就是，我们不仅是存在的，而且不是机器人，我们在一定程度上是纠缠的，所以在某种意义上我们包含了彼此。换言之，我存在，在一定程度上是因为你存在。（多谢了！），反之亦然。没有比经济活动更能说明这一点的了。在经济活动中，货币之所以有价值，是因为得到了一众人和机构的支持。

## 好与坏

虽然我整本书中说到新古典经济学时用的是它的广义定义，但对它的准确定义必定是个极具争议的话题。一篇文章把新古典经济学描述为是基于理性、自私和均衡的“三位一体”。[560]另外一篇文章说它的三个基本的公理其实就是方法论的工具主义（所以出于实用的目的，把理论当成了工具），方法论的个人主义和方法论的平衡。[561]在《经济和你想的不一样》一书中，我认为我们对它的定义应该与新古典艺术保持一致，即代表了“古典希腊和罗马审美原则的复兴，类似简单、平衡和对称”。同时，新古典经济学已经证明自己是很擅长从其他领域中吸纳观点的，同时很小心地先使之中性化。正如一份调查提出的，“在新古典经济学的边缘，新的理论领域出现了，类似行为经济学和复杂经济学，软化并调和了传统的新古典假设，类似行为人的理性、全面的信息或者行为人的孤立”。但是，“这些往往都是在标准的新古典经济学框架内发展起来的”，结果就是“定理、术语和类别这一基本体系，即范式的基础，并没有受到这些变化的冲击”。[562]

相比之下，量子经济学对新古典经济学的最基本的概念，也就是对原子化自我的概念提出质疑。没有一个确定的个人主义的“我”，何来纯粹的个人的理性、自私和工具主义？当把纠缠和非线性一并考虑进来时，类似对称性和均衡这样的观点都站不住脚了。因此，量子经济学并非只是对主流经济学的微调，并非可以忽视的——就像天气预报员或者水管工可以忽视水分子的量子行为一样。恰恰相反，它意味着必须要重新思考经济学的每一个结论。

尤其是，货币体系的纠缠本质意味着我们不能用货币来优化自己的效用——帕累托最优在数学层面也根本说不通——因为完全没有什么合乎逻辑的东西可以优化。我们不是边界清晰、故步自封的特殊存在，不跟其他人有任何互动或者重叠，总会有某些部分与外界接触。关于货币的问题因此就有了一个内在的道德组成。跟发展出“价格公正”这一概念的中世纪的哲学家一样，经济学家需要问的不仅是根据自己的模型，什么才是“有效的”，还要问什么才是合理的，能为社会带来更大益处。由此引发的问题就是经济学专业需要检查自己与公司，尤其是与金融领域的密切纠缠，经济学家一直说全球那只“看不见的手”是理性的、有效的和公平的，这背后是有原因的，必定不是因为跟格林斯潘一样深受安·兰德的影响。

社会并不是一群只是通过贸易相互打交道的人的集合，而是由相互交叠的子整体，包括个人、公司、民族、地区、国家、国际联盟等分形结构组成。各部分依次嵌入一个高度复杂的地球生态系统中，并且深深地依赖这一系统。所以，当你把世界当作一台统一的、平衡的类热力学的机器，就像是一台极其复杂的蒸汽机一样。乍看之下，这似乎是个很不错的想法，但是如果把它看作一个精致的量子系统时这个想法可能就没有那么出众了。确实，围绕类似全球化或者金融领域的角色的整个论证变化迅速，那么你就可能会赞同约翰·梅纳德·凯恩斯在 1933 年所写的：“我支持那些愿意把国家之间的经济纠缠最小化的人，反对让纠缠最大化……我们在可能的条件下，应当让商品以国货为主，而且，最重要的是，让金融以民族性为主。”[563]

量子方法的另外一个结论就是，虽然数字价格是把系统还原到数字的一种方法，但数字未必一定有意义。价格是通过交易产生的，它们透露出了交易的准确情况，正如它们透露出买的是什么一样。另外，给类似贫富差距、社会幸福感以及环境问题加上一个准确的价签是不可能的，因为它们是不可交易的（除非是用人造的方式，就像碳排量配额）。经济学家可以加上“本轮”来解释这些和其他的“外部性”，但是数字是很容易被任一掌权者所固定的，这就是为什么环境问题和社会危机一直没有缓和，大部分也都未曾被社会主流解决。我们因此需要消除这种支持任何东西都可以还原为价格的偏见。其中一部分可能涉及新的衡量指标，类似真正进步指标，但更重要的是为如何利用经济学进行决策划定界限。

## 过于数学了

经济学是一种纠缠的量子系统这一观点也挑战了新古典经济学的核心假设，即可以使用数学方程式准确模拟经济，对于数学模型最常见的辩护就是它迫使使用者表达清楚自己的假设。正如丹尼·罗德里克在 2015 年所写的，“今天，我们对卡尔·马克思、约翰·梅纳德·凯恩斯和约瑟夫·熊彼特的思想还存在无数的争论……相比之下，保罗·萨缪尔森、约瑟夫·斯蒂格利茨或肯·阿罗（Ken Arrow）在研究让自己获得诺贝尔奖的理论时，心里到底在想什么，却很少有人着墨”。[564] 诺厄·史密斯同样在 2016 年写道，“人们永远都在争论明斯基、约翰·梅纳德·凯恩斯或者弗里德里希·哈耶克到底是想表达什么”，因为他们没有用方程式（凯恩斯和明斯基一开始都是学数学的，对非数学家而言这倒是一个很有意思的线索）。[565] 彼得·戈蒂埃提出，数学模型的一个重要优势就是“当你说‘这些是我的假设’时，是很容易招致人们对这些假设的攻击的，因为你表达得一清二楚。而且我认为这是进步的唯一方法，非正统学派中很多人都想要用模糊的语言来表达自己的意思，但是他们的观点很难证伪，因为其构成太模糊，总能找到一个角度自圆其说”。[566] 蓬图斯·伦达尔表示：“模型就是验证你到底知不知道自己在说什么。”[567] 或者正如亚当·斯密的朋友，哲学家大卫·休谟在 1777 年所说的，“我们如果拿起一本如神学书或经院哲学书，那我们就可以问，其中包含数和量方面的任何抽象推论吗？没有。其中包含关于事实和存在的任何经验的推论吗？没有。那么我们就可以把它付之一炬，因为它所包含的没有别的，只有诡辩和幻想”。[568]

作为数学家，我当然认可数学模型在运用得当的情况下是有一定优势的。但是，这种模型也引入了一种隐秘的偏见，因为模型坚持阿波罗式清楚、确定的特质，限制了可以提出的假设和可以问的问题。任何一个系统的数学模型需要学会简化才能进步，于是就迫使使用者偏向某种机械方法。这在新古典经济学支持的传统模型中看得清清楚楚，但是转而采用量子视角并不会让问题消失，这一点我们在第八章中讨论过。而且我们仍然在讨论类似凯恩斯或者明斯基等思想家的作品，这并不意味他们的想法已经过时了，恰恰相反，物理学家和哲学家还是在争论对量子物理的正确解读。有点儿像文学；人们并不会争论兰德通过笔下的人物在传递什么隐晦的信息，而是会讨论莎士比亚。

对于抽象数学的强调也很容易导致骄傲自满和狂妄自大，这是在给变革设置障碍，会隐藏问题。正如瓦西里·列昂季耶夫1971年所说的，“对数学表述不加评判的热情往往掩盖了强大的代数符号背后的论证中短暂的、实质性内容”。[569]同时，反复强调的非正统的学院派“使用模糊的语言”，也是非常不公平的。有一点就是，很多非正统的经济学家都是接受过数学或者物理学培训的，确实会使用数学模型，但是有些人不使用数学模型并不意味着他们的思考是模糊的。最后，大多数经济模型的一个主要问题就是包含了太多未知参数，让其不可证伪，对专家来说都极其难以理解，而且又很容易滥用。计量金融就是一例，复杂的风险模型并不常用来准确地计算风险，或者让客户和监管人员更加了解情况，而是恰恰相反，是让交易更加正当化，以便妨碍调查。[570]

数学模型十分擅长类似工程这种可以精确控制参数的领域，但是，复杂科学的教训之一就是在人类设计的设备上行得通的未必能推广到其他领域。从物理学家罗伯特·劳克林所谓的还原主义时代（Age of Reductionism）到涌现时代（Age of Emergence）的过渡“终结了数学的绝对力量这一神话，不幸的是，这个神话在我们的文化中仍根深蒂固，从宣传‘寻找终极定理是唯一值得追求的科学活动’的媒体和大众出版物中可以看出这一点，而大量压倒性实验证据表明真实情况恰好相反”。[571] 他主要是在说物理学中的万物理论，但是同样也适用于经济学，在这一领域，主流辩护者的幼稚有时也同样让人担忧。就像亚里士多德在《尼各马可伦理学》中所写的，“受教育人的标志就是在任何一类事情当中都要寻求精确，精确到学科的本质所承认的地步”——而经济学并不追求这样的精确。[572] 数学之于经济学就像是数字之于货币，都只反映出一个侧面而已。

经济学需要敞开怀抱。“经济学一直都不同寻常地保守，对经济学家的信任度非常低”，这是英格兰银行 2017 年的一篇文章中所观察到的。[573] 但是正如奥地利经济学家路德维希·冯·米塞斯 1949 年所写的，“绝不应该把经济学局限于教室和数据办公室，也不应该把经济学局限于只有内行才懂的圈子。它是关乎人类生活和行动的哲学，关乎每一个人、每一件事”。[574] 经济学家不应该再像现在这样过分沉迷于 GDP 数字中微小的变化，而是应该彼此交流，这些数字对社会而言意味着什么，彼此讨论我们的所得是否是通过债务或者伤害环境的方式从未来那里借来的。经济学教育目前主要关注狭隘的技术性问题的解决，其实它应该更加开放，鼓励批判性思维，多听听不同学科的见解，就如“重新思考经济学”这样的学生群体所呼吁的那样。而且如果经济学家要了解类似博弈论和概率论这样的抽象数理问题，那么应该同时包含这些问题的量子版。正如沃纳·海森堡所写的，现代物理，通过向各种概念开放，让我们有了这样的希望：“许多文化传统可以共处，可以把不同人的努力成果合为新的思想和做法之间，活动和冥想之间的平衡。”[575]或者就像戴维·玻姆后来所说的：“这里需要的不是思想的整合或一种强加的统一，因为任何强加的观念本身都只是另一种碎片化。相反，我们思维的一切不同方式都应被看成观看单一现实的不同方式；在一定领域内，每一种方式都是清晰的、适当的。”[576]虽然量子物理总是被说成我们最成功的科学理论，对它没有确定的解读这一事实也正如加夫列拉·巴雷托·莱莫斯和凯瑟琳·莎弗所说的是“非常震撼人心的”。它是一种可以让经济学受益的特性。[577]

最后，如果量子经济学有唯一的核心要求的话，那就是经济学家需要把货币——以及多少的问题——置于经济学的中心。2007—2008年的金融危机说明了这种需求，其中货币创造、复杂衍生品以及贷款违约均发挥了关键作用，却偏偏在传统模型中没有出现。要处理类似金融不稳定、贫富差距、环境危机和商业、政府，以及经济学内部腐败这样更加宽泛的、社会意义重大的难题，第一步就是从货币开始。主流经济学家一直以来都忽视、低估或者积极误传货币的角色，嘲笑任何一个提出这一话题的人是“货币疯子”。[578]但是之所以发生这样的攻击，其实是因为他们的领域无法应对货币这个话题。把货币彻底纳入思考范畴意味着重新思考主流经济学的所有基本原则，如理性、稳定性、效率、原子主义等。它将意味着采用其他的数学方法，广泛接纳类似生物学和生态学等学科领域的观点。而且，就像我和罗曼·克鲁帕提在《人类货币史》中所提出的，我们还需要探索新的货币概念，包括虚拟币等其他货币，也包括完全忽视货币的组织形式（例如公有资源）。

## 免费之地

本书主要围绕量子经济学，而非它对经济学可能的影响。但是经济学跟其他所有东西一样，是由我们看待它的方式所决定的。传统地视经济学为研究稀缺性的科学的观点导致了这样一种经济学，通过剥夺地球资源，让人们彼此竞争以使数字最大化，从而自行引发了稀缺。理性经济人的形象，再加上完全竞争的市场这种理想，成为让自私行为合法化、鼓励自私行为的榜样。有效市场假说让我们变成了金融系统的被动受害者，强调数字层面的增长让我们不断突破环境的上限。主流理论的扩展，类似环境经济学想通过把地球的问题转化成货币的问题来解决资源难题，却忽视了最早正是货币让我们陷入如此尴尬的境地。

量子经济学让我们看到了货币的创造性，认识到了价值和数字之间富于变化，有时甚至很脆弱的关联才是问题的核心，指明了经济发展的方向应当有益于社会和环境的价值，而非规定社会和环境的价值。理想的经济人并非完全理性的经济人，而是量子经济人；我们的市场并非完全竞争的市场，而是竞争与合作并存的市场；我们的价值并非内在价值，而是全系列的特征值；我们所面临的不是突然出现的随机冲击，而是需要我们共同承担的不确定性。我们不应当把货币看作一种被动的媒介，而应该把它当成我们发明的最强大的工具。当物理学家解密原子的量子力量时，人们只用了短短几十年就认识到了可以通过原子武器实现这种力量。量子货币属于静水流深型的，虽潜力无穷，但也许好，也许坏，我们不应该任凭它自由发展，而是需要利用并控制其能量——制作核反应堆而非原子弹。

要在这一反应过程中插入一些控制棒，方法之一就是限制货币的角色，把焦点放在免费的东西上。主流经济学的一个基本假设，借用米尔顿·弗莱德曼 1975 年一本著作的名字来说就是《天下没有免费的午餐》。[579] 例如，有效市场假说揭示出，缺乏免费的午餐是因为所有东西都被正确估值。与此类似的观点就是不存在真正的创造力，只是重新组织对象和想法而已。[580] 正如安·兰德所说的："重组自然元素的力量是人们唯一拥有的创造力。它是一种巨大的、光荣的力量——而且它是'创造'这个概念唯一的意义。"[581] 或者经济学家保罗·罗默在 1997 年接受采访时所解释的："价值创造和财富创造在本质上跟拿起实实在在的东西进行重组类似。"[582] 马克·吐温说："压根没有新想法这一说，根本就是不可能的，我们只是找到了很多旧的想法，然后把这些想法放进一个类似头脑万花筒中。我们随便一转，就得到了新的、奇特的组合，我们可以一直转，然后就有无数种新的组合；但它们只不过是多少年来一直在用的同一批彩色玻璃碎片罢了。"[583]

当然这些评价是有几分道理的（这本书在很大程度上如同一次实践，在对照经济学重新组合、排列量子物理，看看会产生什么样的效果），量子宇宙并不是严格遵循这样的规则运行的——

它可能受到守恒定律的约束，可能还要遵循不确定性原则，但与此同时它也是非常宏大、非常有创造力的，不仅仅是兰德表述的仿佛简单地变换家具的位置。宇宙论者艾伦·古思（Alan Guth）说过一句很有名的话："据说没有免费的午餐这样的东西，但是宇宙本身就是终极的免费午餐。"[584] 不存在稀缺一说，而宇宙确实存在。经济中也同样有免费的午餐，因为货币实物就在随着信贷的发行或者抵销不断地凭空出现，又凭空消失。但是其他分类中的午餐自助也在同时变得越发丰富。我们有开源软件和开源设计，可以在全世界传播各种观点，边际成本趋近于零。正如斯图尔特·布兰德所说的："信息渴望自由。"[585] 我们有太阳能、风能，这些都是免费供给的，虽然利用起来还得花钱。我们有人工智能和机器人，我们在回收材料和分享资源方面投入了更加高效的努力。还有一样可口但不健康的东西，就是化石能源，我们在地球上发现化石能源时，一切都已经提前安排好了，还是免费的。

我们免费获得的其他东西，正如女性主义经济学家一直以来所指出的，还包括做家务、照顾孩子和老人等无偿的任务，通常都是由女性来完成的，世界各地均是如此。人们自愿免费付出时间。实际上，你看得越仔细，就越能看到经济活动中的很多东西实际上都是免费的。例如，公司可以免费得到各种减税优惠；土地所有者的资产在免费增值；贷款免费增值；金融领域在危机之后获得经济援助，从此开始享受各种免费午餐一般的政策，例如量化宽松政策等。所以问题就变成了如何平衡免费的东西和免费的数字，如何平衡真正的自由和虚拟的自由。要做到这一点，我们需要改变经济的设计参数。

现有的一些跟量子方法一致的想法，很多人包括我自己在内在其他地方都写过，包括：

- 全民基本收入，免费给人们发钱（很多国家正在验证）。
- 政府自行免费印钱，而不是从银行租（毕竟还是它们的钱）。
- 税收从面向人工转向类似资源使用等，这是生态经济学家一直以来都在推行的，还有包括土地在内的金融资产。①
- 金融交易税，旨在限制金融行业的角色。
- 公司需要进行重组，以反映出其与社会和环境的纠缠。
- 公有资源的扩张和保护，既有虚拟的（如知识产权）又有真实的（如共享资源）。
- 用其他货币来实验新想法的生态系统（这个正进行得如火如荼）。
- 采用基于非货币的度量标准，作为 GDP 之外的选择，例如环境影响和社会福利。
- 经济学家和“宽客”的行为道德准则。[586]

这些想法都已经存在很长时间了，但还在新古典经济思考主导的经济范式下极力寻求突破，所以要改变这一系统，第一步就

---

① 土地税，参见劳合·乔治在 1909 年的“莱姆豪斯的演讲”，他在其中提出，伦敦港口周围的土地，很多曾经都是“湿地”，因为发展的缘故，价格涨了 1 000 倍，“谁创造了这个增量？谁造了那个金色的沼泽？是地主吗？这是他的能量吗？是他的智力和远见卓识吗——如果是这样的话，那对这个地方可不是什么好事。这纯粹是从事伦敦港贸易和商业活动的所有人的共同努力——贸易商、商人、船东、码头工人、工人，即地主以外的每一个人”。

是改变我们向自己所讲述的经济故事。

## 未选择的路

如前所述，检验科学理论的传统方法是看它能否做出准确的预测；然而，在社会科学领域，无法控制系统意味着“预测”通常是基于已知的内容，因此与理论的假设有关。有效市场假说的假设前提就是无法进行预测，它被认为是社会科学中最成功的预测典范，这一事实几乎就是这种逻辑滑稽的证明。新古典理论假设并预测货币只是一种惰性媒介，对经济无足轻重，因此，货币基本被排除在模型之外。该理论还假设并预测经济是自稳的，因此，模型是围绕均衡的概念建立的。它假定并预测结果基本上是公平的，除非受到随机的影响，因此，模型很少关注分配。这些假设或预测的结果就是产生了一种不稳定、不公平的经济学，货币在其中影响巨大，却总也预料不到 2007—2008 年的金融危机。

相比之下，量子方法假定并预测货币具有二元性，对人类心理和市场稳定性都有很大影响。它假定并预测人们的行为取决于无数因素，并且他们的偏好通常是在决策时才建立的。它假定并预测经济具有创造性，而且本质上是不稳定的。它可能无法准确预测金融危机发生的时间，但绝没有低估其可能性，因为低估才是最危险的。我们已经看到不同版本的量子模型可以有效解释认知心理学的实证结果，发现投资者纠缠对市场的影响，并有助于做出交易决策。量子观点还解释了类似虚拟币等新型货币如何能凭空自举并保持活力，哪怕它们没有金属或国家的支持，对日常交换也无太大用处，这一点与主流经济学家和央行对其的断言大相径庭。

因此，在预测方面，量子经济学的起点至少是好的。然而，尽管可以假设，但一种新的经济方法站稳脚跟的机会应取决于预测是否准确等，但事实绝非如此。新古典经济学在长达一个半世纪内，在没有什么值得鼓吹的预测记录的情况下，成功拦截其竞争对手并牢牢守住自己的阵地。马克斯·普朗克说过，“科学在一次一次的葬礼中进步”。但史蒂夫·基恩指出，在经济学中这还不够，“如果没有可以与表面上吸引人的理论截然相反的对照实验，这种理论就会继续宣传其信仰，无论在现实世界中它的失败有多明显”。[587] 这一理论在2007—2008年的危机中幸存下来就说明了这一点。相反，如果一个理论提供的叙述对优势明显的选区有利，无论这一选区是业内还是业外（例如政府部门，金融领域）的，这一理论被接受的概率都很大。[588]

对量子经济学来说，它的自然选区可能类似于推动反核的抗议人群：那些经历过最近的金融危机及其余波，希望防止危机再次发生的人。然而，虽然经济学早该更新，但“革命”似乎并不是一个合适的词，因为革命发生在一个世纪前。我们所需要的是重新认识（来自拉丁语中的动词 *recognoscere*，意思是“再次认识，回想起”）金融体系是一种量子系统。

量子经济学的主要贡献在于提供了此前的异端方法所缺乏的东西，就是一种挑战正统经济学的机械故事的叙述。自2 000多年前古希腊科学（和铸币）诞生以来，我们一直在努力通过将世界分解为单独的部分来理解和预测，发现这些部分背后的数学定律，并找出解决方案。支撑这种方法的观点是，现象可以还原为原子化的数字，可以从系统中提取出来并借助数学的工具进行处理。

经济似乎是这种方法的完美应用，所基于的就是货币。但毕达哥拉斯学派都知道，并非所有事物都符合数字的线性要求。当物理学家面对量子物质令人费解的行为时，他们又重新意识到这一点，但是——因为不习惯类似意识的作用等影响——他们选择将其包裹在抽象数学中进行处理，并重复咒语，以至于太过复杂，非专业人士根本无法理解。[589]产生的附带效应就是阻碍了社会科学等领域的发展。因此，尽管货币是我们自己的量子系统版本，但经济学仍与19世纪物理学的思想保持一致。

唯一一条像样的、允许脱离量子理论，特别是核计划的信息是：自然是概率性的。在金融中出现的其粗鄙版本就是随机游走理论，在宏观经济学中则是遍历性随机冲击；但是这些唯一的作用就是通过为预测失误找借口而让机械方法重获新生。由此造成的对风险认识不清是导致2007—2008年危机等金融灾难的主要原因。其中的经验教训是：如果要从量子物理学中借用方法和想法，请确保用对。与此同时，“价格是复杂动态的涌现结果而不是优化问题的结果”的异端方法被边缘化了。

在危机之后出现变化的迹象，表明异端思想经常比主流方法更有用、更有价值。然而，虽然新古典主义经济学家已经在借用行为经济学等领域的观点进行修补，但该领域对任何真正的转变都十分抗拒。正如剑桥大学的张夏准在2017年所评论的那样，“假如任何其他学科遇到类似2008年金融危机的灾难，该学科当中的主流人群必定会一并被清除”，不过这似乎并未发生。总的来说，革新运动对经济学的影响“并不是很大”。[590]

时至今日，进展有限的原因之一是，异端经济学长期以来一直是由分散的、离散的不同学派组成的。量子经济学将通过提供——可以包含或至少包含不同方法的——通用框架，而不是用单一的统一数学模型来打破僵局，就像量子认知为不同的行为模型提供了一个框架一样。量子力学、量子热力学和研究复杂量子系统动力学的其他领域的方法，包括第七章中讨论过的基于行为人的量子方法，因为允许把诸如纠缠和背景等因素考虑在内的高效方法，而为可能的模型扩大了空间。但是从建模的角度来看，量子经济学的主要结论是经济是一套带有涌现性、非线性的纠缠系统——这让它更像是源自量子原理，类似生命或者宇宙等其他系统。正因如此，为生命系统研究而开发的模型可以轻松应用于经济学，但反过来不行。量子方法也说明，为什么依赖均衡和聚合等传统方法的模型无法处理金融不稳定和贫富不均等问题，同样，也不应该染指环境或社会幸福等问题。它告诫我们，虽然模型让我们看得更清晰、更准确，但这些特质可能不仅具有误导性，而且可能被滥用。

也许最好从美学的角度出发看待当前的转折点，传统的机器审美正在慢慢被受有机生命体系启发的美学推翻，人们开始慢慢熟悉量子理论的影响，如不确定性和意识的作用，这些虽然与机器方法直接冲突，但也体现了另一种不同的美。凯恩斯似乎预见到了这种转变，1926 年，他在新古典经济学家弗朗西斯·埃奇沃思的传记中写道："像原子理论那样在物理学中风光无限的学说并未在心理学（心理现象）中出现。我们时时处处都会遇到如何把各部分捏合为一个有机整体的问题，因为各部分之间原本是分割的、不连续的，而整体显然不同于各部分的简单加总，单纯比较数量是无效的，很小的变化也可能带来巨大的影响，而我们所做的统一、同质的连续体的假设是不满足的。”[591] 他所说的“原子理论”很可能是指物理学中的经典版本，而不是人们还在推敲的量子版本。（当凯恩斯同年在柏林演讲时，爱因斯坦也是听众，凯恩斯的《就业、利息和货币通论》一书的标题似乎是受爱因斯坦广义相对论的影响。[592]）这些见解在发展过程中逐渐消失殆尽，保罗·萨缪尔森这样的新古典主义经济学家彻底剔除了这一学科的不确定性，但是经济学原本可以很顺利地走一条不一样的路。①

正如马歇尔·麦克卢汉在 1992 年所写的：“我认为哲学家还没有习惯量子物理学的宣言：宇宙作为机械装置的时代已经结束。”[593] 这句话对于经济学再适合不过了。现在应该放弃既定信仰，放下机械工具，响应 20 世纪初的有识之士令人振奋的呼吁，在几经辗转之后，终跃入不确定的量子未来。

① “萨缪尔森对凯恩斯主义的看法导致凯恩斯革命式的分析戛然而止，未能改变主流宏观经济学的基础。因此，21 世纪初传承的主流经济学家的传统宏观经济智慧只不过是 19 世纪古典理论的高科技和使用更多数学的版本。” Davidson, P. (2015), ‘What was the primary factor encouraging mainstream economists to marginalize post Keynesian theory?’, *Journal of Post Keynesian Economics*, 37 (3), pp. 369–383.

# 附　录

## 计算期权

在第六章掷硬币的游戏中，连续掷三次硬币，每一次出现正面朝上，你的朋友要付给你 1 美元，每一次出现反面朝上，则你要付给你朋友 1 美元。比赛中只赢不输这一期权的公允价值该是多少呢？

附图 1 的水平坐标轴代表游戏中的每一步操作，从一开始的起点 0，再到最后一掷是 3，而垂直坐标轴则代表了游戏当前的状态，赢的减去输的。所以第一次掷完之后（也就是第一步），如果你掷出的是正面，那么得分就变成了 1，如果你掷出的是反面，那么得分就变成了 −1。接下来，期权可能是 2（两次正面），0（一次正面和一次反面），或者 −2（两次反面）。第三次掷完以后，期权就变成了 3（三次正面），1（两次正面和一次反面），−1（一次正面和两次反面），以及 −3（三次反面）。

每一个位置的数字代表了游戏进展到这一步时期权的预计盈亏。通过倒推每一步操作，我们可以计算出期权的合理价格。从附图 1 的右侧开始，即在连续掷三次之后，如果你连续三次都是正面，那么你的回报就是 3 美元；如果是两次正面一次反面，那么你的回报就是 1 美元；要么就是一无所获，因为期权会保护你不受损失。接下来，我们可以算出到第二步操作时游戏每一个状态的期权值是多少。假如当前的得分是 2，那么你就要为这个期权支付 2 美元，因为这等于第三步的预计盈亏，也就是 3 美元和 1 美元的平均值，按照这个方法继续，每一步取平均值，我们发现在游戏刚开始时的期权的公允价值是 0.75 美元。

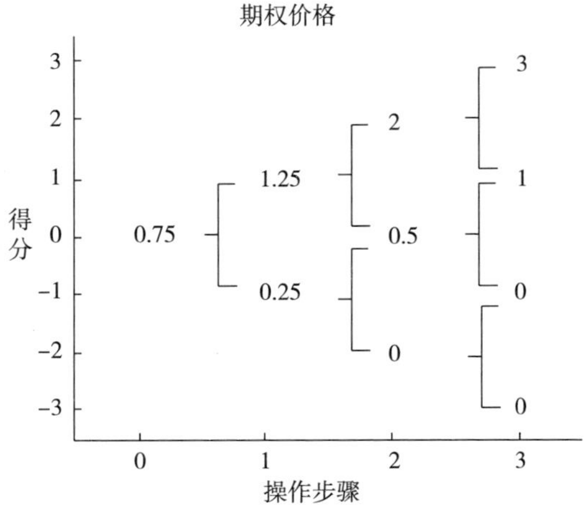


附图 1　根据不同的次数和得分，掷硬币游戏的期权价格示意图。水平坐标轴表示操作步骤，其值从 0 到 3 不等。垂直坐标轴代表了赢了多少钱，从 0 开始，在第一步可以是 −1 或者 1，最后介于 −3 和 3 之间。每一点的数字代表每一步和每一得分的期权价格。第三步的期权价格就等于支出，所以如果是正数就跟得分是一样的，否则就是 0。第二步的期权价格是通过求第三步的可能值的平均数确定的（用大括号表示），以此类推。

## 顺序效应

对于第七章中讨论的顺序问题，量子模型非常简单，不用方程式，通过附图 2 就可以看出来。A 示意图中的灰线表示在回答克林顿是否可信的问题时一个人的状态。因此就代表了一个概率波动函数的截图，是两种状态，信任和不信任的叠加。如果这个人确定自己信任克林顿，那么这条线就会跟水平轴的“是”非常一致；而如果他非常不信任克林顿，那么这条线就会跟垂直轴的“否”非常一致。这个人——就像是一个自旋量子数不确定的电子——是很不确定的，所以他对两种叠加的选项同等重视，而这条线几乎是呈对角线的形式。尽管如此（想一下量子掷硬币在大脑中的版本），在测量时他还是必须要提供一个确定的答案：是或否。决定回答“是”就等于不确定的叠加状态的坍塌，是通过在“是”这条轴上的投影这种数学方法来表示的，投影到白色圆环表示的点。那么这一选择的概率，根据量子模型，就等于从中心到这个点的距离的平方，也就是 57%。决定回答“否”（附图 2 中没有显示）是由到“否”这一坐标轴上的投影表示，也就是 43% 的概率。

B 示意图代表了同一个人回答戈尔是否可信的问题时大脑的状态。轴线旋转了大约 10 度，因为相比克林顿，他更信任戈尔。选择“是”的概率仍旧通过这一坐标轴上的投影表示，现在提高到了 81%，而选择“否”的概率是 19%。注意，如果一个人对是否信任克林顿的问题有一个确定无疑的回答——例如，他的状态与表示“是”的水平这一坐标轴是一致的——那么对于戈尔的问题的回答肯定是不确定的（因为坐标轴并没有对齐），而且反之亦然：这是不确定性原理在作祟。

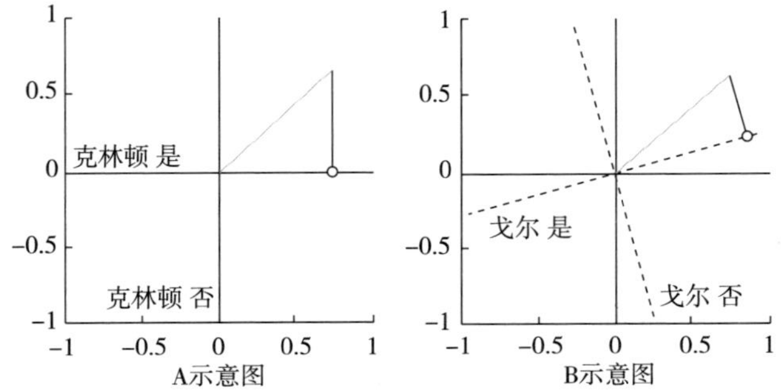


附图 2　A 示意图代表了对克林顿可信度这一问题的回答所建立的量子模型，可能的答案分别是“是”（水平坐标轴）或“否”（垂直坐标轴）。用灰线表示受访者一开始的状态。回答是不确定的，选择“是”还是“否”的决定对应坐标轴上的投影。概率是通过投影长度的平方计算，也就是 0.57，或者 57%。B 示意图表示了对于戈尔可信度这一问题的回答，但是现在表示肯定回答的虚线发生了旋转，概率是 81%。

现在，假设一个人连续被问到两个问题，在两个问题中间没有提到其他任何问题或信息。如果第一个问题是“是否信任克林顿”，他的回答是“是”，那么他的心理状态跟原来一样，投影落到了 C 示意图当中的白色圆圈上。这是他当前的状态，接下来马上要问他是否信任戈尔（你可以说对于第二个问题的回答跟对于第一个问题的回答相互纠缠了）。所以，要弄清楚再次回答“是”的概率，我们在对是否信任戈尔的问题回答“是”的坐标轴上用黑色圆圈来表示投影。概率还用这一点到原点的距离来表示，是 53%。而反过来，如果先问是否信任戈尔，顺序用 D 示意图表示，得到的概率就是 75%——提高了 22%。

最后，分析人们对两人（克林顿和戈尔）的反对情况，也可以采用同样的计算。为同一个投票人建立的模型得到的结果是：如果先给克林顿投反对票，然后再给戈尔投反对票，那么不相信克林顿的概率是 40%；而如果先给戈尔投反对票，然后再给克林顿投反对票，那么不相信克林顿的概率则变为了 18%——下降了 22%。这与选择“是、是”的人数中发生的变化恰好平衡，而且可以说明这在任何情况下都是适用的。因此这一个简单的模型就解释了观察到的对称性。

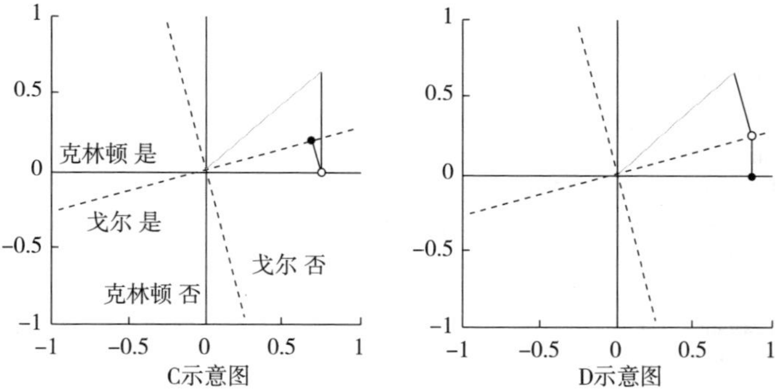


附图 3　C 示意图代表了先问是否信任克林顿（白色圆圈），回答了“是”以后，紧跟着问是否信任戈尔（黑色圆圈），回答“是”的概率，是 53%。图 D 代表了相反顺序情况下的概率，是 75%。

想要了解更多量子物理相关的信息，包括对使用到的部分数学模型的技术描述，欢迎访问 davidorrell.com/quantumresources.html。

# 尾 注

## 前 言


1. Robbins, L. (1932), *An Essay on the Nature and Significance of Economic Science* (London: Macmillan). 这一定义被描述为“可能是该学科最广为接受的定义”，Backhouse, R.E., and Medema, S. (2009), ‘Retrospectives: On the Definition of Economics’, *Journal of Economic Perspectives*, 23 (1), p. 225；和“主流定义”，Keen, S. (2017), ‘Ricardo’s Vice and the Virtues of Industrial Diversity’, *American Affairs*, 1 (3), pp. 85–98.
2. Mankiw, N.G. (2016), *Principles of Economics* (8th edn) (Boston, MA: Cengage Learning), p. 4.
3. Martin, F. (2013), *Money: The Unauthorised Biography* (London: Random House), p. 224.
4. Samuelson, P.A., and Nordhaus, W.D. (2001), *Economics* (17th edn) (Boston, MA: McGraw-Hill), p. 511.
5. Bouchaud, J.-P. (2008), ‘Economics needs a scientific revolution’, *Nature*, 455, p. 1181.
6. Chang, H.-J., and Aldred, J. (11 May 2014), ‘After the crash, we need a revolution in the way we teach economics’, *The Observer*.
7. Economic and Social Research Council (20 April 2017), *Innovative new network will ‘revolutionise’ how we study the economy*. http://www.esrc.ac.uk/news-events-and-publications/news/news-items/innovative-new-network-will-revolutionise-how-we-study-the-economy/
8. Orrell, D. (2010), *Economyths: Ten Ways That Economics Gets It Wrong* (London: Icon Books).
9. Bohm, D. (1974), in J. Lewis, *Beyond Chance and Necessity* (London: Garnstone Press), pp. 128–135.
10. 例子参见 Busemeyer, J., and Bruza, P. (2012), *Quantum Models of Cognition and Decision* (Cambridge: Cambridge University Press)；Wendt, A. (2015), *Quantum Mind and Social Science: Unifying Physical and Social Ontology* (Cambridge: Cambridge

University Press).

11. 援引自：Buchanan, M. (5 September 2011), 'Quantum minds: Why we think like quarks', *New Scientist*.
12. Barad, K. (2007), *Meeting the Universe Halfway: Quantum Physics and the Entanglement of Matter and Meaning* (Durham, NC: Duke University Press).
13. Orrell, D., and Chlupatý, R. (2016), *The Evolution of Money* (New York: Columbia University Press). See also Orrell, D. (2016), 'A quantum theory of money and value', *Economic Thought*, 5 (2), pp. 19–36； Orrell, D. (2017), 'A quantum theory of money and value', *Economic Thought*, 6 (2), pp. 14–26； and Orrell, D. (2015), *Marshall McLuhan Lecture 2015: Money is the Message* (Transmediale),. https://www.youtube.com/playlist?list=PL9olnMF dRIwshkq3nfaF2nBzbFAQRvLmy
14. 爱因斯坦写给利普金（D. Lipkin）的信，5 July 1952, Einstein Archives. In: Fine, A. (1996), *The Shaky Game* (Chicago: University of Chicago Press).
15. Carroll, S. (2016), *The Big Picture: On the Origins of Life, Meaning, and the Universe Itself* (New York: Dutton).
16. Gell-Mann, M. (1994), *The Quark and the Jaguar: Adventures in the Simple and the Complex* (New York: Freeman).
17. Samuelson, P.A. (11 December 1970), 'Maximum Principles in Analytical Economics', *Prize Lecture, Lecture to the memory of Alfred Nobel*, p. 69.
18. Samuelson, P.A. (1979), 'A quantum theory model of economics: is the co-ordinating entrepreneur just worth his profit?', in *The collected scientific papers of Paul A. Samuelson* (Vol. 4, pp. 104–110) (Cambridge, MA: MIT Press). Mirowski, P. (1989), *More Heat Than Light: Economics as Social Physics, Physics as Nature's Economics* (Cambridge: Cambridge University Press), p. 383.
19. Mirowski, P. (1989), *More Heat Than Light: Economics as Social Physics, Physics as Nature's Economics* (Cambridge: Cambridge University Press), p. 221.
20. Penrose, R. (1989), *The Emperor's New Mind: Concerning Computers, Minds and The Laws of Physics* (Oxford: Oxford University Press).
21. Lambert, N., Chen, Y.-N., Cheng, Y.-C., Li, C.-M., Chen, G.-Y., and Nori, F. (2013), 'Quantum biology', *Nature Physics*, 9 (1), pp. 10–18.
22. 可参阅 Zohar, D., and Marshall, I. (1993), *The Quantum Society*(London: Flamingo), p. 16.
23. 了解讨论情况，可参阅：Atmanspacher, H., Römer, H., and Walach, H. (2002), 'Weak quantum theory: Complementarity and entanglement in physics and beyond', *Foundations of Physics*, 32 (3), pp. 379–406.
24. Schrödinger, E. (1935), 'Discussion of probability relations between separated systems', *Mathematical Proceedings of the Cambridge Philosophical Society*, 31 (4), pp. 555–563. 了解金融纠缠的最新讨论，可参阅 China Center for International Exchanges (11 November 2016), 'Economic quantum entanglement may subvert the traditional concept of international competition'. http://english.cciee.org.cn/archiever/ccieeen/UpFile/Files/Default/20161202084100609671.pdf
25. Institute of International Finance (June 2017), *Global Debt Monitor*. https://www.iif.com/publication/ global-debt-monitor/global-debt-monitor-june-2017

26. “有限理性”（bounded rationality）这个短语是赫伯特·A. 西蒙（Herbert A. Simon）所创，他写道：“有限理性原则的第一个影响就是一个行动者原本的理性要求他为真实情况建立简化模型，才能应对这种情况。” Simon, H.A. (1957), *Models of Man: Social and Rational* (New York: John Wiley), p. 198.
27. Oxfam (16 January 2017), *Just 8 men own same wealth as half the world*. http://oxf.am/ZLE4.

## 第一章


28. Lightman, A.P. (2005), *The Discoveries: Great Breakthroughs in 20th- Century Science, Including the Original Papers* (Toronto: Alfred A. Knopf Canada), p. 8.
29. Michelson, A.A. (1896), Dedication of Ryerson Physical Laboratory. In *Annual Register* (Chicago: University of Chicago Press).
30. Unpublished letter from Max Planck to R.W. Wood, Berlin (1931).
31. Lucas, R. (2003), 'Macroeconomic Priorities', *American Economic Review*, 93 (1), pp. 1–14.
32. Einstein, A. (1905), 'Über einen die Erzeugung und Verwandlung des Lichtes betreffenden heuristischen Gesichtspunkt (On a heu- ristic viewpoint concerning the production and transformation of light)', *Annalen Der Physik*, 17 (6), pp. 132–148.
33. Bohr, N. (1913), 'On the Constitution of Atoms and Molecules', *Phil. Mag*., 26, p. 1.
34. Pauli, W. (1925), 'Über den Zusammenhang des Abschlusses der Elektronengruppen im Atom mit der Komplexstruktur der Spektren (On the Connection between the Completion of Electron Groups in an Atom with the Complex Structure of Spectra)', *Z. Phys*., 31, p. 765.
35. Zohar, D. (1990), *The Quantum Self* (London: Flamingo), p. 206.
36. Young, T. (1807), 'On the Nature of Light and Colours'. In *A Course of Lectures on Natural Philosophy and the Mechanical Arts* (Vol. 1,p. 359) (London: Joseph Johnson).
37. Taylor, G.I. (1909), 'Interference Fringes with Feeble Light', *Proc. Cam. Phil. Soc*., 15, p. 114.
38. Einstein, A. (20 April 1924), 'Das Komptonsche Experiment (The Compton Experiment)', *Berliner Tageblatt*.
39. De Broglie, L. (1963), *Recherches sur la théorie des quanta* (Paris: Masson), p. 4.
40. Moore, W.J. (1989), *Schro dinger, life and thought* (Cambridge: Cambridge University Press), p. 202.
41. Born, M. (1926), 'Zur Quantenmechanik der Stoßvorgänge (Quantum Mechanics of Collision)', *Z. Phys*., 37, p. 863.
42. Dirac, P. (1942), Bakerian Lecture, 'The Physical Interpretation of Quantum Mechanics', *Proceedings of the Royal Society A: Mathematical, Physical and Engineering Sciences*, 180 (980), pp. 1–39.
43. Heisenberg, W. (1925), 'Über quantentheoretische Umdeutung kin- ematischer und mechanischer Beziehungen (Quantum-Theoretical Re-Interpretation of Kinematic and Mechanical Relations)', *Z. Phys*., 33, p. 879.

44. Heisenberg, W. (1927), 'Über den anschaulichen Inhalt der quan- tentheoretischen Kinematik und Mechanik (The Actual Content of Quantum Theoretical Kinematics and Mechanics)', *Z. Phys.*, 43, p. 172.
45. Ananthaswamy, A. (22 June 2011), 'Quantum magic trick shows reality is what you make it', *New Scientist*.
46. Aristotle (2009), *Metaphysics* (W.D. Ross, trans.) (Sioux Falls, SD: NuVision Publications), p. 51.
47. Buckley, P., and Peat, F.D. (1996), 'Werner Heisenberg 1901–1976', in *Glimpsing Reality: Ideas in Physics and the Link to Biology* (Toronto: University of Toronto Press).
48. Kumar, M. (2008), *Quantum: Einstein, Bohr and the Great Debate About the Nature of Reality* (London: Icon Books), p. 220.
49. Kumar, M. (2008), *Quantum: Einstein, Bohr and the Great Debate About the Nature of Reality* (London: Icon Books), p. 125.
50. Trimmer, J.D. (1980), 'The Present Situation in Quantum Mechanics: A Translation of Schrödinger's "Cat Paradox" Paper', *Proceedings of the American Philosophical Society*, 124 (5), pp. 323–338.
51. Von Neumann, J. (1955), *The Mathematical Foundations of Quantum Mechanics* (Princeton, NJ: Princeton University Press).
52. Einstein, A., Podolsky, B., and Rosen, N. (1935), 'Can quantum- mechanical description of physical reality be considered complete?', *Phys. Rev.*, 47, p. 777.
53. Trimmer, J.D. (1980), 'The Present Situation in Quantum Mechanics: A Translation of Schrödinger's "Cat Paradox" Paper', *Proceedings of the American Philosophical Society*, 124 (5), pp. 323–338.
54. Bell, J.S. (1964), 'On the Einstein-Podolsky-Rosen paradox', *Physics*, 1, pp. 195–200.
55. Popkin, G. (2017), 'Spooky action achieved at record distance', *Science*, 356 (6343), pp. 1110–111.
56. Conover, E. (27 March 2017), 'Millions of atoms entangled in record-breaking quantum tests'. *Science News*: https://www.sciencenews.org/article/millions-atoms-entangled-record-breaking-quantum-tests
57. Romero-Isart, O., Juan, M., Quidant, R., and Cirac, J. (2010), 'Toward quantum superposition of living organisms', *New Journal of Physics*, 12 (3), p. 033015.
58. Mermin, N.D. (April 1985), 'Is the moon there when nobody looks? Reality and the quantum theory', *Physics Today*, pp. 38–47.
59. Hillmer, R., and Kwiat, P. (2007), 'A Do-It-Yourself Quantum Eraser', *Scientific American*, 296 (5), pp. 90–95.
60. Feynman, R. (1964), *The Feynman Lectures on Physics* (Vol. 3) (Reading, MA: Addison Wesley).
61. Barad, K. (2007), *Meeting the Universe Halfway: Quantum Physics and the Entanglement of Matter and Meaning* (Durham, NC: Duke University Press), p. 254.
62. Farmelo, G. (2009), *The Strangest Man: The Hidden Life of Paul Dirac, Quantum Genius* (London: Faber), p. 178 ; Dirac, P. (1930), *The Principles of 'Quantum' Mechanics* (Oxford: Clarendon Press).

63. Kumar, M. (2008), *Quantum: Einstein, Bohr and the Great Debate About the Nature of Reality* (London: Icon Books), p. 356.
64. 了解社会科学中围绕纠缠的讨论，可参阅 Aerts, D., Arguëlles, J.A., Beltran, L., Geriente, S., Bianchi, M.S., Sozzo, S., and Veloz, T. (2017), 'Spin and Wind Directions II: A Bell State Quantum Model', *Foundations of Science*, pp. 1–29. 了解其在量子经济学中的作用，可参阅 'Introduction to the mathematics of quantum economics', available at davidoreell.com/quantumeconomicsmath.pdf
65. Von Baeyer, H.C. (2016), *QBism: The Future of Quantum Physics* (Cambridge, MA: Harvard University Press).
66. Barad, K. (2007), *Meeting the Universe Halfway: Quantum Physics and the Entanglement of Matter and Meaning* (Durham, NC: Duke University Press), p. 24.
67. Anderson, P.W. (1972), 'More is different', *Science*, 177 (4047), pp. 393–396.
68. Laughlin, R.B. (2005). *A Different Universe: Reinventing physics from the bottom down*. New York: Basic Books, p. 108.
69. Folger, T. (2001), 'Quantum Shmantum', *Discover*, 22 (9).
70. Aerts, D. (2009), 'Quantum Particles as Conceptual Entities: A Possible Explanatory Framework for Quantum Theory', *Foundations of Science*, 14 (4), pp. 361–411.
71. Rupp, R. (9 February 2015), 'Is a Tomato a Fruit? It Depends on How You Slice It', *National Geographic*.
72. Aerts, D. (2010), 'Interpreting Quantum Particles as Conceptual Entities', *International Journal of Theoretical Physics*, 49 (12), pp. 2950–2970.

## 第二章

73. Simmel, G. (2004), *The Philosophy of Money* (T. Bottomore and D. Frisby, trans.) (London: Routledge).
74. 盖洛普调查（Gallup）显示，"一半美国人都有严重的金融焦虑"。Saad, L. (20 April 2015), *Americans' Money Worries Unchanged from 2014*. www.gallup.com/ poll/182768/americans-money-worries-unchanged-2014.aspx
75. 例子参见：Martin, F. (2013), *Money: The Unauthorised Biography* (London: Random House), p. 52.
76. British Museum (9 November 2017), *The first writing: count- ing beer for the workers*. https://www.google.com/culturalinstitute/beta/asset/early-writing-tablet-recording-the-allocation-of-beer/fgF9ioy89DC2Uw
77. Tymoigne, É., and Wray, L.R. (2007), 'Money: An Alternative Story', in P. Arestis, and M.C. Sawyer (eds.), *A Handbook of Alternative Monetary Economics* (Northampton, MA: Edward Elgar), pp. 1–16.
78. Jevons, W.S. (1875), *Money and the Mechanism of Exchange* (New York: D. Appleton and Co.), p. 5.
79. Davies, G. (2002), *A History of Money: From Ancient Times to the Present Day* (3rd edn) (Cardiff: University of Wales Press), p. 52.
80. Aristotle (2000), *Politics* (Mineola, NY: Dover Publications), p. 42.

81. 例如，“所有类型的商品都曾经时不时被用作货币，但是金银有显著的优势……在发明铸币前，必须携带大量金属……货币制度的发明消除了在每一笔交易中都要称量金属重量的必要，但是它为当局，通常是国王或者女王，创造了一个重要的角色，他们制作了铸币以后会加盖自己的印章，确保铸币中所包含的贵金属的重量。显然，这是十分方便的……” Ragan, C.T., and Lipsey, R.G. (2011), *Economics* (13th edn) (Toronto: Pearson Education Canada), pp. 672–673.

82. Innis, A.M. (May 1913), ‘What is Money?’, *The Banking Law Journal*, pp. 377–408.

83. Ragan, C.T., and Lipsey, R.G. (2011), *Economics* (13th edn) (Toronto: Pearson Education Canada), pp. 672–673.

84. 援引自：Graeber, D. (2011), *Debt: The First 5000 Years* (Brooklyn, NY: Melville House), p. 29.

85. Ragan, C.T., and Lipsey, R.G. (2011), *Economics* (13th edn) (Toronto: Pearson Education Canada), pp. 672–673.

86. Menger, C. (1892), ‘On the origins of money’, *Economic Journal*, 2 (3), pp. 239–255.

87. Schaps, D. (2006). The Invention of Coinage in Lydia, in India, and in China. *XIV International Economic History Congress*. Helsinki.

88. Crawford, M.H. (1970), ‘Money and exchange in the Roman world’, *Journal of Roman Studies*, 60, pp. 40–48.

89. Guthrie, W. (1962), *A History of Greek Philosophy: The earlier Presocratics and the Pythagoreans* (Vol. 1) (Cambridge: Cambridge University Press), p. 207.

90. Guthrie, W. (1962), *A History of Greek Philosophy: The earlier Presocratics and the Pythagoreans* (Vol. 1) (Cambridge: Cambridge University Press), p. 221.

91. 女性主义哲学家提出，这个清单的顺序十分明显。Gatens, M. (1991), *Feminism and Philosophy: Perspectives on Difference and Equality* (Bloomington, IN: Indiana University Press)；Korsmeyer, C. (2017), *Feminist Aesthetics* (E.N. Zalta, ed.). *The Stanford Encyclopedia of Philosophy* (Spring 2017 edition): https://plato.stanford.edu/archives/spr2017/entries/ feminism-aesthetics/

92. Orrell, D. (2012), *Truth or Beauty: Science and the Quest for Order* (New Haven, CT: Yale University Press).

93. 这个术语是由哲学家兼心理学家威廉姆·詹姆斯（William James）在 19 世纪末引入的。Holton, G. (1970), ‘The roots of complementarity’, *Daedalus*, 99, pp. 1015–1055.

94. 在这个体系中，基于类似金银材料的“硬”货币因此是女性化的，可能一开始感觉有点儿奇怪，但是你想，这些软金属一般都是用来作女性身体的装饰。在性别这个话题上，女性主义神学家和心理学家凯瑟琳·凯勒（Catherine Keller）在实在的牛顿式的原子和自我的男性意义之间注意到了一种对应：“它是分离的、不可渗透的，只是在外部偶尔与它在虚无中碰上的其他东西发生了关联。” Roszak, T. (1999), *The Gendered Atom: Reflections on the Sexual Psychology of Science* (Berkeley, CA: Conari Press), p. 88. 相比之下，根据《量子自我》的作者丹娜·左哈尔，她的著作一部分是因为受到了她怀孕和一开始当妈妈的经历的启发，“把自我看作量子过程的一部分有非常女性化的东西在里面……把东西选出来，把它们看作是单独的，给它们命名，依照逻辑使之成体系则是男性特征。无论你是否认可，它们遵循的是我们的才智的‘粒子方面’。看到事物之间的关联更偏女性，它反映了心理中的‘波的方面’”。（当然，无论是男性还是女性都共有这些特性，就像一个健康的大脑会使用两个半球一样。）Zohar, D. (1990), *The Quantum Self* (London: Flamingo), pp. 133–134. 如果佐哈尔是对的，那么经济学中记录翔实的男性偏见——根据美国经济学协会，美国经济学系中有不到 15% 的教授是女性——可能会对接受量子观点构成很大的障碍。Committee on the Status of Women in the Economics Profession (21 March 2017), *CSWEP: Survey & Annual Report*. https://www.aeaweb.org/about-aea/committees/cswep/ survey

95. Wendt, A. (2015), *Quantum Mind and Social Science: Unifying Physical and Social Ontology* (Cambridge: Cambridge University Press), p. 19. Mershon Center (24 February 2015), *Wendt Again Named Top Scholar In International Relations*. https://mershoncenter.osu.edu/index.php/news/mershon-news/ wendt-again-named-top-scholar-in-international-relations. 哲学家玛丽·米奇利（Mary Midgley）认为，“主观”这个词已经成为“一个随意滥用的词，可以用来针对任何想法或者感受，而‘客观’这个词则成为对任何一种忽视它们的方法的极力赞美”。Midgley, M. (1985), *Evolution as a Religion: Strange hopes and stranger fears* (London: Methuen), p. 25. 伊恩·麦克吉尔克里斯表示，左半球所支持的非个人的现实是“科学唯一允许的那种知识”。McGilchrist, I. (2009), *The Master and his Emissary* (London: Yale University Press), p. 95.
96. Graeber, D. (2011), *Debt: The First 5000 Years* (Brooklyn, NY): Melville House.

## 第三章

97. “假如我们算算奥古斯都时期整个军队和辅助人员的人数，大概有 25 万人，军队每年总共需要的银第纳里（或者同等铜币）的总量至少是 7 500 万！” Pense, A. (1992), ‘The Decline and Fall of the Roman Denarius’, *Materials Characterization*, 29 (2), pp. 213–222.
98. Eagleton, C., and Williams, J. (2007), *Money: A History* (Firefly Books), p. 51.
99. Weatherford, J. (1997), *The History of Money* (New York: Three Rivers Press), p. 52. 作为对比，现代的意大利军队雇用了大约 18 万人。
100. 根据《马太福音》20:2，罗马军团士兵的工资从恺撒大帝时期（公元前 46 年）的 225 第纳里变为马克西米努斯大帝（Maximinus）时期的 1 800 第纳里（公元 235—238 年）。Eagleton, C., and Williams, J. (2007), *Money: A History* (Firefly Books), p. 54.
101. Harris, W. (2008), *The Monetary Systems of the Greeks and Romans* (Oxford: Oxford University Press), p. 205.
102. Spiegel, H.W. (1991), *The Growth of Economic Thought* (3rd edn) (Durham, NC: Duke University Press), pp. 88–9.
103. 这种方法被数学家卢卡·帕乔利（Luca Pacioli）编入了 1494 年《数学大全》（*Summa de arithmetica*）中，虽然实际上已经用了一个多世纪。Davies, G. (2002), *A History of Money: From Ancient Times to the Present Day* (3rd edn), (Cardiff: University of Wales Press), p. 235.
104. Bloch, M. (1965), *Feudal Society* (L. Manyon, trans.) (Chicago: University of Chicago Press).
105. Le Goff, J. (2012), *Money and the Middle Ages* (Oxford: Polity Press), p. 115.

106. 源自 12 世纪的论文 :*The Dialogue Concerning the Exchequer*.
107. Graeber, D. (2011), *Debt: The First 5000 Years* (Brooklyn, NY: Melville House), p. 268.
108. Polo, M., and Yule, H. (1903), *The book of Ser Marco Polo, the Venetian, concerning the kingdoms and marvels of the East* (London: Murray).
109. 当威尼斯当局在 1321 年发现商人们在践行部分储备金体系时，它通过了法案，宣布银行必须要满足所有人能在三天内取款这一条件。Martin, F. (2013), *Money: The Unauthorised Biography* (London: Random House), p. 104. See also: Kindleberger, 1984, p. 51.
110. 贸易会的组织十分有序，在几周的时间内严格遵循固定的时间安排，最后还留下几天时间进行清算。Kindleberger, C.P. (1984), *A Financial History of Western Europe* (London: Allen & Unwin), p. 36.
111. Weatherford, J. (1997), *The History of Money* (New York: Three Rivers Press), p. 99.
112. Forero, J. (25 September 2012), *Bolivia's Cerro Rico: The Mountain That Eats Men*. Retrieved 22 January 2014, from NPR.org: http://www.npr.org/2012/09/25/161752820/bolivias-cerro-rico-the-mountain-that-eats-men
113. Cocker, M. (1998), *Rivers of Blood, Rivers of Gold* (New York: Grove Press), p. 88.
114. Graeber, D. (2011), *Debt: The First 5000 Years* (Brooklyn, NY: Melville House), p. 339.
115. 例如，米尔顿·弗里德曼写道："用名义上的货币单位来表示的货币数量是最无足轻重的了……让已有的美元的数量乘以 100。即使这样，也还是不会有什么其他的必要影响，只要所有其他名义的数量（货物和服务的价格，各种名目的债务和其他资产的数量）也同时乘以 100。" Friedman, M. (1969), 'The Optimum Quantity of Money', in M. Friedman (ed.), *The Optimum Quantity of Money and Other Essays* (Chicago: Macmillan), pp. 1–50, p. 1.
116. Häring, N. (2013), 'The veil of deception over money', *Real World Economics Review*, 63, pp. 2–18.
117. Morgan, J. P. (1912), Testimony before the Bank and Currency Committee of the House of Representatives. Retrieved 20 November 2017 from: https://memory.loc.gov/service/gdc/scd0001/2006/200 60517001te/20060517001te.pdf
118. Innes, A.M. (May 1913), 'What is Money?', *The Banking Law Journal*, pp. 377–408.
119. Pozadzki, A. (11 November 2017), 'Bitcoin investors party like it's 1999', *Globe and Mail*.
120. McKenna, B. (14 December 2017), 'Poloz says Canada's econ- omy in "sweet spot"; warns of cryptocurrency's allure', *Globe and Mail*.
121. Carstens, A. (6 February 2018), 'Money in the digital age: what role for central banks?' https://www.bis.org/speeches/sp180206.pdf
122. Bessa, O. (8 November 2015), 'Nobel Prize Winner Eugene Fama on Bitcoin'. CoinTelegraph: http://cointelegraph.com/ news/115593/nobel-prize-winner-eugene-fama-on-bitcoin
123. Davies, H. (27 February 2018), 'Hawk or dove? Bitcoin is forcing central banks to take sides', *The Guardian*.
124. Santos, M. (27 August 2015), 'David Orrell: "Cryptocurrency is the future, but the future might be a long time coming" '. 99bitcoins: https://99bitcoins.com/ david-orrell-cryptocurrency-is-the-future-but-the-future-might-be-a-long-time-coming/

125. Chun, R. (September 2017), 'Big in Venezuela: Bitcoin Mining', *The Atlantic*.
126. 或者是大约 400 万玻利瓦尔。
127. Alabi, K. (2017), 'Digital blockchain networks appear to be follow- ing Metcalfe's Law', *Electronic Commerce Research and Applications*, 24, pp. 23–29.
128. 从 2011 年起，中本聪就没有任何消息了，数字取证公司 Chainalysis 把他所持有的——估计总共有一百万的比特币，视为失踪。Roberts, J.J., and Rapp, N. (25 November 2017), 'Exclusive: Nearly 4 Million Bitcoins Lost Forever, New Study Says'. *Fortune*: http://fortune.com/2017/11/25/ lost-bitcoins/

## 第四章

129. Mill, J.S. (1848), *Principles of Political Economy* (London: Parker).
130. Samuelson, P.A. (1973), *Economics* (9th edn) (New York: McGraw-Hill), p. 55.
131. Smith, A. (1776), *An Inquiry into the Nature and Causes of the Wealth of Nations* (London: W. Strahan and T. Cadell). http://socserv.mcmaster.ca/econ/ugcm/3ll3/smith/wealth/wealbk01
132. Say, J.-B. (11 September 2017), *A Treatise on Political Economy* (C.R. Prinsep, trans. and Clement C. Biddle, ed.), 1855. Library of Economics and Liberty: http://www.econlib.org/library/ Say/sayT15.html
133. Samuelson, P.A. (1973), *Economics* (9th edn) (New York: McGraw-Hill).
134. Marx, K. (1887), *Capital: A Critique of Political Economy* (Vol. 1) (F. Engels, ed., S. Moore, and E.B. Aveling, trans.) (Moscow: Progress Publishers).
135. Cohan, W.D. (2011), *Money and Power: How Goldman Sachs Came to Rule the World* (New York: Doubleday).
136. Jevons, W.S. (1957), *The Theory of Political Economy* (5th edn) (New York: Kelley and Millman).
137. Bentham, J. (1907), *An Introduction to the Principles of Morals and Legislation* (Oxford: Clarendon Press), p. 1.
138. McGilchrist, I. (2009), *The Master and his Emissary* (London: Yale University Press), p. 340.
139. Jevons, W.S. (1957), *The Theory of Political Economy* (5th edn) (New York: Kelley and Millman), p. 11.
140. Ibid., pp. xvii–xviii.
141. Robbins, L. (1932), *An Essay on the Nature and Significance of Economic Science* (London: Macmillan).
142. McCauley, J.L. (2004), *Dynamics of markets: Econophysics and finance* (Cambridge: Cambridge University Press), p. 11.
143. 例子参见 Mankiw, N.G. (2016), *Principles of Economics* (8th edn) (Boston, MA: Cengage Learning), p. 434.
144. Mankiw, N.G. (2016), *Principles of Economics* (8th edn) (Boston, MA: Cengage Learning), p. 86.
145. Bauman, Y. (January 2009), *Quantum Microeconomics*. http://www.smallparty.org/yoram/quantum/quantum.pdf. 我是因为名字才看到了这本开源教科书的，结果“量

子”这个词指的是“优化个人”，被看作经济中最小的单元。这似乎与量子在这里的使用方式恰恰相反。

146. 例如，萨缪尔森和诺德豪斯写道，需求曲线总是下行这一“法则”已经“经过几乎所有商品的实证检验和证实”（虽然给出的例子是被标榜为虚拟的）。Samuelson, P.A. and Nordhaus,W.D. (2010), *Economics* (New Delhi: Tata McGraw-Hill), p. 57. 2008 年，彭博社的诺厄·史密斯写道，“表上的线完全是假设的！” Smith, N. (2018 年 4 月 13 日 ), ‘Econ Majors Graduate With a Huge Knowledge Gap’。www.bloomberg.com/view/articles/2018-4-13/ econ-majors-graduate-with-a -huge-knowledge-gap.
147. Pickford, J. (26 May 2017), ‘House prices – sellers forced to offer discounts’, *Financial Times*.
148. “只有在一些特殊情况下，才能期待经济像‘理想的消费者’那样表现。” Shafer, W., and Sonnenschein, H. (1993), ‘Market Demand and Excess Demand Functions’, in K. Arrow, and M. Intriligator (eds.), *Handbook of Mathematical Economics* (Amsterdam: Elsevier), pp. 671–672. “哪怕个人行为是完全可以理解的，但因为累积问题的缘故，要直接从这种理解中对宏观经济学下一些有用的结论也还是不可能的。” Ackerman, F. (2002), ‘Still dead after all these years: interpreting the failure of general equilibrium theory’, *Journal of Economic Methodology*, 9 (2), pp. 119–139.
149. Robbins, L. (1932), *An Essay on the Nature and Significance of Economic Science* (London: Macmillan), p. 112.
150. Albert, H., Arnold, D., and Maier-Rigaud, F. (2012), ‘Model Platonism: Neoclassical economic thought in critical light’, *Journal of Institutional Economics*, 8 (3), pp. 295–323.
151. Krugman, P. (5 January 2018), ‘Good enough for government work? Macroeconomics since the crisis’, *Oxford Review of Economic Policy*, 34 (1–2), pp. 156–168.
152. Emery, N. (2017), ‘Against Radical Quantum Ontologies’, *Philosophy and Phenomenological Research*, 95 (3), pp. 564–591.
153. 了解这一方法的例子，参见 Sarkissian, J. (2016), *Quantum theory of securities price formation in financial markets*. https://ssrn.com/abstract=2765298. Schaden, M. (2002), ‘Quantum Finance’, Physica A, 316 (1), pp. 511-538.
154. 在量子专用术语中，价格和走向是两个共轭变量。Zhang, C., and Huang, L. (2010), ‘A quantum model for the stock market’, *Physica A: Statistical Mechanics and its Applications*, 389 (24), pp. 5769–5775.
155. Kumar, M. (2008), *Quantum: Einstein, Bohr and the Great Debate About the Nature of Reality* (London: Icon Books), p. 231.
156. Holton, G.J., and Brush, S.G. (2001), *Physics, the human adven- ture: from Copernicus to Einstein and beyond* (New Brunswick, NJ: Rutgers University Press), p. 418.
157. Samuelson, P.A. (1969), ‘Classical and Neoclassical Theory’, in R. Clower (ed.), *Monetary Theory* (London: Penguin), p. 184.
158. Anonymous (12 August 2017), ‘Say’s law: supply creates its own demand’, *The Economist*. Krugman, P. (10 February 2015), ‘There’s Something About Money (Implicitly Wonkish)’. http://krugman.blogs.nytimes.com/2015/02/10/theres-something-about-money-implicitly-wonkish/

159. 正如罗伯特·纳尔逊（Robert Nelson）所提出的，这一点很少被明确外化，但是在“他们开展和展示其经济研究的方式中却是传达得最为清晰的”。Nelson, R.H. (2017), *Why Economic Progress Requires Economic Religion* (Copenhagen: Copenhagen Business School).
160. McGilchrist, I. (2009), *The Master and his Emissary* (London: Yale University Press), p. 330.
161. Ibid., p. 82.
162. Sperry, R.W. (9 August 1975), 'Left-brain, right-brain', *Saturday Review*, pp. 30–33.
163. McGilchrist, I. (2009), *The Master and his Emissary* (London: Yale University Press), p. 281.
164. Ibid., p. 279.
165. Ibid., p. 321.
166. Ibid., p. 233.

## 第五章

167. Nicolaisen, J. (25 April 2017), 'Jon Nicolaisen: What should the future form of our money be?'. http://www.norgesbank.no/en/published/speeches/2017/2017-04-25-dnva/
168. 1800 年成立的法国银行是个例外。Kindleberger, C.P. (1984), *A Financial History of Western Europe* (London: Allen & Unwin), p. 98.
169. Monaghan, A. (2 February 2018), 'Bitcoin biggest bubble in his- tory, says economist who predicted 2008 crash', *The Guardian*； Buck, J. (2 December 2007), 'Billionaire Carl Icahn Doesn't Get Bitcoin, Sees A Bubble'. Cointelegraph: https://cointelegraph.com/news/billionaire-carl-icahn-doesnt-get-bitcoin-sees-a-bubble
170. Lemay, J.A. (2006), *The Life of Benjamin Franklin, Volume 1: Journalist, 1706–1730* (Philadelphia: University of Pennsylvania Press), p. 399.
171. Davies, G. (2002), *A History of Money: From Ancient Times to the Present Day* (3rd edn) (Cardiff: University of Wales Press), p. 483.
172. Federal Reserve (2017), 'Who owns the Federal Reserve?'. Retrieved 20 November 2017, from: http://www.federalreserve.gov/faqs/ about_14986.htm
173. Soddy, F. (1926), *Wealth, Virtual Wealth and Debt: The Solution of the Economic Paradox* (New York: Dutton).
174. Soddy, F. (2003), *The Role of Money: What It Should Be, Contrasted with What It Has Become* (London: Routledge).
175. Soddy, F. (1926), *Wealth, Virtual Wealth and Debt: The Solution of the Economic Paradox* (New York: Dutton).
176. McLeay, M., Radia, A., and Thomas, R. (14 March 2014), 'Money Creation in the Modern Economy', *Quarterly Bulletin 2014 Q1* (Bank of England).
177. Schumpeter, J. (1934), *The Theory of Economic Development: An Inquiry into Profits, Capital, Credit, Interest and the Business Cycle* (Cambridge, MA: Harvard University Press), p. 73.
178. Schumpeter, J. (1954), *History of Economic Analysis* (London: Allen & Unwin), p. 1114.

179. Werner, R.A. (2016), 'A lost century in economics: Three theories of banking and the conclusive evidence', *International Review of Financial Analysis*, 46, pp. 361–379. 诺贝特·哈灵同样在2013年指出："即使是走马观花一样的观察也同样表明信贷创造或货币创造在顶尖的期刊中都是禁忌语。" Häring, N. (2013), 'The veil of deception over money', *Real World Economics Review*, 63, pp. 2–18.
180. McLeay, M., Radia, A., and Thomas, R. (14 March 2014), 'Money Creation in the Modern Economy', *Quarterly Bulletin 2014 Q1* (Bank of England).
181. Turner, A. (10 November 2014), 'Printing money to fund deficit is the fastest way to raise rates', *Financial Times*.
182. Werner, R.A. (2014), 'Can banks individually create money out of nothing? – The theories and the empirical evidence', *International Review of Financial Analysis*, 36, pp. 1–19.
183. McLeay, M., Radia, A., and Thomas, R. (14 March 2014), 'Money Creation in the Modern Economy', *Quarterly Bulletin 2014 Q1* (Bank of England).
184. Turner, A. (10 November 2014), 'Printing money to fund deficit is the fastest way to raise rates', *Financial Times*.
185. Clarke, D. (27 October 2017), 'Poll Shows 85% of MPs Don't Know Where Money Comes From'. Positive Money: http://positivemoney.org/2017/10/mp-poll/
186. Werner, R.A. (2014), 'How do banks create money, and why can other firms not do the same? An explanation for the coexistence of lending and deposit-taking', *International Review of Financial Analysis*, 36, pp. 71–77.
187. Werner, R.A. (2016), 'A lost century in economics: Three theories of banking and the conclusive evidence', *International Review of Financial Analysis*, 46, pp. 361–379.
188. Neal, T. (7 February 2017), 'Hard times ahead for first-time buyers', *Beach Metro Community News*.
189. Kirby, J. (31 March 2017), 'Stephen Poloz: "No one wins a trade war. Everybody loses" ', *Maclean's*.
190. Salter, M. (15 July 1988), 'Hot hot houses', *The Globe and Mail*.
191. Minsky, H.P. (1972), 'Financial instability revisited: the economics of disaster', in *Reappraisal of the Federal Reserve Discount Mechanism* (Washington, DC: Board of Governors of the Federal Reserve System), pp. 95–136.
192. Kuroda, H. (20 March 2014), 'Aiming at 2 Per Cent Inflation. Why? Speech at the Japan Chamber of Commerce and Industry'. Bank of Japan: https://www.boj.or.jp/en/announcements/ press/koen_2014/data/ko140320a1.pdf
193. Fleming, S. (4 October 2017), 'Fed has no reliable theory of infla- tion, says Tarullo', *Financial Times*. See also: Giles, C. (11 October 2017), 'Central bankers face a crisis of confidence as models fail', *Financial Times*.
194. Bouchaud, J.-P., Gualdi, S., Tarzia, M., and Zamponi, F. (15 September 2017), 'Optimal Inflation Target: Insights from an Agent-Based Model'. https://arxiv.org/ pdf/1709.05117.pdf
195. Wingrove, J., and Argitis, T. (16 October 2017), 'Poloz Says Canada's Economy Entered "Sweet Part" of Business Cycle'. 选自彭博社：https://www.bloomberg.com/news/articles/2017-10-16/

poloz-says-canada-economy-entered-sweet-part-of-business-cycle

196. See Keen, S. (2017), *Can We Avoid Another Financial Crisis?* (Cambridge: Polity), p. 77.
197. Bezemer, D., and Hudson, M. (2016), 'Finance Is Not the Economy: Reviving the Conceptual Distinction', *Journal of Economic Issues*, 50 (3), pp. 745–68.
198. White, W. (11 February 2014), 'Central Banking … Not a Science'. YouTube: https:// www.youtube.com/ watch?v=tCx-lKdRrPs
199. Central Intelligence Agency (1 August 1975), 'An Evaluation of Jay Forrester's "Systems Dynamics" Methodology'. 选自：https://www.cia.gov/library/readingroom/docs/ CIA-RDP80B01495R000600180019-0.pdf
200. Bouchaud, J.-P., Gualdi, S., Tarzia, M., and Zamponi, F. (15 September 2017), 'Optimal Inflation Target: Insights from an Agent-Based Model'. https://arxiv.org/ pdf/ 1709. 05117.pdf
201. 了解另一领域的应用，参见 Snell, C., Orrell, D., Fernandez, E., Chassagnole, C., and Fell, D. (2011), 'Systems Biology Approaches to Cancer Drug Development', in A. Cesario, and F. Marcus, *Cancer Systems Biology, Bioinformatics and Medicine* (London: Springer), pp. 367–380.
202. 这是所谓的存量—流量一致性形式模型背后的原理。Caverzasi, E. and Godin, A. (2013), 'Stock-flow consistent modeling through the ages', Working Paper, Levy Economics Institute.
203. Smith, N. (25 August 2016), 'Data Geeks Are Taking Over Economics'. Bloomberg. com: https://www.bloomberg.com/view/ articles/2016-08-25/data-geeks-are-taking-over-economics
204. Hannam, J. (2009), *God's Philosophers: How the Medieval World Laid the Foundations of Modern Science* (London: Icon Books), p. 174.

## 第六章

205. Pearson, K. (1905), 'The problem of the random walk', *Nature*, 72, pp. 294, 318, 342.
206. Editorial (September 2004), 'Einstein=Man of Conscience2'. *Scientific American*, 291, p. 10.
207. Bachelier, L. (1900), 'Théorie de la spéculation', *Annales Scientifiques de l'École Normale Supérieure*, 3 (17), pp. 21–86.
208. Clark, M. (director), (1999), *The Midas Formula* (motion picture).
209. Fama, E.F. (1965), *Random walks in stock-market prices* (Chicago: Graduate School of Business, University of Chicago).
210. Fama, E.F. (1991), 'Efficient capital markets II', *The Journal of Finance*, 46 (5), pp. 1575–1617. Cochrane, J.H. (2011), 'Presidential address: Discount rates', *The Journal of Finance*, 66 (4), pp. 1047–1108.
211. Jensen, M. (1978), 'Some Anomalous Evidence Regarding Market Efficiency', *Journal of Financial Economics*, 6, pp. 95–102.
212. Lo, A.W., and MacKinlay, A.C. (2002), *A Non-Random Walk Down Wall Street* (Princeton, NJ: Princeton University Press), p. 4.

213. Lo, A.W. (2008), 'Efficient Markets Hypothesis', in S.N. Durlauf, and L.E. Blume (eds), *The New Palgrave Dictionary of Economics, Second Edition* (Basingstoke: Palgrave Macmillan).

214. 经济学家戴维·瓦因斯（David Vines）和塞缪尔·威尔斯（Samuel Wills）认为："动态随机一般均衡模型背后有两种关键的假说支持：有效市场假说、理性期待。" Vines, D. and Wills, S. (5 January 2018), 'The rebuilding macroeconomic theory project: an analytical assessment', *Oxford Review of Economic Policy*, 34 (1–2), pp. 1–42.

215. Cochrane, J. (2011), 'How did Paul Krugman get it so wrong?', *IEA Economic Affairs*, (June), pp. 36–40.

216. Sewell, M. (2011), 'History of the Efficient Market Hypothesis', Research Note RN/11/04 20, UCL Department of Computer Science.

217. Anonymous (16 July 2009), 'Efficiency and beyond', *The Economist.*

218. Mackenzie, D. (2006), *An Engine, Not a Camera: How Financial Models Shape Markets* (Cambridge, MA: MIT Press), p. 120.

219. Mackenzie, D. (2006), *An Engine, Not a Camera: How Financial Models Shape Markets* (Cambridge, MA: MIT Press), p. 158.

220. Albrecht, A., and Phillips, D. (2014), 'Origin of probabilities and their application to the multiverse', *Physical Review D*, 90 (12), p. 123514.

221. 有很多论文探讨了这些方程式之间的关系，例如 Haven, E. (2003), 'A Black-Scholes Schrödinger option price: "bit" versus "qubit" ', *Physica A*, 324, pp. 201–206。但是它们在根本上就是不同的，因为布莱克－斯科尔斯期权定价方程式是热耗散方程的版本，而薛定谔方程式是振动波方程式，只有通过很多假设才能让两者进行转换。

222. Baaquie, B.E. (2007), *Quantum Finance: Path Integrals and Hamiltonians for Options and Interest Rates* (Cambridge: Cambridge University Press), p. 99. 也可参见 : Schaden, M. (2002), 'Quantum Finance', Physica A, 316 (1), pp. 511-538.

223. Paul Wilmott, private communication, 2017.

224. Sarkissian, J. (2016), 'Risk valuation for securities with limited liquidity'. https://ssrn.com/abstract=2891669

225. Everett, H. (1957), 'Relative state formulation of quantum mechanics', *Rev. Mod. Phys.*, 29, pp. 454–462.

226. Deutsch, D. (1997), *The Fabric of Reality* (London: Penguin), p. 51.

227. Birkhoff, G., and von Neumann, J. (1936), 'The Logic of Quantum Mechanics', *Annals of Mathematics*, 37, pp. 823–843.

228. Khrennikov, A. (2009), 'Classical and Quantum-Like Randomness and the Financial Market', in M. Faggini (ed.), *Coping with the com- plexity of economics* (New York: Springer), pp. 67–77.

229. Feynman, R. (1982), 'Simulating physics with computers', *International Journal of Theoretical Physics*, 21 (6–7), pp. 467–488. See also: Boghosian, B. (1998), 'Simulating quantum mechanics on a quantum computer', *Physica D*, 120 (1–2), pp. 0–42.

230. Wilson, E.K. (2000), 'Quantum Computers', *Chemical and Engineering News*, 78 (45), pp. 35–39.

231. Asmundsson, J. (14 June 2017), 'Quantum Computing Might Be Here Sooner Than You

Think'. Bloomberg.com

232. Wilmott, P., and Orrell, D. (2017), *The Money Formula: Dodgy Finance, Pseudo Science, and How Mathematicians Took Over the Markets* (Chichester: Wiley).
233. 例如，巴奎在自己的书中写道："在重新面对金融的基本原理时，没有人尝试过应用量子理论。" Baaquie, B.E. (2007), *Quantum Finance: Path Integrals and Hamiltonians for Options and Interest Rates* (Cambridge: Cambridge University Press), p. 1.
234. Kunte, S. (6 August 2015), 'The Herding Mentality: Behavioral Finance and Investor Biases'. https://blogs.cfainstitute.org/investor/2015/08/06/ the-herding-mentality-behavioral-finance-and-investor-biases/
235. Zyga, L. (6 June 2014), 'Herding in the stock market may inspire human-guided trading algorithms'. phys.org: https:// phys.org/news/2014-06-herding-stock-human-guided-algorithms. html
236. 了解类似这种简单建模方法的讨论，参见 Bouchaud, J.-P. (2009), 'The (unfortunate) complexity of the economy', *Physics World*, 22, pp. 28–32.
237. Black, F., and Scholes, M. (1973), 'The Pricing of Options and Corporate Liabilities', *Journal of Political Economy*, 81 (3), pp. 637–654.
238. Jones, S.L., and Netter, J.M. (28 October 2017), 'Efficient Capital Markets' (Library of Economics and Liberty). http://www.econlib.org/ library/Enc/EfficientCapitalMarkets. html.
239. Wilmott, P., and Orrell, D. (2017), *The Money Formula: Dodgy Finance, Pseudo Science, and How Mathematicians Took Over the Markets* (Chichester: Wiley).

## 第七章

240. Leibniz, G.W. (1902), *Discourse on Metaphysics* (Chicago: The Open Court).
241. Jevons, W.S. (1957), *The Theory of Political Economy* (5th edn) (New York: Kelley and Millman), pp. xvii–xviii.
242. Fisher, I. (1892), *Mathematical investigations in the theory of value and prices* (New Haven, CT: Connecticut Academy of Arts and Sciences), p. 85.
243. Quetelet, L.A. (1984), *Research on the propensity for crime at different ages* (Cincinnati, OH: Anderson), p. 3.
244. Edgeworth, F.Y. (1881), *Mathematical psychics: an essay on the appli cation of mathematics to the moral sciences* (London: C.K. Paul), p. 16.
245. Robbins, L. (1932), *An Essay on the Nature and Significance of Economic Science* (London: Macmillan), p. 112.
246. Von Neumann, J., and Morgenstern, O. (1944), *Theory of Games and Economic Behavior* (Princeton, NJ: Princeton University Press).
247. Heims, S. (1980), *John Von Neumann and Norbert Wiener: from mathematics to the technologies of life and death* (Cambridge, MA: MIT Press), p. 295.
248. Bockman, J. (2011), *Markets in the Name of Socialism: The Left-Wing Origins of Neoliberalism* (Stanford, CA: Stanford University Press), p. 47.
249. Arrow, K.J., and Debreu, G. (1954), 'Existence of a Competitive Equilibrium for a

Competitive Economy', *Econometrica*, 22, pp. 65–90.

250. 参见 Varoufakis, Y., Halevi, J., and Theocarakis, N. (2011), *Modern Political Economics: Making Sense of the Post-2008 World* (New York: Routledge), pp. 253–254. 几位作者讨论模阿罗－德布鲁型的"宣传"价值的同时，强调了这种用法其实并不是建模者的本意。布绍还提出："自由市场应当有的无所不知和完美功效起源于 20 世纪 50 年代和 20 世纪 60 年代的经济工作，事后想来，似乎是带有'冷战'色彩的宣传而非有一定道理的科学。" Bouchaud, J.-P. (2008), 'Economics Needs a Scientific Revolution', *Nature*, 455, p. 1181.
251. Akerlof, G.A., and Shiller, R.J. (2016), *Phishing for Phools: The Economics of Manipulation and Deception* (Princeton, NJ: Princeton University Press), pp. 5, 186.
252. Deutsch, D. (1997), *The Fabric of Reality* (London: Penguin), p. 175.
253. Monod, J. (1971), *Chance and Necessity: An Essay on the Natural Philosophy of Modern Biology* (New York: Knopf).
254. Becker, G.S. (1976), *The Economic Approach to Human Behavior* (Chicago: University of Chicago Press), pp. 5–8.
255. Committee on Financial Services, US House of Representatives (20 July 2006), 'Monetary Policy And The State of the Economy'. https://www.gpo.gov/fdsys/pkg/CHRG-109hhrg31539/html/CHRG109hhrg31539.htm
256. Lucas, R. (2003), 'Macroeconomic Priorities', *American Economic Review*, 93 (1), pp. 1–14.
257. Solow, R.M. (2003), 'Dumb and Dumber in Macroeconomics'. Festschrift for Joe Stiglitz, Columbia University.
258. Earle, J., Moran, C., and Ward-Perkins, Z. (2016), *The Econocracy: The Perils of Leaving Economics to the Experts* (Manchester: Manchester University Press).
259. Morgan, M.S. (2012), *The World in the Model: How Economists Work and Think* (Cambridge: Cambridge University Press), p. 157.
260. Raworth, K. (2017), *Doughnut Economics: Seven Ways to Think Like a 21st-Century Economist* (White River Junction, VT: Chelsea Green Publishing), p. 82.
261. Thaler, R.H. (8 May 2015), 'Unless You Are Spock, Irrelevant Things Matter in Economic Behavior', *New York Times*.
262. Thaler, R.H. (2015), *Misbehaving: The Making of Behavioral Economics* (New York: W.W. Norton & Company), pp. 42, 260.
263. Kahneman, D. (9 September 2017), 'Daniel Kahneman – Biographical'. Nobelprize.org:https://www.nobelprize.org/nobel_prizes/economic-sciences/laureates/2002/kahneman-bio.html
264. Thaler, R.H. (2015), *Misbehaving: The Making of Behavioral Economics* (New York: W.W. Norton & Company), p. 269.
265. Cochrane, J. (22 May 2015), '*Homo economicus* or *homo paleas*?'. The Grumpy Economist: http://johnhcochrane. blogspot.ca/2015/05/homo-economicus-or-homo-paleas.html
266. BBC (31 October 2017), 'Russia-linked posts "reached 126m Facebook users in US" '. 选自 BBC.com: http://www.bbc. com/news/world-us-canada-41812369

267. Chicago Booth Review (30 June 2016), 'Are Markets Efficient?'. 选 自 : http://review.chicagobooth.edu/economics/2016/ video/are-markets-efficient
268. https://en.wikipedia.org/wiki/List_of_cognitive_biases
269. 例子参见：Pastor, L., and Veronesi, P. (2006), 'Was there a NASDAQ bubble in the late 1990s?', *Journal of Financial Economics*, 81 (1), pp. 61–100. 正如乔治·库珀（George Cooper）所提出的："让这些价格合理化所需的智力扭曲让我们难以置信，但尽管如此，这些扭曲却是以所谓的守护有效市场假说的名义进行的。" Cooper, G. (2008), *The Origin of Financial Crises: Central banks, credit bubbles and the efficient market fallacy* (London: Harriman House), p. 10.
270. Akerlof, G.A., and Shiller, R.J. (2016), *Phishing for Phools: The Economics of Manipulation and Deception* (Princeton, NJ: Princeton University Press), p. 171. See also p. 164.
271. Hoff, K., and Stiglitz, J.E. (2016), 'Striving for balance in economics: Towards a theory of the social determination of behavior', *Journal of Economic Behavior & Organization*, 126, pp. 25–57.
272. Tversky, A., and Simonson, I. (1993), 'Context-Dependent Preferences', *Management Science*, 39 (10), pp. 1179–1189.
273. Quoted by: Jammer, M. (1974), *The Philosophy of Quantum Mechanics* (New York: Wiley), p. 151.
274. Qadir, A. (1978), 'Quantum Economics', *Pakistan Economic and Social Review*, 16 (3/4), pp. 117–126. 卡迪尔使用"量子经济学"这个短语是在法国经济学家博尔纳·施密特（Bernard Schmitt）之后，但施密特的版本是在 20 世纪 50 年代从"产量是时间量化为不连续的单元的瞬时事件"这一观点中得名的。但是一个关键的假设在于货币无非是一种支付手段，所以这个理论与这里的方法没有什么共同之处。
275. Busemeyer, J., and Bruza, P. (2012), *Quantum Models of Cognition and Decision* (Cambridge: Cambridge University Press).
276. Quoted in: Wendt, A. (2015), *Quantum Mind and Social Science: Unifying Physical and Social Ontology* (Cambridge: Cambridge University Press), p. 158.
277. 正如俄亥俄州立大学的王筝所总结的那样："往一个方向转变答案的人的数量往往被往相反方向转变答案的人的数量所抵消。" Ohio State University (16 June 2014), 'Quantum theory reveals puzzling pattern in how people respond to some surveys'. ScienceDaily: www.sciencedaily.com/releases/2014/06/140616151347.htm. 也可参见 Wang, Z., Solloway, T., Shiffrin, R.S., and Busemeyer, J.R. (2014), 'Context effects produced by question orders reveal quantum nature of human judgments', *Proceedings of the National Academy of Sciences*, 111 (26), pp. 9431–9436.
278. Gorder, P. F. (2015, September 14). *You're not irrational, you're just quantum probabilistic*. 选自 Ohio State News: https://news.osu.edu/news/2015/09/14/youre-not-irrational-youre-just-quantum-probabilistic/
279. Anonymous (8 July 2014), 'Equal and opposite', *The Economist*.
280. Tversky, A., and Shafir, E. (1992), 'The disjunction effect in choice under uncertainty', *Psychological Science*, 3, pp. 305–309.
281. Busemeyer, J.R., Wang, Z., and Shiffrin, R.S. (2015), 'Bayesian model comparison favors

quantum over standard decision theory account for dynamic inconsistency', *Decision*, 2, pp. 1–12.

282. Busemeyer, J., and Bruza, P. (2012), *Quantum Models of Cognition and Decision* (Cambridge: Cambridge University Press), p. 267.
283. Tversky, A., and Thaler, R.H. (1990), 'Anomalies: preference rever- sals', *Journal of Economic Perspectives*, 4, pp. 201–211.
284. Yukalov, V.I., and Sornette, D. (2015), 'Preference reversal in quantum decision theory', *Frontiers in Psychology*, 6, pp. 1–7.
285. Franzen, J. (4 November 2017), 'Is it too late to save the world?', *The Guardian*.
286. 了解讨论，参见 Wendt, A. (2015), *Quantum Mind and Social Science: Unifying Physical and Social Ontology* (Cambridge: Cambridge University Press), p. 172.
287. McGilchrist, I. (2009), *The Master and his Emissary* (London: Yale University Press), p. 146.
288. Mendes, R.V. (2005), 'The Quantum Ultimatum Game', *Quantum Information Processing*, 4 (1), pp. 1–12.
289. Van Wolkenten, M., Brosnan, S.F., and de Waal, F.B. (2007), 'Inequity responses of monkeys modified by effort', *Proceedings of the National Academy of Sciences*, 104, pp. 18854–18859.
290. 在物理界中，引用阿莱斯泰尔·雷（Alastair Rae）的一本教科书，"'纠缠'这个词指的是两个或多个变量的量子状态，对其中一个变量的测量的概率取决于另一个的状态——哪怕它们之间没有任何的互动"。Rae, A.I.M. (2008), *Quantum Mechanics* (5th edn) (London: Taylor & Francis), p. 268.
291. Wendt, A. (2015), *Quantum Mind and Social Science: Unifying Physical and Social Ontology* (Cambridge: Cambridge University Press), p. 166.
292. Ibid., p. 33.
293. Carter, S.P. and Skiba, P.M. (2012), 'Pawnshops, Behavioral Economics, and Self-Regulation', *Review of Banking & Financial Law*, 32 (1), pp. 193–220.
294. 参见 'Introduction to the mathematics of quantum economics', available at davidoreell.com/quantumeconomicsmath.pdf
295. Fougères, A-J. (2016), 'Towards quantum agents: the superposi- tion state property', *International Journal of Computer Science Issues*, 13, pp. 20–27. For a discussion of mortgage default, see Wilkinson-Ryan, T. (2011), 'Breaching the Mortgage Contract: The Behavioral Economics of Strategic Default', *Vanderbilt Law Review*, 64 (5), pp. 1547–1583. 例如，如果把违约看作契约中的一种期权的话，这种表达移除了某些污名，似乎那些负债超过其房产价值的房主更有可能违约。
296. Sterman, J.D. (2000), *Business Dynamics: Systems Thinking and Modeling for a Complex World* (New York: McGraw-Hill), pp. 13–14.
297. Zúñiga, M. (12 February 2018), ' "It's humiliating" : plight of Venezuelan middle class is pawn shops' gain', *The Guardian*.
298. Wendt, A. (2015), *Quantum Mind and Social Science: Unifying Physical and Social Ontology* (Cambridge: Cambridge University Press), p. 164.
299. Yukalov, V.I. and Sornette, D. (2014), 'Conditions for Quantum Interference in Cognitive

Sciences', *Topics in Cognitive Science*, 6, pp. 79–90.
300. Busemeyer, J.R., Wang, Z., and Shiffrin, R.S. (2015), 'Bayesian model comparison favors quantum over standard decision theory account for dynamic inconsistency', *Decision*, 2, pp. 1–12.
301. 例子参见：Favre, M., Wittwer, A., Heinimann, H.R., Yukalov, V.I., and Sornette, D. (2016), 'Quantum Decision Theory in Simple Risky Choices', *PLOS ONE*, 11 (12), e0168045.
302. Hubbard, W.H. (2017), *Quantum Economics, Newtonian Economics, and Law* (Chicago: University of Chicago Law School).
303. Mankiw, N.G. (2016), *Principles of Economics* (8th edn) (Boston, MA: Cengage Learning), pp. 462–463.
304. Cochrane, J. (22 May 2015), '*Homo economicus* or *homo paleas*?' The Grumpy Economist:http://johnhcochrane.blogspot.ca/2015/05/homo-economicus-or-homo-paleas.html
305. Levy, A. (1 February 2006), 'Mapping the trader's brain', *Bloomberg Markets*, 15 (3), pp. 34–45.
306. Akerlof, G.A., and Shiller, R.J. (2016), *Phishing for Phools: The Economics of Manipulation and Deception* (Princeton, NJ: Princeton University Press), p. 17.
307. 例如，布森耶和布鲁扎的《认知和决策的量子模型》（*Quantum Models of Cognition and Decision*）一书中似乎只有在货币出现在实验中时提到了几次。但是很讽刺的是，忽视货币的原因很可能是量子认知把关注点放在了复制行为经济学的结果上。
308. Hanauske, M., Kunz, J., Bernius, S., and Konig, W. (2010), 'Doves and hawks in economics revisited: An evolutionary quantum game theory based analysis of financial crises', *Physica A*, 389 (21), pp. 5084–5102.
309. Cadwalladr, C. (30 July 2017), 'Al Gore: "The rich have subverted all reason" ', *The Guardian*.
310. Rethinking Economics NL (19 September 2015), 'VPRO Buitenhof: Rethinking Economics'. YouTube: https://www.youtube.com/watch?v=x7uITEBqQvM.
311. Wendt, A. (2015), *Quantum Mind and Social Science: Unifying Physical and Social Ontology* (Cambridge: Cambridge University Press), p. 282.
312. Cheal, D. (16 September 2017), 'Top of the pops', *Financial Times*.
313. Raworth, K. (2017), *Donut Economics: Seven Ways to Think Like a 21st-Century Economist* (White River Junction, VT: Chelsea Green Publishing), p. 88.
314. Sedláček, T., Orrell, D. and Chlupatý, R. (2012), *Soumrak Homo Economicus* (Prague: 65.pole).
315. Friedman, M. (1962), *Capitalism and Freedom* (Chicago: University of Chicago Press), pp. 133–134.
316. Lazonick, W., Hopkins, M., Jacobson, K., Sakinç, M.E., and Tulum, Ö. (2017), *US Pharma's Financialized Business Model, Working Paper No. 60* (New York: Institute for New Economic Thinking).
317. Global Strategy Group (2018), 'Call to Action in the Age of Trump'. http://www.globalstrategygroup.com/ thought-leadership/business-and-politics/

## 第八章

318. Von Helmholtz, H. (1853), 'On the Conservation of Force', in J. Tyndall, and W. Francis (eds), *Scientific memoirs* (London: Taylor and Francis).
319. Castelvecchi, D. (29 March 2017), 'Battle between quantum and thermodynamic laws heats up', *Nature*, 543 (7647), pp. 597–598.
320. Wolchover, N. (16 April 2014), 'Time's Arrow Traced to Quantum Source'. *Quanta Magazine*: https://www.quantamagazine.org/quantum-entanglement-drives-the-arrow-of-time-scientists-say-20140416/
321. Lambert, N., Chen, Y.-N., Cheng, Y.-C., Li, C.-M., Chen, G.-Y., and Nori, F. (2013), 'Quantum biology', *Nature Physics*, 9 (1), pp. 10–18. Mihelic, F.M. (2013), 'Model of Biological Quantum Logic in DNA', *Life: Open Access Journal*, 3 (3), pp. 474–81. McFadden, J. (29 October 2014), 'Life is quantum'. Aeon: https://aeon.co/ essays/quantum-weirdness-is-everywhere-in-the-living-world
322. 或者就像约瑟夫·斯蒂格利茨所说的："动态随机一般均衡模型似乎把以下观点当成了一个宗教信条，即应该用一个典型行为人在没有借贷约束的无限生命中实现效用最大化的模型来解释消费。这就是这个模型所谓的微观基础。" Stiglitz, J.E. (11 September 2017), 'Where Modern Macroeconomics Went Wrong'. https://www8.gsb.columbia.edu/faculty/jstiglitz/sites/jstiglitz/files/Where%20Modern%20Macroeconomics%20Went%20Wrong_0.pdf
323. Samuelson, P.A. (1972 [1969]), 'The Way of an Economist', in R.C. Merton (ed.), *The Collected Scientific Papers of Paul A. Samuelson* (Vol. III, pp. 675–85) (Cambridge, MA: MIT Press), p. 683.
324. Schumacher, R. (2013), 'Deconstructing the theory of comparative advantage', *World Social and Economic Review*, (2), p. 83.
325. Ricardo, D. (11 September 2017), *On the Principles of Political Economy and Taxation* (1821). Library of Economics and Liberty: http://www.econlib.org/library/Ricardo/ricP.html
326. Hausmann, R., Hidalgo, C.A., Bustos, S., Coscia, M., Simoes, A., and Yildirim, M.A. (2014), *The Atlas of Economic Complexity: Mapping Paths to Prosperity* (Cambridge, MA: MIT Press), p. 6. Ricardo, D. (11 September 2017), *On the Principles of Political Economy and Taxation* (1821). Library of Economics and Liberty: http://www.econlib.org/library/Ricardo/ricP.html
327. Committee on Science and Technology (20 July 2010), 'Building a Science of Economics for the Real World'. https://science.house.gov/sites/republicans.science.house.gov/files/documents/hearings/072010_charter.pdf. See also: Arora, V. (December 2013), 'An Evaluation of Macroeconomic Models for Use at EIA'. https://www.eia.gov/workingpapers/pdf/macro_models-vipin-wappendix.pdf
328. Blanchard, O. (2014), 'Where Danger Lurks', *Finance & Development*, 51 (3), pp. 28–31.
329. 正如威廉姆·怀特在 2013 年所写的："动态随机一般均衡模型很重要的一方面在于它们根本没有提到货币或信贷，它们也没有金融领域。" White, W. (2013), 'Is

Monetary Policy a Science? The Interaction of Theory and Practice Over the Last 50 Years', in M. Balling, and E. Gnan (eds.), *50 Years of Money and Finance – Lessons and Challenges* (Vienna: SUERF).

330. Barad, K. (2007), *Meeting the Universe Halfway: Quantum Physics and the Entanglement of Matter and Meaning* (Durham, NC: Duke University Press), p. 239.
331. Institute of International Finance (June 2017), 'Global Debt Monitor'. https://www.iif.com/publication/ global-debt-monitor/global-debt-monitor-june-2017
332. Bernanke, B. (1995), 'The Macroeconomics of the Great Depression: A Comparative Approach', *Journal of Money, Credit, and Banking*, 27 (1), pp. 1–28.
333. Krugman, P. (2012), *End This Depression Now!* (New York: W.W. Norton & Co.), p. 112.
334. 在宏观经济学的典型的行为人模型中，"债务（家庭的）被剔除了，因而不起任何作用"。Stiglitz, J.E. (11 September 2017), 'Where Modern Macroeconomics Went Wrong'. https:// www8.gsb.columbia.edu/faculty/jstiglitz/sites/jstiglitz/files/Where%20Modern%20Macroeconomics%20Went%20Wrong_0.pdf
335. 圣母大学的社会学家罗伯特·菲什曼（Robert Fishman）表示，国家面临"证券交易员、投机者以及信用评级分析师所施加的不公平、随心所欲的压力"，迫使国家寻求紧急财政援助。Fishman, R.M. (12 April 2011), 'Portugal's Unnecessary Bailout', *New York Times*.
336. Haldane, A. (29 October 2014), 'Managing global finance as a system – speech by Andrew Haldane'. Bank of England: http://www.bankofengland.co.uk/publications/Documents/ speeches/2014/speech772.pdf
337. 根据上一条尾注中引用的霍尔丹的演讲，"其他东西一样，共同的全球因素可能导致了发达国家 70% 到 90% 的资产价格变化"。
338. Battiston, S., Delli Gatti, D., Greenwald, B. and Stiglitz, J.E. (2007), 'Credit Chains and Bankruptcy Propagation in Production Networks', *Journal of Economic Dynamics and Control*, 31 (6), pp. 2061–2084.
339. International Monetary Fund (April 2006), 'Global Financial Stability Report: Market Developments and Issues' (Washington, DC), p. 51.
340. Bernanke, B. (18 May 2006), 'Basel II: Its Promise and Its Challenges'. http://www.federalreserve.gov/newsevents/speech/ bernanke20060518a.htm
341. Wilmott, P., and Orrell, D. (2017), *The Money Formula: Dodgy Finance, Pseudo Science, and How Mathematicians Took Over the Markets* (Chichester: Wiley).
342. 例如，国际清算银行在 2017 年提出，通过美国以外的非银行的外汇掉期和远期合约借款的数量接近资产负债表上 10.7 万亿美元的债务。Borio, C., McCauley, R.N., and McGuire, P. (17 September 2017), 'FX swaps and forwards: missing global debt?' Bank for International Settlements: https://www.bis.org/publ/qtrpdf/r_ qt1709e.htm
343. Wilmott, P. (2000), 'The use, misuse and abuse of mathematics in finance', *Philosophical Transactions of the Royal Society of London. Series A: Mathematical, Physical and Engineering Sciences*, 358 (1765), pp. 63–73.
344. 正如约瑟夫·斯蒂格利茨所说："国会调查 2008 年危机时称自己是金融危机调查委员会，关注点放在类似信用等级机构这样的金融领域以及信用违约掉期、衍生品以及其他复杂金融工具的作用上，标准动态随机一般均衡模型对这两者均无实

际 作 用。" Stiglitz, J.E. (11 September 2017), 'Where Modern Macroeconomics Went Wrong'. https://www8.gsb.columbia.edu/faculty/jstiglitz/sites/jstiglitz/files/Where%20 Modern%20Macroeconomics%20Went%20Wrong_0.pdf

345. Jevons, W.S. (1957), *The Theory of Political Economy* (5th edn) (New York: Kelley and Millman).

346. Lewis, J. (2005), 'Roots of Ensemble Forecasting', *Monthly Weather Review*, 133 (7), pp. 1865–1885.

347. 跟观察错误不同，模型错误对集成方法很难适用，因为如果方程式的形式错了，就不清楚什么样的干扰才是合适的。Orrell, D. (2007), *Apollo's Arrow: The Science of Prediction and the Future of Everything* (Toronto: HarperCollins).

348. 了解非天气机构的机器学习方法的例子，参见 Grover, A., Kapoor, A., and Horvitz, E. (2015), 'A Deep Hybrid Model for Weather Forecasting', *KDD '15 Proceedings of the 21th ACM SIGKDD International Conference on Knowledge Discovery and Data Mining* (New York: ACM Press), pp. 379–86. https://www.microsoft.com/en-us/research/publi- cation/deep-hybrid-model-weather-forecasting/. 正如 IBM 全球业务服务的首席气象学家戴维·戈尔德（David Gold）所言："由于人们普遍认为基于集合的动态预测系统提供了最好的预测，现代气象界在很大程度上回避 / 放弃了纯粹的统计 / 机器学习方法。" Gold, D. (5 June 2013), 'Are machine learning algorithms used in weather forecasting? If so, which ones? If not, why?' https://www.quora.com/ Are-machine-learning-algorithms-used-in-weather-forecasting. 了解气候预测的机器学习方法，参见 Fildes, R., and Kourentzes, N. (2011), 'Validation and forecasting accuracy in models of climate change', *International Journal of Forecasting*, 27, pp. 968–995。正如几位作者所言，虽然有很多气象模型研究，"极少有研究对它们的相对预测准确度记录进行过正式的检验，这些才是预测研究的核心"。

349. Constâncio, V. (25 September 2017), 'Developing models for policy analysis in central banks'. http://www.ecb.europa.eu/press/key/date/2017/html/ecb.sp170925. en.html

350. Independent Evaluation Office (November 2015), 'Evaluating forecast performance'. https:// www.bankofengland.co.uk/independent-evaluation-office/ forecasting-evaluation-november-2015

351. Meakin, L., Goodman, D., and Tartar, A. (17 January 2018), 'Which Central Bank is the Most Accurate Forecaster?' https://www.bloomberg.com/amp/news/articles/ 2018-01-17 /which-central-bank-is-the-most-accurate-forecaster

352. Keynes, J.M. (1923), *A Tract on Monetary Reform* (London: Macmillan), p. 80.

353. Bernanke, B. (5 June 2007), 'The Housing Market and Subprime Lending'. https://www.federalreserve.gov/news- events/speech/bernanke20070605a.htm. Hudson, M. (20 April 2006), 'The New Road to Serfdom – An illustrated guide to the coming real estate collapse'. http://michael-hudson.com/2006/04/the-new-road-to-serfdom-an-illustrated-guide-to-the-coming-real-estate-collapse/

354. Inman, P. (5 January 2017), 'Chief economist of Bank of England admits errors in Brexit forecasting', *The Guardian*.

355. 例如，黛安娜·科伊尔（Diane Coyle）在 2017 年将之描述为一种主要的批评主流经济学的新式"文学题材"。我自己 2010 年的《经济和你想的不一样》就是早期一个例子。Coyle, D. (23 June 2017), 'Economics in Transition'. Project Syndicate: https://www.project-syndicate.org/onpoint/economics-in-transition-by-diane-coyle-2017-06

356. Stewart, H. (26 July 2009), 'This is how we let the credit crunch happen, Ma'am ...', *The Guardian*.

357. 援引自戴维·斯托克顿（David Stockton），研究统计处主任（Director of the Division of Research and Statistics），联邦公开市场政策委员会（Federal Open Market Committee）(11 December 2007), 'Federal Open Market Committee transcript'. https://www.federalreserve.gov/monetarypolicy/files/ FOMC20071211meeting.pdf

358. OECD (2008), 'OECD Economic Outlook', Volume 2008, Issue 1 (Paris: Organisation for Economic Cooperation and Development).

359. Ahir, H., and Loungani, P. (March 2014), 'Can economists forecast recessions? Some evidence from the Great Recession'. The Oracle.

360. Greenspan, A. (23 October 2008), 'Testimony of Dr Alan Greenspan', House Committee of Government Oversight and Reform (Washington, DC).

361. Melnick, D. (producer), Jackson, M. (director), and Martin, S. (screenwriter) (1991), *L.A. Story* (motion picture) (United States: Carolco Pictures).

362. Lucas, R. (6 August 2009), 'In defence of the dismal science', *The Economist*.

363. Chari, V.V. (20 July 2010), 'Testimony before the Committee on Science and Technology, Subcommittee on Investigations and Oversight', US House of Representatives. http://people.virginia.edu/~ey2d/Chari_Testimony.pdf

364. 例如，约翰斯·霍普金斯大学的安东·科里奈克（Anton Korinek）写道："很奇怪，动态随机一般均衡宏观经济学的批评者大多数都同意，这种模型其实在理论上是很适合让宏观经济学模型：（i）纳入动态，即时间维度；（ii）应对随机不确定性；（iii）研究一般均衡效果。" Korinek, A. (15 July 2017), 'Thoughts on DSGE Macroeconomics: Matching the Moment, But Missing the Point?' SSRN: https://ssrn.com/abstract=3022009

365. 李嘉图·卡巴里洛指出："近几十年来，集体一直在努力通过构建这样的模型，用越来越多的修饰来代表各种各样的微观经济摩擦。世界各地的中央银行的调研部门对这一任务的执着甚至超越了学界。" 当然了，在其他领域的建模上也投入了很多资金，但是很少有像这样几乎没有什么这种效果的。Caballero, R.J. (2010), 'Macroeconomics after the Crisis: Time to Deal with the Pretense-of-Knowledge Syndrome', *Journal of Economic Perspectives*, 24 (4), pp. 85–102.

366. MSNBC (6 March 2015), 'Thomas Piketty, Paul Krugman and Joseph Stiglitz: The Genius of Economics'. 选自 YouTube: https://www.youtube.com/watch?v=Si4iyyJDa7c. 最后的评语可能是在引用他 1988 年的预测，IT 界对此持高度赞扬的态度，"互联网的增长……在未来十年会急剧放缓，信息经济这个短语听起来将会愚不可及"。Krugman, P. (June 1998), 'Why most economists' pre- dictions are wrong', *The Red Herring*. 他后来说自己在努力变得"风趣而积极"。 Yarow, J. (30 December 2013), 'Tech People Are Passing Around This Paul Krugman Quote on the Internet After He Called Bitcoin "Evil" ', *Business Insider*.

367. Rethinking Economics NL (19 September 2015), 'VPRO Buitenhof: Rethinking Economics'. YouTube: https://www.youtube.com/watch?v=x7uITEBqQvM

368. 参见 www.systemsforecasting.com. 书名是《阿波罗之箭》，在美国的名字是《万物的未来》。
369. 援引自 Bezemer, D. (16 June 2009), 'No One Saw This Coming: Understanding Financial Crisis Through Accounting Models', MPRA Paper No. 15892.
370. Bernanke, B. (22 May 2009), 'Commencement address at the Boston College School of Law', Newton, MA. 了解对蝴蝶效应的批评，参见 Orrell, D. (2007), *Apollo's Arrow: The Science of Prediction and the Future of Everything* (Toronto: HarperCollins)。
371. Sargent, T. (September 2010), 'Interview with Thomas Sargent' (A. Rolnick, interviewer), Federal Reserve Bank of Minneapolis. https://www.minneapolisfed.org/publications/ the-region/interview-with-thomas-sargent
372. Edge, R.M., and Gürkaynak, R. (2010), 'How Useful Are Estimated DSGE Model Forecasts for Central Bankers?', Brookings Papers on Economic Activity, 41 (2), pp. 209–259.
373. 我在这本书中讨论了经济预测：Orrell, D. (2017), *Economyths: 11 Ways That Economics Gets it Wrong* (London: Icon Books)。
374. BBC (13 December 2012), 'Queen questions financial crisis'. BBC: http://www.bbc.com/news/uk-20716299
375. Parker, G. (14 April 2016), 'Veteran of Treasury battles tots up a decade's wins and losses', *Financial Times*.
376. Reisz, M., Auld, C., Bateman, V., Keen, S., and Oswald, A. (6 July 2017), 'New horizons: economics in the 21st century', *Times Higher Education*.
377. Attanasio, O., Bandiera, O., Blundell, R., Machin, S., Griffith, R. and Rasul, I. (20 December 2017), 'Dismal ignorance of the "dismal sci- ence" – a response to Larry Elliot', *Prospect*.
378. Hughes, L. (6 January 2017), 'Michael Fish jokes that his forecasts are better than the Bank of England's dire Brexit predictions'. http:// www.telegraph.co.uk/news/2017/01/06/michael-fish-jokes-forecasts-better-bank-englands-dire-brexit/
379. Krugman, P. (5 January 2018), 'Good enough for government work? Macroeconomics since the crisis', *Oxford Review of Economic Policy*, 34 (1–2), pp. 156–168.
380. Akerlof, G.A., and Shiller, R.J. (2016), *Phishing for Phools: The Economics of Manipulation and Deception* (Princeton, NJ: Princeton University Press), pp. 164–165.
381. Leonhardt, D. (21 August 2005), 'Be Warned: Mr. Bubble's Worried Again', *New York Times*.
382. Kocherlakota, N. (2016), *Toy Models*. https://docs. google.com/viewer?a=v&pid=sites&srcid=ZGVmYXVsdGRvbWFpbnxrb2NoZXJsYWtvdGEwMDl8Z3g6MTAyZmIzODcxNGZi OGY4Yg
383. Mayeda, A., and Torres, C. (18 November 2016), 'The Rebel Economist Who Blew Up Macroeconomics'. https://www.bloomberg.com/news/articles/2016-11-18/ blah-blah-blah-a-renowned-economist-sums-up-the-state-of-macro
384. Constâncio, V. (11 May 2017), 'Speech at the second ECB Macroprudential Policy and Research Conference, Frankfurt am Main'. https://www.ecb. europa.eu/press/key/date/2017/html/ecb.sp170511.en.html

385. Stiglitz, J.E. (11 September 2017), 'Where Modern Macroeconomics Went Wrong'. https://www8.gsb.columbia.edu/faculty/jstiglitz/sites/jstiglitz/files/Where%20Modern%20Macroeconomics%20Went%20Wrong_0.pdf
386. Hume, D. (1987), *Essays, Moral, Political, and Literary* (E.F. Miller, ed.). Retrieved 22 April 2015, from Library of Economics and Liberty: http://www.econlib.org/library/LFBooks/Hume/hmMPL26. html. Say, J.-B. (11 September 2017), *A Treatise on Political Economy* (C.R. Prinsep, trans. and Clement C. Biddle., ed.), 1855. Library of Economics and Liberty: http://www.econlib.org/ library/Say/sayT15.html
387. Baker, D., and Rosnick, D. (November 2005), 'Will a Bursting Bubble Trouble Bernanke? The Evidence for a Housing Bubble'. http:// cepr.net/documents/publications/housing_bubble_2005_11.pdf
388. Baker, D. (27 July 2017), 'How about a little accountability for economists when they mess up?', *The Guardian*.
389. Kocherlakota, N. (22 September 2016), 'Professors Aren't Feeling the Economy's Pain', Bloomberg.com.
390. Bezemer, D. (2011), 'The Credit Crisis and Ressession as a Paradigm Test', *Journal of Ecnomic Issues*, 45(1), pp.1-18.
391. Stiglitz, J.E. (11 September 2017), 'Where Modern Macroeconomics Went Wrong'. https://www8.gsb.columbia.edu/faculty/jstiglitz/sites/jstiglitz/files/Where%20Modern%20Macroeconomics%20Went%20Wrong_0.pdf
392. Lucas, R. (2009), 'Robert E Lucas Jr.', in W. Breit, and B.T. Hirsch (eds), *Lives of the Laureates: Twenty-three Nobel Economists* (Cambridge, MA: MIT Press), p. 276.
393. 参见：Akerlof, G.A., and Shiller, R.J. (2016), *Phishing for Phools: The Economics of Manipulation and Deception* (Princeton, NJ: Princeton University Press). 作者自己仍旧把经济看作帕累托最优均衡系统，但是在均衡中加入了欺骗（“均衡”这个词在文章中出现了 45 次）。
394. Orrell, D. (2012), *Truth or Beauty: Science and the Quest for Order* (New Haven, CT: Yale University Press).
395. Krugman, P. (2 September 2009), 'How Did Economists Get it So Wrong?', *New York Times*.
396. Cochrane, J. (2011), 'How Did Paul Krugman Get it So Wrong?', *IEA Economic Affairs*, (June), pp. 36–40. https://faculty.chicagobooth. edu/john.cochrane/research/papers/ecaf_2077.pdf
397. Eichengreen, B. (May/June 2009), 'The Last Temptation of Risk', *The National Interest*.
398. Ferguson, C. (3 October 2010), 'Larry Summers and the Subversion of Economics', *Chronicle of Higher Education*.
399. Carrick-Hagenbarth, J., and Epstein, G.A. (2012), 'Dangerous interconnectedness: economists' conflicts of interest, ideology and financial crisis', *Cambridge Journal of Economics*, 36 (1), pp. 43–63.
400. Levinovitz, A.J. (4 April 2016), 'The new astrology'. Aeon: https://aeon.co/essays/how-economists-rode-maths-to-become-our-era-s-astrologers
401. 了解经济学中的职业道德的讨论，参见：DeMartino, G.F. (2010), *The Economist's*

*Oath: On the Need for and Content of Professional Economic Ethics* (Oxford: Oxford University Press)；DeMartino, G.F., and McCloskey, D.N. (eds) (2016), *The Oxford Handbook of Professional Economic Ethics* (Oxford: Oxford University Press)。

402. Guy Rolnik (27 October 2016), 'It Takes a Village to Maintain a Dangerous Financial System: Q&A with Anat Admati'. ProMarket: https://promarket.org/takes-village-maintain-dangerous-financial-system-qa-anat-admati/
403. Häring, N. (2013), 'The veil of deception over money', *Real World Economics Review*, 63, pp. 2–18.
404. Economic and Social Research Council (20 April 2017), 'Innovative new network will "revolutionise" how we study the economy'. http://www.esrc.ac.uk/news-events-and-publications/news/news-items/innovative-new-network-will-revolutionise-how-we-study-the-economy/
405. Orrell, D. (17 September 2017), 'Economyths: The Five Stages of Economic Grief '. 选自 Evonomics: http://evonomics. com/economyths-five-stages-economic-grief/. 节选自《经济和你想的不一样：经济学十大误解》。
406. Stiglitz, J.E. (11 September 2017), 'Where Modern Macroeconomics Went Wrong'. https://www8.gsb.columbia.edu/faculty/jstiglitz/sites/jstiglitz/files/Where%20 Modern%20 Macroeconomics%20Went%20Wrong_0.pdf
407. Bernanke, B., Gertler, M., and Gilchrist, S. (1999), 'The financial accelerator in a quantitative business cycle framework', in J. Taylor, and M. Woodford (eds), *Handbook of Macroeconomics* (Vol. 1), pp. 1341–1393. Elsevier.
408. Christiano, L.J., Eichenbaum, M.S., and Trabandt, M. (9 November 2017), 'On DSGE Models'. http://faculty.wcas.northwestern.edu/~lchrist/research/JEP_2017/DSGE_final.pdf
409. Jakab, Z., and Kumhof, M. (2015), 'Banks are not intermediaries of loanable funds – and why this matters', *Bank of England Working Papers* (529), p. ii.
410. Earle, J., Moran, C., and Ward-Perkins, Z. (2016), *The Econocracy: The Perils of Leaving Economics to the Experts* (Manchester: Manchester University Press), p. 178.
411. 这意味着模型与过去更加契合，而不擅长进行预测："参数可以调整，可以增加'本轮'，一直到模型与历史数据匹配，但是经济跟行星不同，它的过去无法为其未来提供指导。" Orrell, D. (2007), *Apollo's Arrow: The Science of Prediction and the Future of Everything* (Toronto: HarperCollins).
412. Makridakis, S., and Hibon, M. (2000), 'The M3-Competition: results, conclusions and implications', *International Journal of Forecasting*, 16, pp. 451–476.
413. Stiglitz, J.E. (11 September 2017), 'Where Modern Macroeconomics Went Wrong'. 选自 : https://www8.gsb.columbia.edu/faculty/jstiglitz/sites/jstiglitz/files/Where%20Modern%20 Macroeconomics%20Went%20Wrong_0.pdf
414. Benes, J., Kumhof, M., and Laxton, D. (2014), 'Financial Crises in DSGE Models: A Prototype Model', *IMF Working Papers*, 14 (57).
415. Dirac, P. (1934), 'Banquet Speech', in C.G. Santesson (ed.), *Les Prix Nobel en 1933* (Stockholm: Nobel Foundation). 选自 : Nobelprize.org
416. Schrödinger, E. (1944), *What is life?* (Cambridge: Cambridge Uniersity Press).

417. 例子参见：Vitali, S., Glattfelder, J.B. and Battiston, S. (2011), 'The network of global corporate control' *PLOS ONE*, 6 (10), e25995。

418. 例如，基于行为人的方法曾经用于揭示过度杠杆如何会导致不稳定：Thurner, S., Farmer, D.J. and Geanakoplos, J. (2012), 'Leverage Causes Fat Fails and Clustered Volatility', *Quantitative Finance*, 12 (5): pp. 695707.

419. Cristelli, M., Tacchella, A., and Pietronero, L. (2015), 'The Heterogeneous Dynamics of Economic Complexity', *PLOS ONE*, 10 (2), e0117174.

420. Haldane, A. (29 October 2014), 'Managing global finance as a system – speech by Andrew Haldane'. http://www.bankofengland.co.uk/publications/Documents/speeches/2014/speech772.pdf

421. Alstadsaeter, A., Johannesen, N., and Zucman, G. (2017), 'Who Owns the Wealth in Tax Havens?', *Macro Evidence and Implications for Global Inequality NBER Working Paper No. 23805* (Cambridge: National Bureau of Economic Research).

422. Haberly, D. and Wójcik, D. (2015), 'Regional Blocks and Imperial Legacies: Mapping the Global Offshore FDI Network', *Economic Geography*, 91 (3), pp. 251–280.

423. Balzli, B. and Schiessl, M. (7 August 2009), 'The Man Nobody Wanted to Hear'. 选自 Spiegel Online: http://www.spiegel.de/international/business/the-man-nobody-wanted-to-hear-global-banking-economist-warned-of-coming-crisis-a-635051.html

424. Orrell, D. (2017), 'A Quantum Theory of Money and Value, Part 2: The Uncertainty Principle', *Economic Thought*, 6 (2), pp. 14–26.

425. Goldenfeld, N., and Kadanoff, L. (1999), 'Simple lessons from complexity', *Science*, 284 (5411), pp. 87–89.

426. 参见：http://www.physiomics-plc.com/services/virtual-tumour- clinical/。一位主流经济学家告诉我基于行为人的模型“在方法上就是错的”，但是我觉得我们还会继续用它们。

427. Wren-Lewis, S. (9 January 2018), 'Why does economics get so much stick?' https://mainlymacro.blogspot.ca/2018/01/ because-adviceof-economists-is-so.html

428. YouGov (17 February 2017), 'Leave voters are less likely to trust any experts – even weather forecasters'. https://yougov.co.uk/news/2017/02/17/leave-voters-are-less-likely-trust-any-experts-eve/

429. 在上一条中引用的论文“论动态随机一般均衡模型”中，经济学家诺厄·史密斯把“半吊子”这个短语描述为经济学家“表现糟糕”，但是另一方面，至少这种描述是诚实的。Smith,N. (15 November 2017), 'The “cackling cartoon villain” defense of DSGE'. http://noahpinionblog.blogspot.ca/2017/11/ the-cackling-cartoon-villain-defense-of.html

430. Smith, N. (17 October 2017), 'Fixing macroeconomics will be really hard', Bloomberg.com.

431. Romer, P. (2015), 'Mathiness in the Theory of Economic Growth', *American Economic Review*, 105 (5), pp. 89–93.

432. Vines, D. and Wills, S. (5 January 2018), 'The rebuilding macro-economic theory project: an analytical assessment', *Oxford Review of Economic Policy*, 34 (1–2), pp. 1–42.

433. 参见：Laughlin, R.B. (2005), *A Different Universe: Reinventing physics from the bottom*

*down* (New York: Basic Books).

434. Bouchaud, J.-P. (19 October 2017), 'The workhorse models of central bankers need a radical change', *Financial Times*.
435. Wallace, T. (21 November 2016), 'Economists need to get into the real world, says Bank of England chief economist'. http://www.telegraph.co.uk/ business/2016/11/21/ economists-need-get-real-world-says-bank- england-chief-economist/
436. Munchau, W. (12 April 2015), 'Macroeconomists need new tools to challenge consensus', *Financial Times*.

## 第九章

437. Koestler, A. (1967), *The Ghost in the Machine* (London: Hutchinson).
438. Rowe, S. (2001), 'Transcending this Poor Earth – á la Ken Wilber', *The Trumpeter*, 17 (1).
439. Brooks, C.G. (2012), *Chariots for Apollo: The NASA History of Manned Lunar Spacecraft to 1969* (Mineola, NY: Dover Publications).
440. Cashford, J. (2002), *The Moon: Myth and Image* (New York: Four Walls Eight Windows), p. 364.
441. Editors of *Life* (2003), *Life: 100 Photographs That Changed the World* (New York: Life Books).
442. Watson, J.B. (1913), 'Psychology as the Behaviorist Views it', *Psychological Review*, 20, pp. 158–177.
443. Graziano, M. (21 August 2013), 'How the light gets out'. Aeon: https://aeon.co/essays/how-consciousness-works-and-why-we-believe-in-ghosts
444. Dyson, F. (1979), *Disturbing the Universe* (New York: Basic Books).
445. Talbot, M. (2011), *The Holographic Universe: The Revolutionary Theory of Reality* (New York: HarperCollins).
446. Wendt, A. (2015), *Quantum Mind and Social Science: Unifying Physical and Social Ontology* (Cambridge: Cambridge University Press), p. 120.
447. Penrose, R. (1989). *The Emperor's New Mind: Concerning Computers, Minds and The Laws of Physics*. Oxford: Oxford University Press.
448. Ouellette, J. (2 November 2016), 'A New Spin on the Quantum Brain'. Quanta Magazine: https://www.quantamagazine.org/a-new-spin-on-the-quantum-brain-20161102/
449. Ball, P. (16 February 2017), 'The strange link between the human mind and quantum physics'. 选自 BBC:http://www.bbc.com/earth/story/20170215-the-strange-link-between-the-human-mind-and-quantum-physics
450. Wendt, A. (2015), *Quantum Mind and Social Science: Unifying Physical and Social Ontology* (Cambridge: Cambridge University Press), p. 258.
451. Laughlin, R.B. (2005), *A Different Universe: Reinventing physics from the bottom down* (New York: Basic Books), p. 80.
452. 这跟利用基于行为人的模型应该能够产生任何社会现象这种观点互相矛盾。例子参见 Epstein,J.M. (2011), *Generative Social Science: Studies in Agent-Based Computational Modeling* (Princeton, NJ: Princeton University Press).

453. “贫富差距越大，人们越觉得自我，越不愿意分享资源。社会阶层变得越富，社群对于自私这种倾向越没有抵抗力，我们也越发不能指望人们发善心。” Miller, L. (1 July 2012), 'The Money-Empathy Gap', *New York*.
454. Feinberg, C. (May 2015), 'The Science of Scarcity', *Harvard Magazine*. http://harvardmagazine.com/2015/05/ the-science-of-scarcity
455. Cheng, E. (8 July 2017), 'Here's how the opioid epidemic is damag- ing the US economy', *The Fiscal Times*.
456. 对这种涌现行为的解读导致了“还原主义者和涌现原则的直接冲突，一直持续到了今天”。Laughlin, R.B. (2005), *A Different Universe: Reinventing phys- ics from the bottom down* (New York: Basic Books), pp. 89, 97. See also Anderson, P. (1972), 'More Is Different', *Science*, 177 (4047), pp. 393–396.
457. Talbot, M. (2011), *The Holographic Universe: The Revolutionary Theory of Reality* (New York: HarperCollins).
458. MacKenzie, D., and Spears, T. (2014), ' "The Formula That Killed Wall Street?" The Gaussian Copula and Modelling Practices in Investment Banking', *Social Studies of Science*, 44, pp. 393–417.
459. Braudel, F. (1982), *Civilization and Capitalism, 15th–18th Century, Vol. I: The Structure of Everyday Life* (Oakland: University of California Press), p. 436.
460. UN Statistics Division (12 November 2017), *The System of National Accounts*. https://unstats.un.org/unsd/national account/sna.asp
461. Wiles, P. (July 1953), 'The Soviet Economy Outpaces the West', *Foreign Affairs*.
462. Smith, R., Bizikova, L., McDougal, K., and Thrift, C. (2016), *Comprehensive Wealth in Canada – Measuring What Matters in the Long Run* (Winnipeg, MN: International Institute for Sustainable Development). http://www.iisd.org/library/ comprehensive-wealth-canada-measuring-what-matters-long-run
463. Kubiszewski, I., Costanza, R., Franco, C., Lawn, P., Talberth, J., Jackson, T., and Aylmer, C. (2013), 'Beyond GDP: Measuring and achieving global genuine progress', *Ecological Economics*, 93, pp. 57–68.
464. Block, N. (3 March 2017), 'Toronto's buried history: the dark story of how mining built a city', *The Guardian*.
465. “人类法则和习俗的原则和道德标准不得违背热动力学的原则和道德标准。” Soddy, F. (1922), *Cartesian Economics* (London: Hendersons), p. 91.
466. Ravaioli, C. (1995), *Economists and the Environment* (London: Zed Books), p. 32.
467. Hamilton, C. (2010), *Requiem for a Species: Why We Resist the Truth about Climate Change* (London: Earthscan), p. 62.
468. Orrell, D. (2007), *Apollo's Arrow: The Science of Prediction and the Future of Everything* (Toronto: HarperCollins).
469. Lainà, P. (2015), 'Proposals for Full-Reserve Banking: A Historical Survey from David Ricardo to Martin Wolf ', *Economic Thought*, 4 (2), pp. 1–19.
470. Transnational Institute (February 2013), 'The Global Land Grab'. https://www.tni.org/files/download/ landgrabbingprimer-feb2013.pdf. Bollier, D. (2014), *Think Like a Commoner: A Short Introduction to the Life of the Commons* (Gabriola Island, BC,

Canada: New Society Publishers).
471. Aristotle (2000), *Politics* (Mineola, NY: Dover Publications).
472. Hardin, G. (1968), 'The Tragedy of the Commons', *Science*, 162 (3859), pp. 1243–1248. The title referred to an earlier 1833 parable by William Forster Lloyd.
473. Colman, R., and Messinger, H. (June 2004), 'Economic Performance and the Wellbeing of Canadians'. 选自加拿大经济学会（Canadian Economic Association）: https://economics.ca//2004/papers/0295.pdf
474. Ostrom, E., Burger, J., Field, C.B., Norgaard, R.B., and Policansky, D. (9 April 1999), 'Revisiting the Commons: Local Lessons, Global Challenges', *Science*, 284 (5412), pp. 278–282.
475. 例子参见 Lansing, J.S., and Fox, K.M. (2011), 'Niche Construction on Bali: The Gods of the Countryside', *Philosophical Transactions of the Royal Society B: Biological Sciences*, 366 (1566), pp. 927–934.
476. Sandel, M. (2012), *What Money Can't Buy: The Moral Limits of Markets* (London: Allen Lane).
477. Daly, H.E. (1996), *Beyond Growth: The Economics of Sustainable Development* (Boston, MA: Beacon Press).
478. Edgeworth, F.Y. (1881), *Mathematical Psychics: an essay on the appli- cation of mathematics to the moral sciences* (London: C.K. Paul), p. 101.
479. Ragan, C.T., and Lipsey, R.G. (2011), *Economics* (13th edn) (Toronto: Pearson Education Canada), p. 121. Mankiw, N.G. (2016), *Principles of Economics* (8th edn) (Boston, MA: Cengage Learning), p. 410.
480. Aldred, J. (2009), *The Skeptical Economist: Revealing the Ethics Inside Economics* (London: Earthscan), p. 22.
481. Blanchard, O. (2006), *Macroeconomics* (Upper Saddle River, NJ: Pearson Prentice Hall).
482. Coyle, D. (2002), *Sex, Drugs and Economics: An Unconventional Introduction to Economics* (New York: Texere).
483. Helliwell, J.F., et al. (2015), *World Happiness Report 2015* (New York: Sustainable Development Solutions Network).
484. Easterlin, R.A. (2005), 'Feeding the Illusion of Growth and Happiness: A Reply to Hagerty and Veenhoven', *Social Indicators Research*, 74 (3), pp. 429–443.
485. Boyce, C., Brown, G., and Moore, S. (2010), 'Money and happiness: Rank of income, not income, affects life satisfaction', *Psychological Science*, 21 (4), pp. 471–475.
486. University of Warwick (22 March 2010), 'Study says money only makes you happy if it makes you richer than your neighbours'. 选自 : http://www2.warwick.ac.uk/newsandevents/pressreleases/study_says_money/
487. Mill, J.S. (January 1907), 'On Social Freedom', *Oxford and Cambridge Review*.
488. Daly, M., Boyce, C., & Wood, A. (2015). A Social Rank Explanation of How Money Influences Health. *Health Psychology*, 34 (3), 222–230.
489. Marmot, M., Smith, G., Stansfeld, S., Patel, C., North, F., Head, J., Feeney, A. (1991), 'Health inequalities among British civil servants: the Whitehall II study', *The Lancet*, 337, pp. 1387–1393.

490. Wennerlind, C. (2011), *Casualties of Credit: The English Financial Revolution, 1620–1720* (Cambridge, MA: Harvard University Press), pp. 198–199.
491. Noble, D. (18 August 2014), '11% of UK businesses say slavery in their supply chains is "likely" ', *The Guardian*. 根据联合国 2017 年的一篇报告，预计有 4 000 万人过得像奴隶一样，"货币和债务" 是这个问题的核心。Kelly, A. (19 September 2017), 'Latest figures reveal more than 40 million people are living in slavery', *The Guardian*.
492. Elliott, L. (16 January 2017), 'World's eight richest people have same wealth as poorest 50%', *The Guardian*. 你可以说如果把类似购买力平等这样的因素考虑在内的话，数量会发生变化，但是这一趋势是很明显的。
493. Ostry, J.D., Berg, A., and Charalambos, G.T. (2014), 'Redistribution, Inequality, and Growth' (Washington, DC: International Monetary Fund, Research Department). OECD (2015), 'In It Together: Why Less Inequality Benefits All' (Paris: Organisation for Economic Cooperation and Development). 主流经济学经常把流行的东西称为主流。例如，在本章的延伸阅读里讨论的辩论中，新古典经济学家彼得·戈蒂埃表示，"我认为皮凯蒂是很主流的"。蓬图斯·伦达尔也认为皮凯蒂是主流经济学家。但是皮凯蒂告诉总部位于巴黎的 *Potemkin Review*，"我不相信基本的新古典模型"。Dolcerocca, A., and Terzioglu, G. (January 2015), 'Interview: Thomas Piketty Responds to Criticisms from the Left', *Potemkin Review*. Gayne, D. (24 November 2017), 'The forward march of pluralists halted', *Varsity*. https://www.varsity.co.uk/news/14194
494. Rodrik, D. (15 November 2016), 'Straight Talk on Trade'. 选自 Project Syndicate: https://www.project-syndicate.org/commentary/ trump-win-economists-responsible-by-dani-rodrik-2016-11
495. Ossa, F. (24 March 2016), 'The Economist Who Brought You Thomas Piketty Sees "Perfect Storm" of Inequality Ahead', *New York Magazine*.
496. 其中一个问题在于，正如保罗·克鲁格曼在 2016 年所说的，"我们真的不知道该如何为人的收入分配建模"。One problem is that, as Paul Krugman noted in 2016, 'we really don't know how to model personal income distribution'. Krugman, P. (8 January 2016), 'Economists and Inequality'. 选自 nytimes.com. 奥利维尔·布兰查德也在同年写道，分配效应的衍生"取决于如何在模型中引入不正常现象。而且，因为实用性的原因，引入的这些不正常现象都是便于分析的，但是其民生影响却令人难以信服"。Blanchard, O. (2016), 'Do DSGE Models Have a Future? Policy Brief 16-11' (Washington, DC: Peterson Institute for International Economics). https://piie.com/system/files/documents/pb16-11.pdf
497. Robbins, L. (1932), *An Essay on the Nature and Significance of Economic Science* (London: Macmillan), p. 125.
498. Lucas, R. (2004), *The Industrial Revolution: Past and Future – 2003 Annual Report Essay* (Minneapolis, MN: Federal Reserve Bank of Minneapolis).
499. Mankiw, N.G. (2013), 'Defending the One Per cent', *The Journal of Economic Perspectives*, 27 (3), pp. 21–34.
500. Duncan, D.E. (July 2003), 'Discover Dialogue: Geneticist James Watson', *Discover*.
501. Johnson, B. (28 November 2013), 'Boris Johnson's speech at the Margaret Thatcher lecture in full', *The Daily Telegraph*.

502. Spencer, H. (1851), *Social statics, or the Conditions essential to human happiness specified and the first of them developed* (London:J. Chapman).
503. Cowen, T. (16 March 2013), 'A Profession With an Egalitarian Core', *New York Times*.
504. 正如巴拉德所言的，可能对对称的热爱也能解释为什么"物理学家觉得任何大意是'认为他们投身的工作在某一程度上偏向了这种或那种人'的建议（无论这种区别是基于国际、宗教、性别、种族、社会等级还是眼睛的颜色）都是完全不可接受的，甚至是令人反感的"。Barad, K. (2007), *Meeting the Universe Halfway: Quantum Physics and the Entanglement of Matter and Meaning* (Durham, NC: Duke University Press), p. 322.
505. Baker, D. (27 July 2017), 'How about a little accountability for economists when they mess up?', *The Guardian.*
506. Baker, D. (2016), 'Rigged: How Globalization and the Rules of the Modern Economy Were Structured to Make the Rich Richer' (Washington, DC: Center for Economic and Policy Research). https://deanbaker.net/books/rigged.htm
507. Putnam, R.D. (2000), *Bowling Alone: The Collapse and Revival of American Community* (New York: Simon & Schuster), p. 333.
508. Anonymous (4 December 2008), 'Joy to the world is contagious: study'. CBC News: http://www.cbc.ca/news/ technology/joy-to-the-world-is-contagious-study-1.712963
509. University of Melbourne (16 June 2017), 'Why chasing happi- ness could be having the opposite effect'. World Economic Forum：https://www.weforum.org/agenda/2017/06/why-chasing-happiness-could-actually-have-the-opposite-effect
510. Orrell, D., and Chlupatý, R. (2016), *The Evolution of Money* (New York: Columbia University Press).
511. McGilchrist, I. (2009), *The Master and his Emissary* (London: Yale University Press), p. 70.
512. Ibid., p. 209.
513. Ibid., p. 430.
514. 在第二年发布的演讲中有这段话。Hayek, F.A. (1937), 'Economics and knowledge', *Economica*, 4 (13), pp. 33–54.
515. Ridley, M. (23 March 2017), 'Friedrich Hayek and the col- lective brain'. CapX: https://capx.co/ friedrich-hayek-and-the-collective-brain/
516. Morson, G.S., and Schapiro, M. (2017), *Cents and Sensibility: What Economics Can Learn from the Humanities* (Princeton, NJ: Princeton University Press).
517. Kumar, M. (2008), *Quantum: Einstein, Bohr and the Great Debate About the Nature of Reality* (London: Icon Books), p. 51. 密立根（Millikan）后来因为帮助验证了这个理论而获得诺贝尔奖。Millikan was later awarded the Nobel Prize for helping to confirm the theory.
518. Lee, F. (2009), *A History of Heterodox Economics: Challenging the Mainstream in the Twentieth Century* (London: Routledge), pp. 5–6.
519. Rethinking Economics NL (19 September 2015), 'VPRO Buitenhof: Rethinking Economics'. YouTube: https://www.youtube.com/watch?v=x7uITEBqQvM
520. Auld, C. (23 October 2013), '18 signs you're reading bad criti- cism of economics'.

chrisauld.com:http://chrisauld.com/2013/10/23/18-signs-youre-reading-bad-criticism-of-economics/. See also: Orrell, D. (1 July 2015), 'Book burning economists', *World Finance.*

521. Pilling, D. (30 September 2016), 'Crash and learn: should we change the way we teach economics?', *Financial Times*. Ben-Gad, M. (27 September 2017), 'Book review: Marxism and modern economics'. FTAdviser: https://www. ftadviser.com/pensions/2017/09/27/book-review-marxism-and-modern-economics/
522. 正如气候科学家史蒂芬·施耐德（Stephen Schneider）在 1997 年重新提出来的，"实际上，他们接受了社会几乎是独立于自然之外的这种范式。" Clark, B., Foster, J.B., and York, R. (2009), 'Capitalism in Wonderland', *Monthly Review*, 61 (1)。经济学家近几年当然继续发展了，但是一直落后于大多数科学家，我在《经济和你想的不一样》一书中提出了这一点。(pp. 246–248).
523. 这是引用了 2015 年一位知名作者的书中的话，他确实跟银行家聊过了。Luyendijk, J. (2015), *Swimming with Sharks: My Journey Into the World of the Bankers* (London: Guardian Faber).
524. Lucas, R. (2009), 'Robert E. Lucas Jr', in W. Breit, and B.T. Hirsch (eds), *Lives of the Laureates: Twenty-three Nobel Economists* (Cambridge, MA: MIT Press), p. 279.
525. Lee, F. (2009), *A History of Heterodox Economics: Challenging the Mainstream in the Twentieth Century* (London: Routledge), pp. 5–6.
526. 了解在另一种背景下，简单的模型如何能在预测方面打败复杂的还原论的模型的例子。Mistry,H.B. (2018), 'Complex versus simple models: ion-channel cardiac toxicity prediction', *PeerJ*, 6, e4352.

## 第十章

527. 了解相关评论，参见 Woit, P. (2006), *Not Even Wrong: The Failure of String Theory and the Search for Unity in Physical Law* (London: Vintage), pp. 151–2 ; Lederman, L. and Teresi, D. (1993), *The God Particle: If the Universe Is the Answer, What Is the Question?* (New York: Houghton Mifflin), pp. 189–191.
528. Orrell, D. (12 January 2018), '*Aeon* piece on quantum economics – responses'. https://futureofeverything.wordpress. com/2018/01/12/aeon-piece-on-quantum-economics-responses/.
529. Rand, A. (1938), *Anthem* (London: Cassell).
530. Salmieri, G. (2009), '*Atlas Shrugged* on the Role of the Mind in Man's Existence', in R. Mayhew (ed), *Essays on Ayn Rand's* Atlas Shrugged (Lanham, MD: Lexington Books).
531. Rand, A. (1961), *For the New Intellectual: The Philosophy of Ayn Rand* (New York: Signet).
532. Levine, B.E. (10 December 2014), 'How Ayn Rand Helped Turn the US Into a Selfish, Greedy Nation'. AlterNet: www.alternet. org/culture/how-ayn-rand-helped-turn-us-selfish-greedy-nation.
533. Greenspan, A. (2007), *The Age of Turbulence: Adventures in a New World* (New York: Penguin).

534. Ramo, J.C. (15 February 1999), 'The Three Marketeers', *Time*.

535. Greenspan, A. (23 October 2008), 'Testimony of Dr Alan Greenspan', House Committee of Government Oversight and Reform, Washington, DC.

536. Greenspan, A. (29 March 2011), 'Dodd-Frank fails to meet test of our times', *Financial Times*.

537. Coll, S. (11 December 2016), 'Rex Tillerson, from a Corporate Oil Sovereign to the State Department', *The New Yorker.*

538. Reeve, E. (30 April 2012), 'Audio Surfaces of Paul Ryan's Effusive Love of Ayn Rand', *The Atlantic*.

539. Cummins, D. (16 February 2016), 'This is what happens when you take Ayn Rand seriously'. PBS: http://www. pbs.org/newshour/making-sense/column-this-is-what-happens-when-you-take-ayn-rand-seriously/.

540. Bilton, N. (November 2016), 'Silicon Valley's Most Disturbing Obsession', *Vanity Fair*.

541. Mayer, J. (27 March 2017), 'The Reclusive Hedge-Fund Tycoon Behind The Trump Presidency', *The New Yorker*.

542. 这也许说明了为什么 2018 年他向太空中发射了一台特斯拉 Roadster 跑车，还带着一个大张旗鼓的标语，写着“不要恐慌！”，跟这本书封面上所写的一样。Ward, M. (6 June 2017), 'Elon Musk says reading this science-fiction classic changed his life'. 选自 CNBC: https://www.cnbc.com/2017/06/06/elon-musk-says-this-science-fiction-classic-changed-his-life.html.

543. 尼采写道：“阿波罗日神本身理应被看作个体化原理的壮丽的神圣形象，他的表情和目光向我们表明了‘外观’的全部喜悦、智慧及其美丽。” Nietzsche, F. (1967), *The birth of tragedy, and the case of Wagner* (W. Kaufmann, trans.) (New York: Vintage Books), p. 36.

544. Harwood Group (1995), *Yearning for balance: Views of Americans on consumption, materialism, and environment* (Takoma Park, MD: Merck Family Fund).

545. Hoff, K., and Stiglitz, J.E. (2016), 'Striving for balance in economics: Towards a theory of the social determination of behavior', *Journal of Economic Behavior & Organization*, 126, pp. 25–57.

546. Tuan, Y.-F. (1982), *Segmented World and Self* (Minneapolis, MN: University of Minnesota Press), p. 139.

547. Jensen, K., Vaish, A., and Schmidt, M.F. (2014), 'The emergence of human prosociality: aligning with others through feelings, concerns, and norms', *Frontiers in Psychology*, 5, p. 822.

548. Stiglitz, J.E. (11 September 2017), 'Where Modern Macroeconomics Went Wrong'. https://www8.gsb.columbia.edu/faculty/jstiglitz/sites/jstiglitz/files/Where%20 Modern%20 Macroeconomics%20Went%20Wrong_0.pdf. See also Hoff, K., and Stiglitz, J.E. (2016), 'Striving for balance in economics: Towards a theory of the social determination of behavior', *Journal of Economic Behavior & Organization*, 126, pp. 25–57.

549. Wendt, A. (2015), *Quantum Mind and Social Science: Unifying Physical and Social Ontology* (Cambridge: Cambridge University Press), p. 171.

550. Lovelock, J. (1979), *Gaia: A New Look at Life on Earth* (Oxford: Oxford University Press).

551. Descartes, R. (1984), *The philosophical writings of Descartes (Vol. 2)* (J. Cottingham, R. Stoothoff, and D. Murdoch, trans.) (Cambridge: Cambridge University Press), p. 59.

552. 从这个角度看，正如丹娜·左哈尔和伊恩·马歇尔（Ian Marshall）所写的："身份，自我的核心，具有波粒二象性。我自己粒子的一面在于我的'我'，这一部分是独特的、辨识度高的，有我自己独有的特征、我自己的'声音'，我自己的风格。而波的一面是'我们'，这部分的我是通过我与其他人的关系再现的，是与其他人类相互交织的。我波的一面就是我公共的一面，这是我个人单独的动作与之共舞，通过这种方式，两个方面都拥有了更多的意义，也同时都在发展。" Zohar, D., and Marshall, I. (1993), *The Quantum Society* (London: Flamingo), p. 151.

553. Fourcade, M., Ollion, E., and Algan, Y. (2015), 'The Superiority of Economists', *Journal of Economic Perspectives*, 29 (1), pp. 89–114.

554. Friedman, M. (1953), *Essays in Positive Economics* (Chicago: University of Chicago Press).

555. Doherty, B. (1 June 1995), 'Best of Both Worlds: An Interview with Milton Friedman'. 选自 Reason.com: https://reason.com/ archives/1995/06/01/best-of-both-worlds/print.

556. Aristotle (2000), *Politics* (Mineola, NY: Dover Publications), p. 46.

557. Robinson, J.M. (1968), *An Introduction to Early Greek Philosophy* (Boston, MA: Houghton Mifflin), p. 202.

558. Descartes, R. (1988), *Descartes: Selected Philosophical Writings* (Cambridge: Cambridge University Press), p. 85.

559. Curtis, A. (director), Kelsall, L. (producer) (2011), *All Watched Over by Machines of Loving Grace* (motion picture).

560. Colander, D., Holt, R., and Rosser, B., Jr. (2004), 'The Changing Face of Mainstream Economics', *Review of Political Economy*, 16 (4), pp. 485–499.

561. Arnsperger, C., and Varoufakis, Y. (2006), 'What is Neoclassical Economics? The three axioms responsible for its theoretical oeuvre, practical irrelevance and, thus, discursive power', *Panoeconomicus*, 1, pp. 5–18.

562. Boerger, L. and the Exploring Economics team (18 December 2016), 'Neoclassical Economics'. Exploring Economics: https://www.exploring-economics.org/en/orientation/ neoclassical-economics/.

563. Keynes, J.M. (1933), 'National Self-Sufficiency', *The Yale Review*, 22 (4), pp. 755–769.

564. Rodrik, D. (2015), *Economics Rules: The Rights and Wrongs of the Dismal Science* (New York: W.W. Norton & Company).

565. Smith, N. (8 August 2016), 'Economics Without Math Is Trendy, But It Doesn't Add Up'. 选自 Bloomberg.com:https://www.bloomberg.com/view/articles/2016-08-08/economics-without-math-is-trendy-but-it-doesn-t-add-up.

566. Rethinking Economics NL (19 September 2015), 'VPRO Buitenhof: Rethinking Economics'. YouTube: https://www.youtube.com/watch?v=x7uITEBqQvM.

567. Pilling, D. (30 September 2016), 'Crash and learn: should we change the way we teach economics?', *Financial Times*.

568. Hume, D. (1777), *An Enquiry Concerning Human Understanding* (London: A. Millar).
569. Leontief, W. (1971), 'Theoretical Assumptions and Nonobserved Facts', *American Economic Review*, 61 (1), pp. 1–7.
570. Wilmott, P., and Orrell, D. (2017), *The Money Formula: Dodgy Finance, Pseudo Science, and How Mathematicians Took Over the Markets* (Chichester: Wiley).
571. Laughlin, R.B. (2005), *A Different Universe: Reinventing physics from the bottom down* (New York: Basic Books), p. 209.
572. Aristotle (2017), *Nicomachean Ethics* (W.D. Ross, trans.). http://classics.mit.edu/Aristotle/nicomachaen.mb.txt
573. Haldane, A. and Turrell, A.E. (November 2017), 'An interdiscipli- nary model for macroeconomics', Staff Working Paper No. 696. Bank of England: http://www.bankofengland. co.uk/ research/Documents/workingpapers/2017/swp696.pdf
574. Von Mises, L. (1998), *Human Action: A Treatise on Economics* (Auburn, AL: Ludwig von Mises Institute), p. 874.
575. Heisenberg, W. (1990), *Physics and Philosophy: The Revolution in Modern Science* (London: Penguin), p. 194.
576. Bohm, D. (1980), *Wholeness and the Implicate Order* (London: Routledge), p. 7.
577. Lemos, G.B., and Schaffer, S. (5 February 2018), 'Obliterating Thingness: an Introduction to the "What" and the "So What" of Quantum Physics'. http://www.kathrynschaffer.com/documents/obliterating-thingness.pdf
578. 弗雷德里克·索迪就是一个例子,《纽约时报》"毫不客气地批评他是个疯子"。Zencey, E. (12 April 2009), 'Mr Soddy's Ecological Economy', *The New York Times*. 最近，也就是 2015 年，保罗·克鲁格曼在自己的博客中写道，把货币看作"很像普通物品这种'聪明的策略'……似乎对很多人而言并不容易，所以总是会有支持货币疯子的选区"。More recently, Paul Krugman wrote on his blog in 2015 that the 'intellectual strategy' of treating money 'a lot like ordinary goods … doesn't come naturally to many people, so there's always a constituency for monetary cranks'. Krugman, P. (10 February 2015), 'There's Something About Money (Implicitly Wonkish)'. http://krugman.blogs.nytimes.com/2015/02/10/ theres-something-about-money-implicitly-wonkish/.
579. Friedman, M. (1975), *There's No Such Thing as a Free Lunch* (LaSalle, IL: Open Court).
580. Sutter, A.J. (2010), 'Unlimited Growth and Innovation: Paradise or Paradox?'. SSRN: https://ssrn.com/abstract=1709285. Extracted from: Sutter, A.J. (2012), *Keizai seichou shinwa no owari* [The end of the myth of economic growth] (Y. Nakamura, trans.) (Tokyo: Kodansha Gendai Shinsho), pp. 93–94.
581. Rand, A. (1982), 'The Metaphysical Versus the Man-Made', in A. Rand, and L. Peikoff (ed.), *Philosophy: Who Needs It?* (New York: New American Library), pp. 23–34, p. 25. Quoted in Ibid.
582. Kurtzman, J. (1997), 'An Interview with Paul M. Romer', *Strategy+ Business* (6).
583. Paine, A.B. (19 August 2016), 'Mark Twain, A Biography, 1835– 1910'. Project Gutenberg: https://www.gutenberg.org/files/2988/2988-h/2988-h.htm
584. Hawking, S. (1988), *A Brief History of Time: from the Big Bang to Black Holes* (New York: Bantam Books), p. 129.

585. Brand, S. (1987), *The Media Lab: Inventing the Future at MIT* (New York: Viking), p. 202.
586. Derman, E., and Wilmott, P. (8 January 2009), 'Financial Modelers' Manifesto'. Wilmott.com: https://www.wilmott.com/ financial-modelers-manifesto/.
587. Reisz, M., Auld, C., Bateman, V., Keen, S., and Oswald, A. (6 July 2017), 'New horizons: economics in the 21st century', *Times Higher Education*.
588. 例如，米尔顿・弗里德曼表示："这类批评很大程度上是无关紧要的，除非……被批评的理论对于广泛的现象产生了更好的预测"，虽然有人也许会说，他自己的理论只有在受到撒切尔和里根的支持以后才成为经典。Friedman, M. (1953), *Essays in Positive Economics* (Chicago: University of Chicago Press).
589. Orrell, D. (2012), *Truth or Beauty: Science and the Quest for Order* (New Haven, CT: Yale University Press).
590. Gayne, D. (24 November 2017), 'The forward march of plural- ists halted', *Varsity*. https://www.varsity.co.uk/ news/14194.
591. Keynes, J.M. (1926), 'Francis Ysidro Edgeworth, 1845–1926', *Economic Journal*, 36, pp. 140–153.
592. Galbraith, J. (1994), 'Keynes, Einstein, and Scientific Revolution', *The American Prospect* (Winter).
593. McLuhan, M., and McLuhan, E. (1988), *Laws of Media* (Toronto: University of Toronto Press).

# 致 谢

在写此书过程当中，我得到了很多人的帮助，他们帮我评议相关章节或者阅读参考的文章，向我指出相关的研究，澄清经济学和物理学当中的具体问题。我特别感谢（按照字母顺序排列，与他们对书中观点的背书没有任何关系）希利亚德·麦克贝思（Hilliard Macbeth）、罗伯特·马修斯（Robert Matthews）、阿斯加尔·卡迪尔、迈克尔·雷默（Michael Raymer）、杰克·扎尔基西安（Jack Sarkissian）、迪迪埃·索尔内特、安德鲁·萨特（Andrew J. Sutter）、亚历山大·文特和保罗·维尔莫特。感谢Icon Books出版社的每一位成员，尤其是邓肯·希思（Duncan Heath），他极其细致、专业地帮我编辑手稿，非常感谢。最后，感谢我的妻子比阿特丽斯（Beatriz）以及我的孩子伊莎贝尔（Isabel）和埃玛（Emma），对他们而言，“多少”这个问题是没有答案的。

这本书要献给三位大学教授，是他们启发我走上了应用数学的道路：詹姆斯·马尔多尼（James Muldowney）、韦拉·扎伊丹（Vera Zeidan）、莱纳德·史密斯（Leonard Smith）。